AUFGEWECKT MIT EINEM KUSS

3

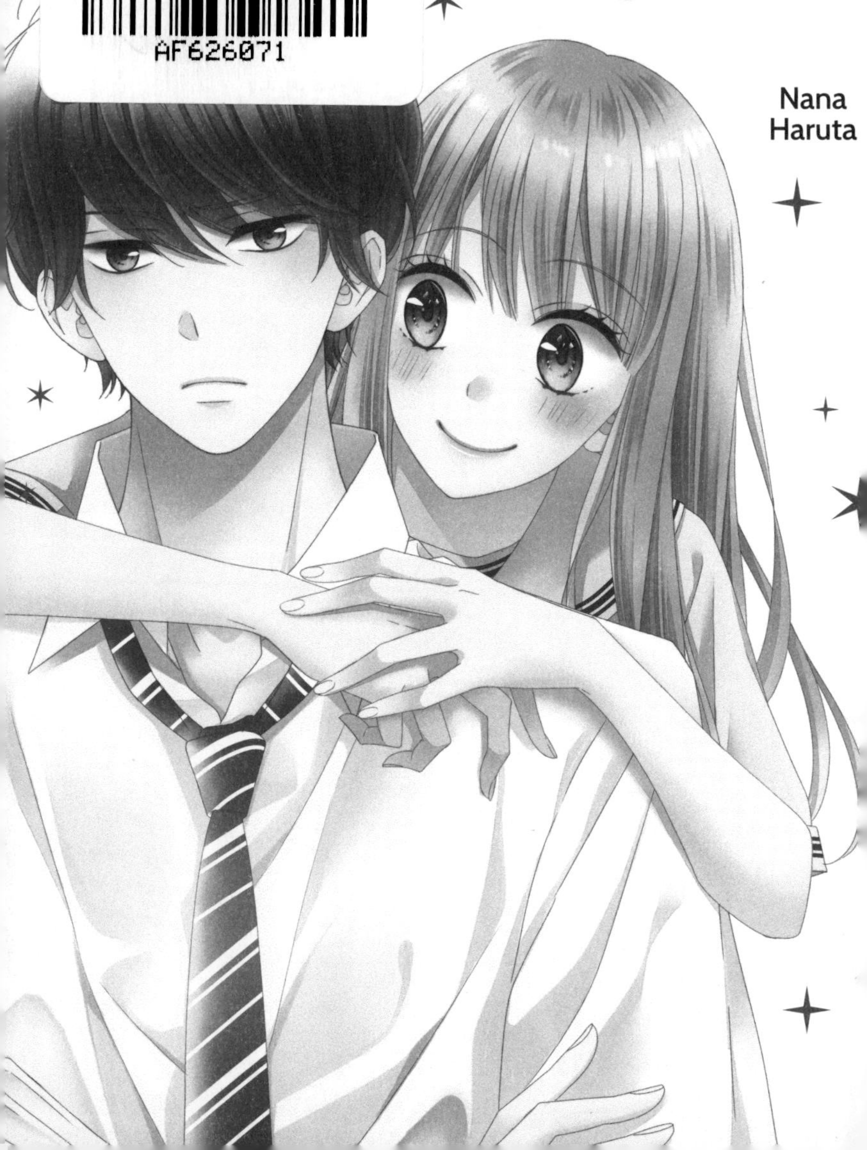

Nana
Haruta

AUFGEWECKT MIT EINEM KUSS

Charaktere & Story

Geburtstag: 3. April
Blutgruppe: A

Ena Itsuha

Sie ist die Protagonistin der Geschichte und glaubt an Seelenverwandtschaft. Bisher hatte sie jedoch kein Glück in der Liebe, da nur komische Typen an ihr Interesse zeigten. Ihrem Stiefbruder Toma gegenüber ist sie eher zurückhaltend.

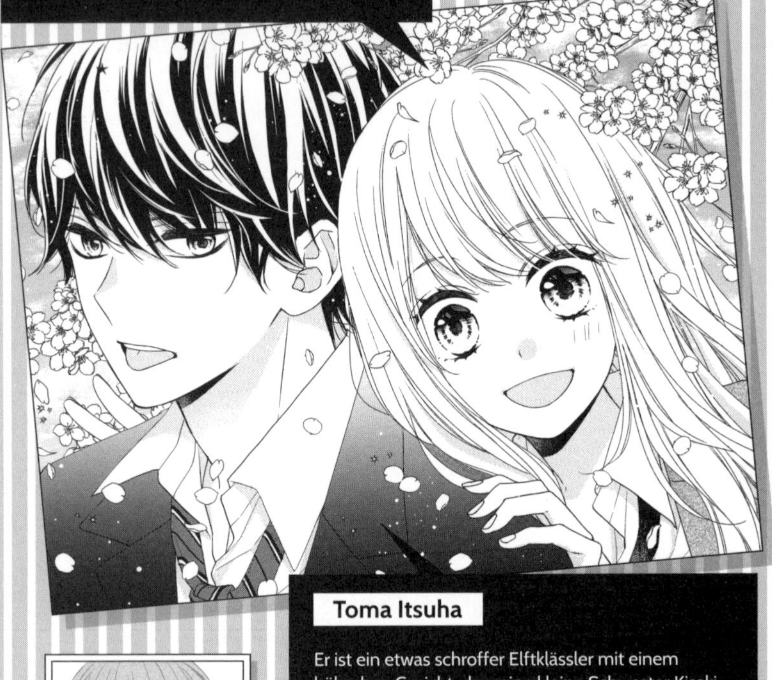

Toma Itsuha

Er ist ein etwas schroffer Elftklässler mit einem hübschen Gesicht, der seine kleine Schwester Kisaki vergöttert. Familie ist ihm sehr wichtig und sich selbst stellt er stets hintenan.

Geburtstag: 24. Dezember
Blutgruppe: A

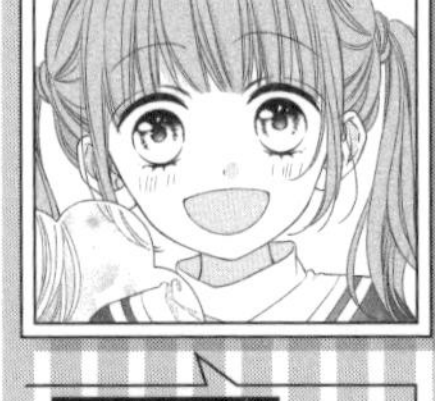

Kisaki Itsuha

Sie ist Tomas kleine Schwester und geht in die 2. Klasse der Grundschule. Kisaki ist ein unschuldiges, etwas naives und sehr fröhliches Mädchen.

Schläfchen

Das Haustier der Familie Itsuha. Sein Hauptmerkmal: der schläfrige Blick, der jeden in seinen Bann zieht.

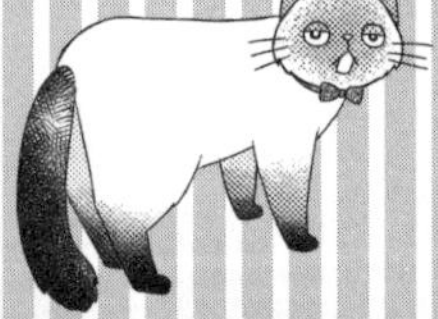

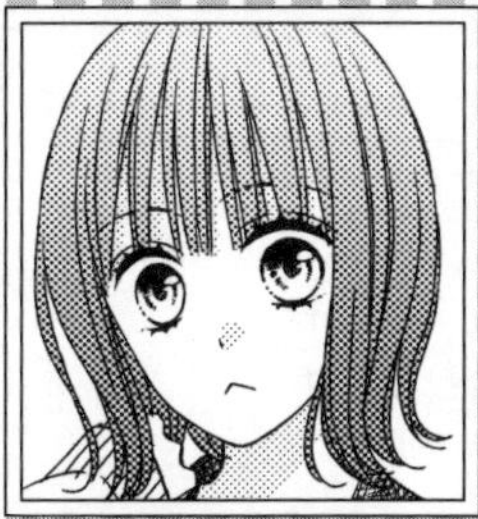

Hotaru Chiyomori

Sie ist eine Kindheits-
freundin von Toma
und Fashion-Model.

Nichika Hiragi

Er ist ein Kindheitsfreund von Toma.
Obwohl Nichika eher ein lockerer Typ
ist, der sich ungern auf ein Mädchen
festlegen möchte, ist er bei den
Mädchen sehr beliebt.

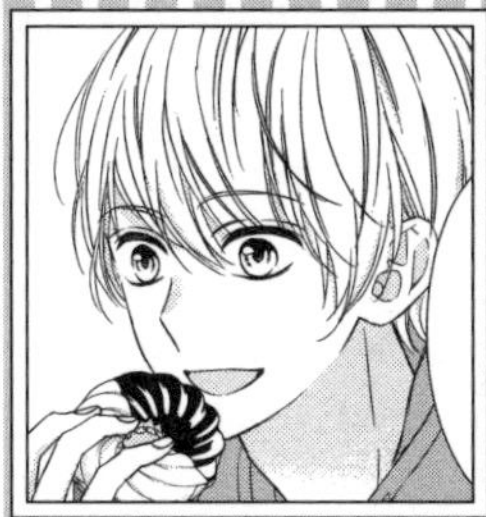

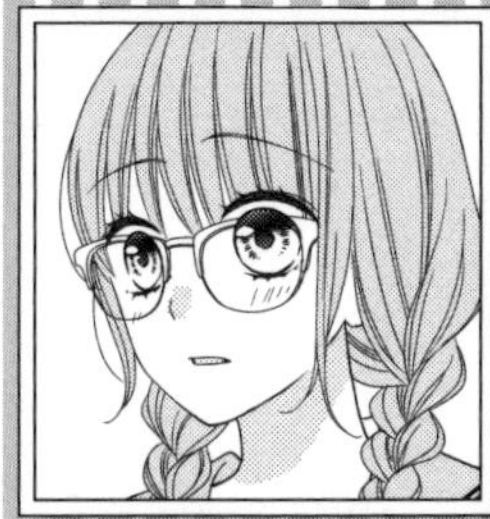

Ichigo Nonose

Sie ist eine Klassenkameradin
von Ena, sehr klug und ein
großer Idol-Fan.

Die Oberschülerin Ena glaubt fest an »Seelenverwandtschaft«. Durch die Heirat ihrer Mutter wird der gut aussehende Toma zu ihrem Stiefbruder. Mädchen scheinen ihn jedoch kaum zu interessieren. Bei ihrem ersten Aufeinandertreffen mahnt er Ena sogar, »sich ja nicht in ihn zu verlieben«. Seine Art stößt ihr zuerst negativ auf, doch mit der Zeit ändert sich das und sie entwickelt Gefühle für ihn.

Mit seinem ständigen Beschützerinstinkt bringt Toma Ena immer noch aus der Fassung, doch während der Sommerschule nimmt sie all ihren Mut zusammen und versucht, in die Offensive zu gehen. Toma ist jedoch so schwer von Begriff, was Liebesdinge angeht, dass er Enas Absichten nicht durchschaut.

Nach dieser Enttäuschung ergibt sich jedoch kurze Zeit später für Ena eine weitere Gelegenheit der Zweisamkeit mit Toma. Mitten im Meer gesteht sie ihm mit den Worten »Ich hab dich ♥ als Jungen gern« ein weiteres Mal ihre Liebe. Wird ihr Liebesgeständnis dieses Mal zu Toma durchdringen?

INHALT

BAND 3

AUFGEWECKT MIT EINEM KUSS

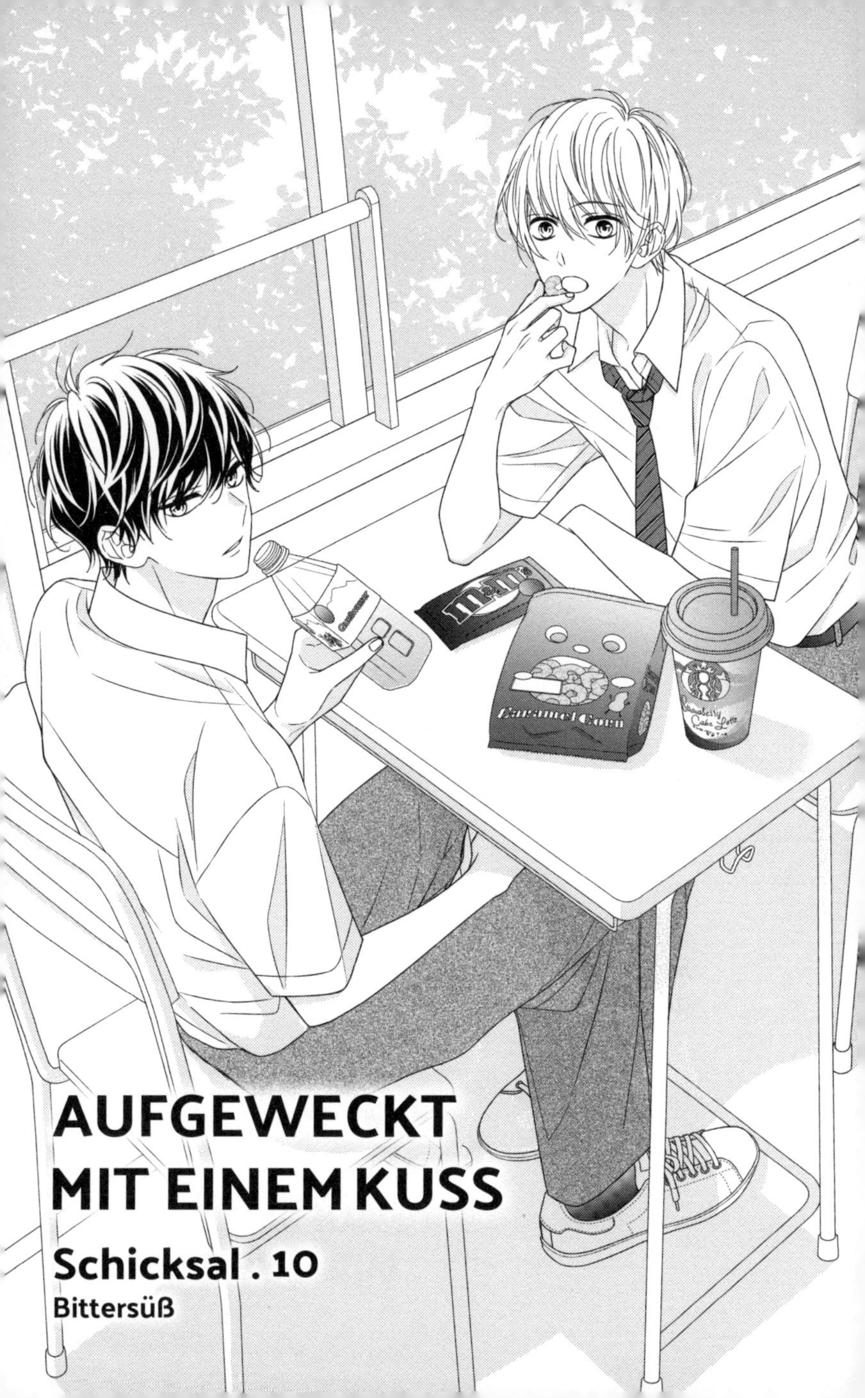

AUFGEWECKT MIT EINEM KUSS

Schicksal . 10

Bittersüß

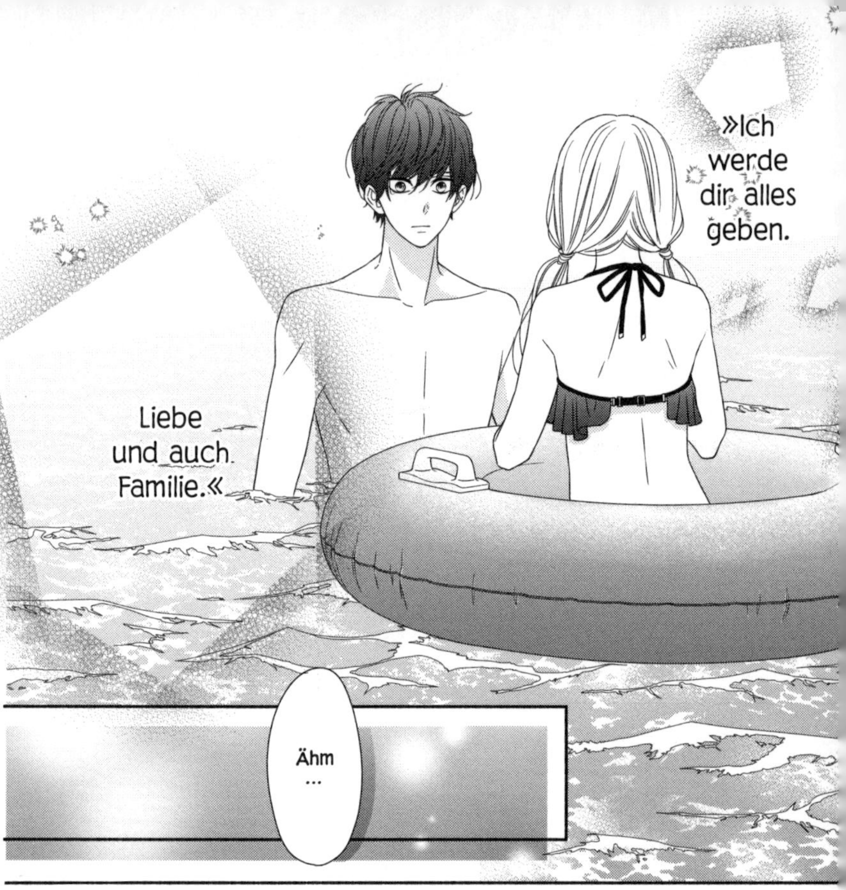

AUFGEWECKT MIT EINEM KUSS

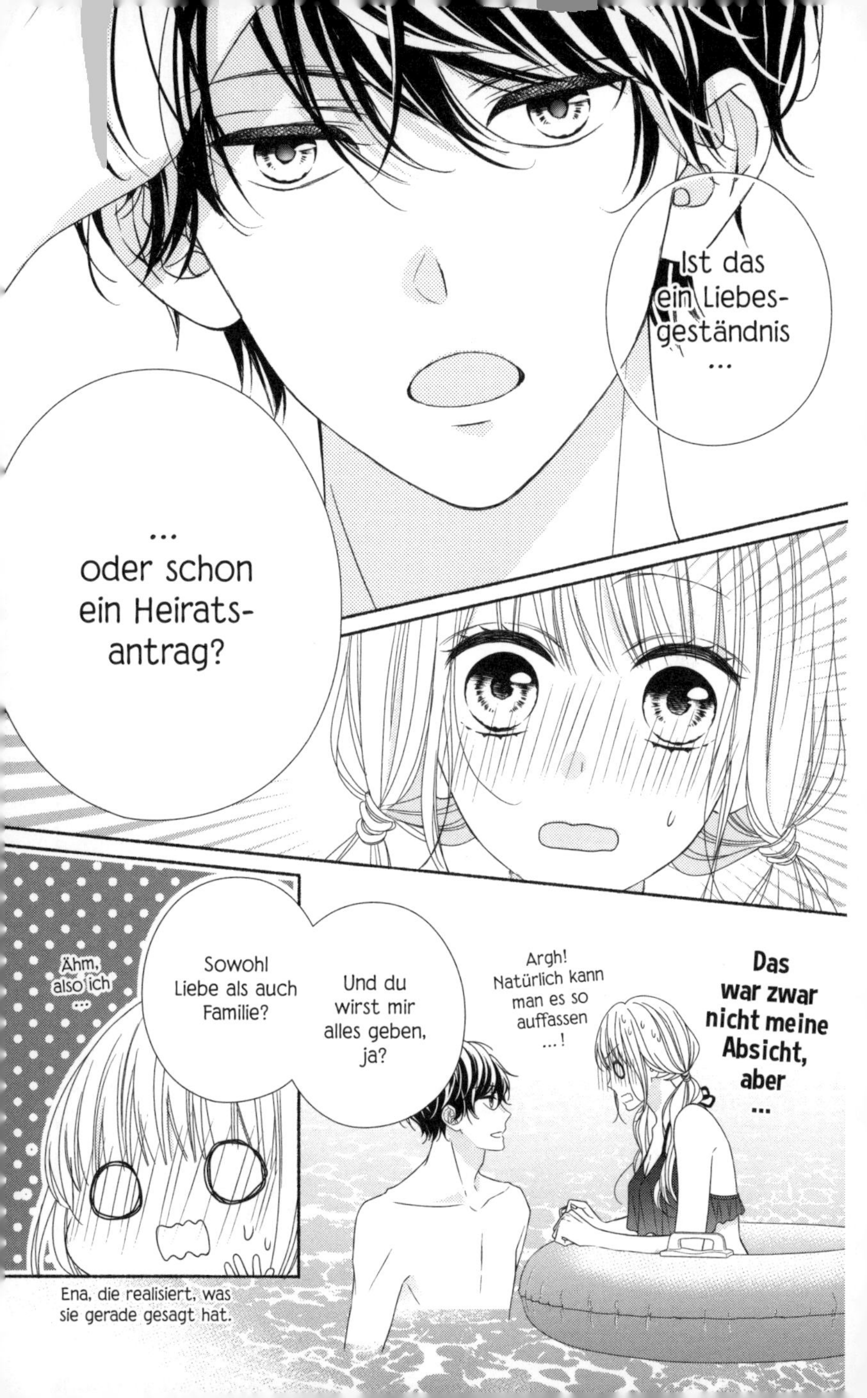
Ist das ein Liebesgeständnis ...
... oder schon ein Heiratsantrag?
Das war zwar nicht meine Absicht, aber ...
Argh! Natürlich kann man es so auffassen ...!
Und du wirst mir alles geben, ja?
Sowohl Liebe als auch Familie?
Ähm, also ich ...
Ena, die realisiert, was sie gerade gesagt hat.

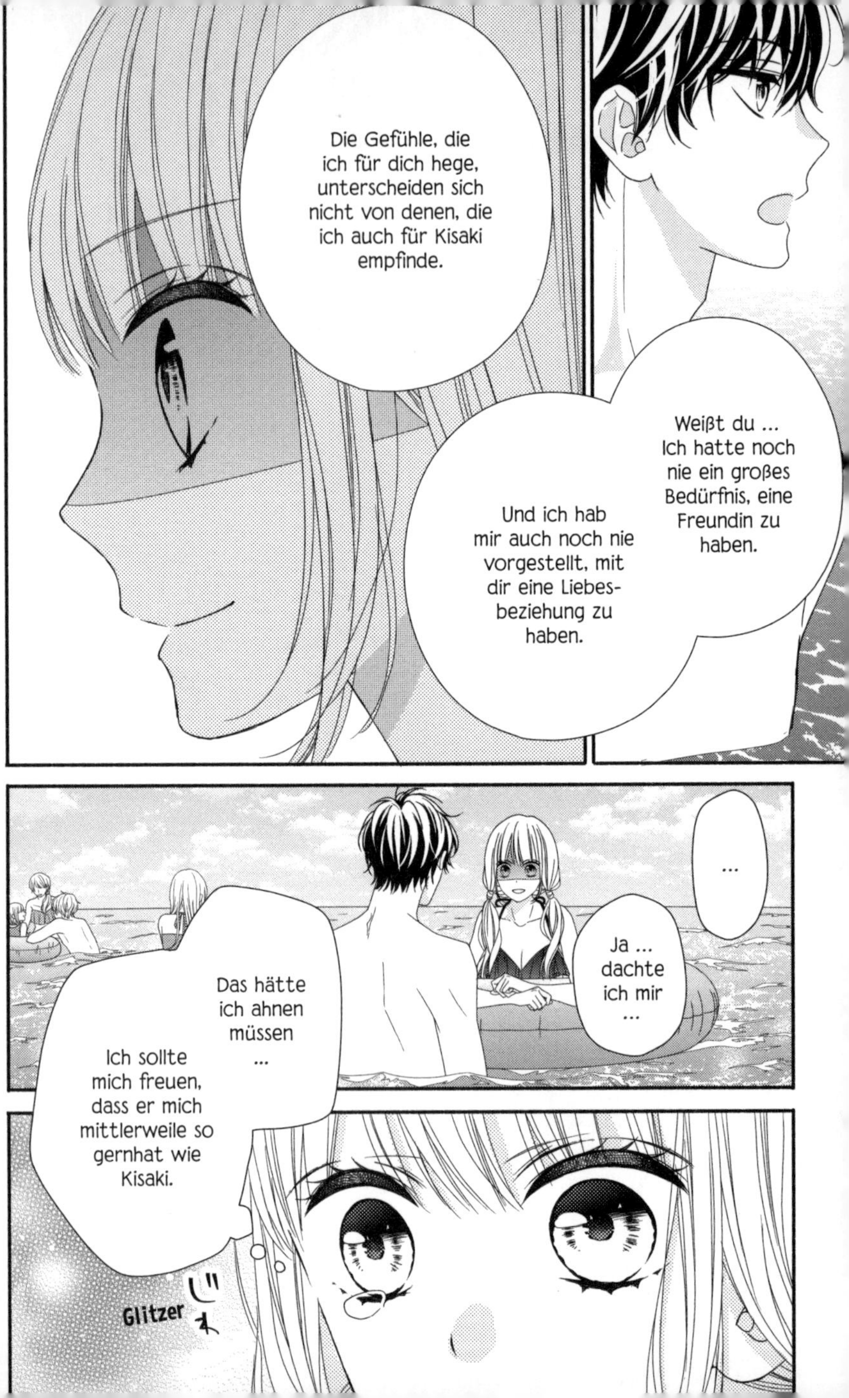
Weißt du ... Ich hatte noch nie ein großes Bedürfnis, eine Freundin zu haben.
Und ich hab mir auch noch nie vorgestellt, mit dir eine Liebesbeziehung zu haben.
Die Gefühle, die ich für dich hege, unterscheiden sich nicht von denen, die ich auch für Kisaki empfinde.
...
Ja ... dachte ich mir ...
Das hätte ich ahnen müssen ...
Ich sollte mich freuen, dass er mich mittlerweile so gernhat wie Kisaki.
Glitzer

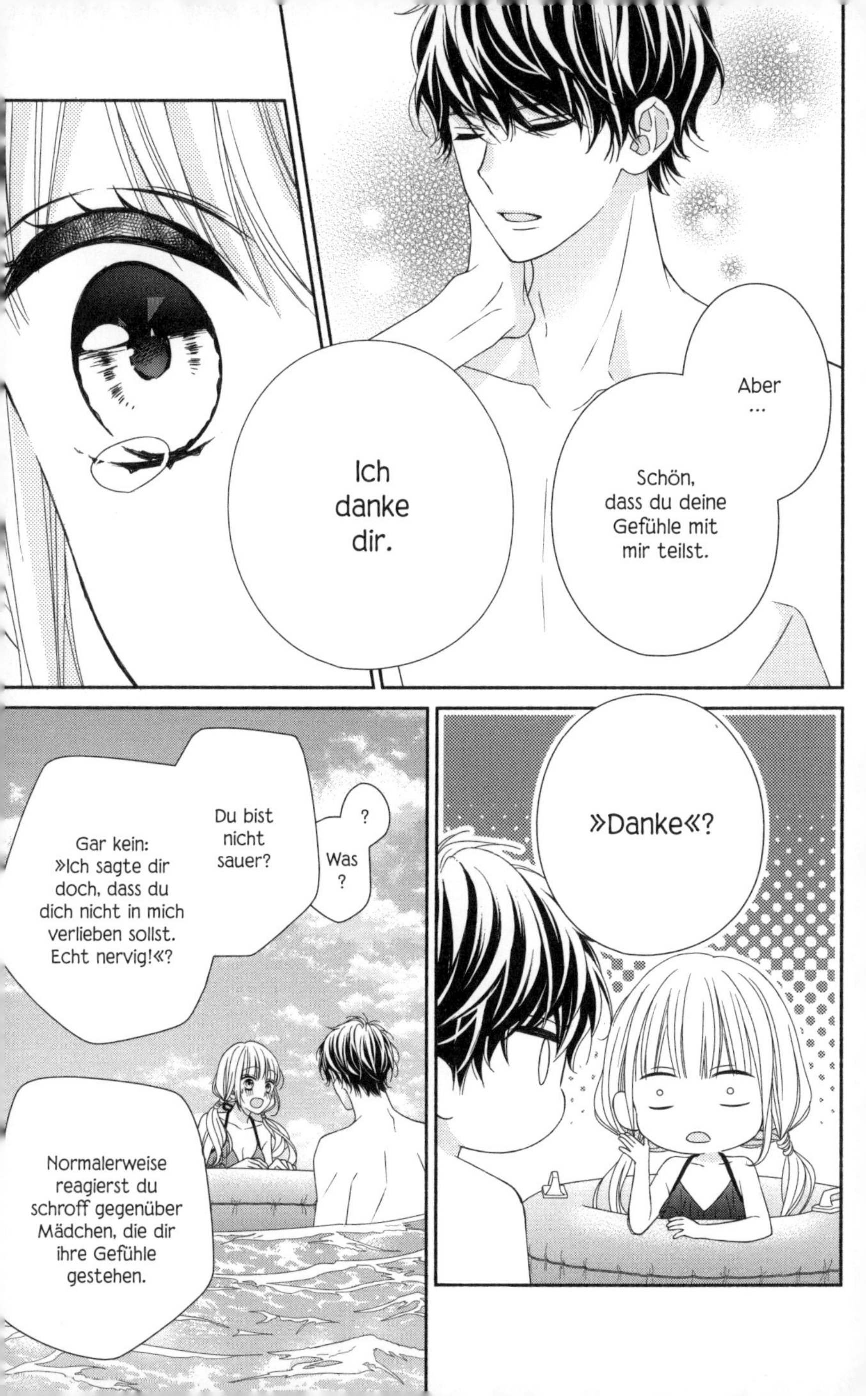
Aber …
Schön, dass du deine Gefühle mit mir teilst.
Ich danke dir.
»Danke«?
? Was ?
Du bist nicht sauer?
Gar kein: »Ich sagte dir doch, dass du dich nicht in mich verlieben sollst. Echt nervig!«?
Normalerweise reagierst du schroff gegenüber Mädchen, die dir ihre Gefühle gestehen.

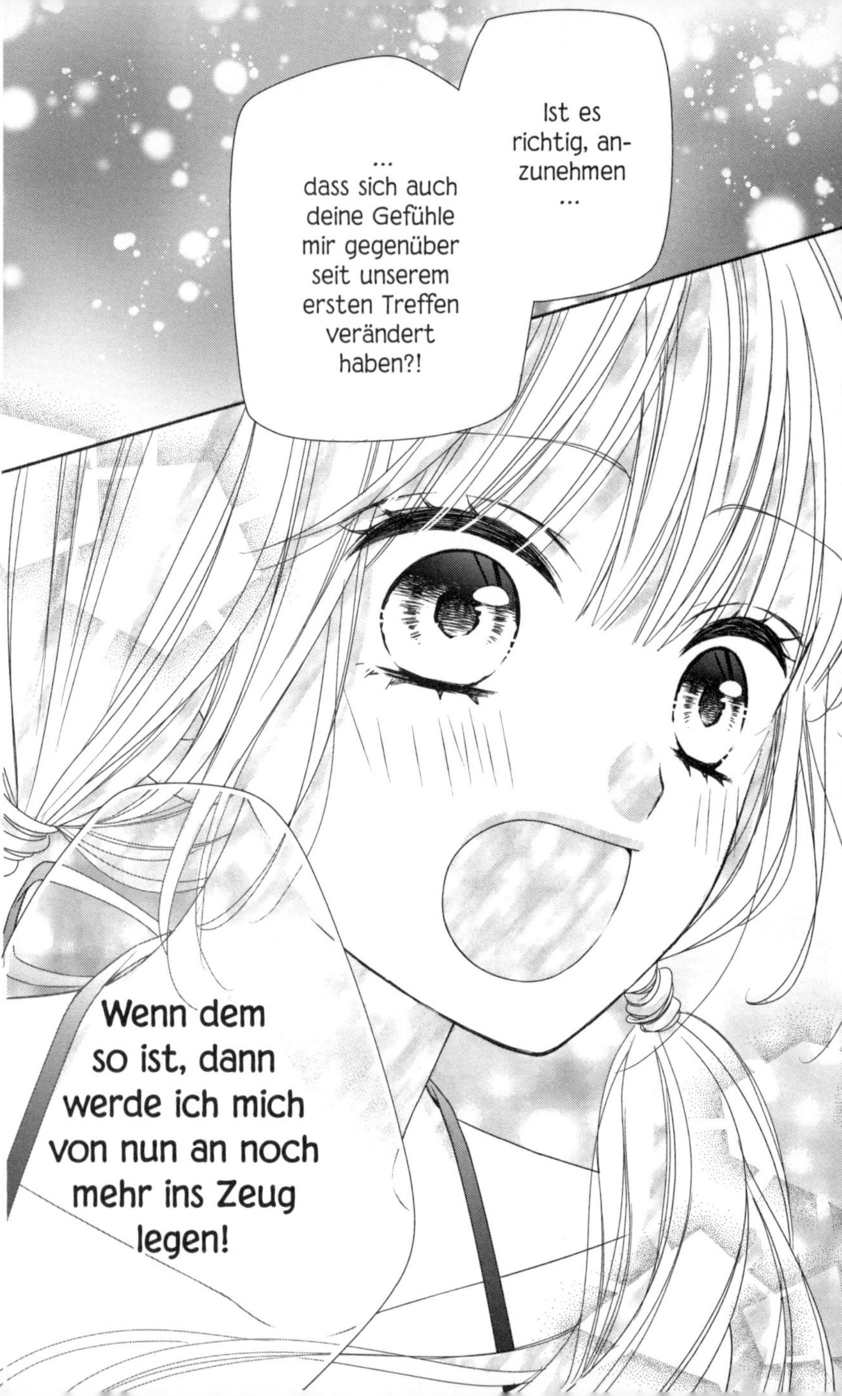
Ist es richtig, anzunehmen ...
... dass sich auch deine Gefühle mir gegenüber seit unserem ersten Treffen verändert haben?!
Wenn dem so ist, dann werde ich mich von nun an noch mehr ins Zeug legen!

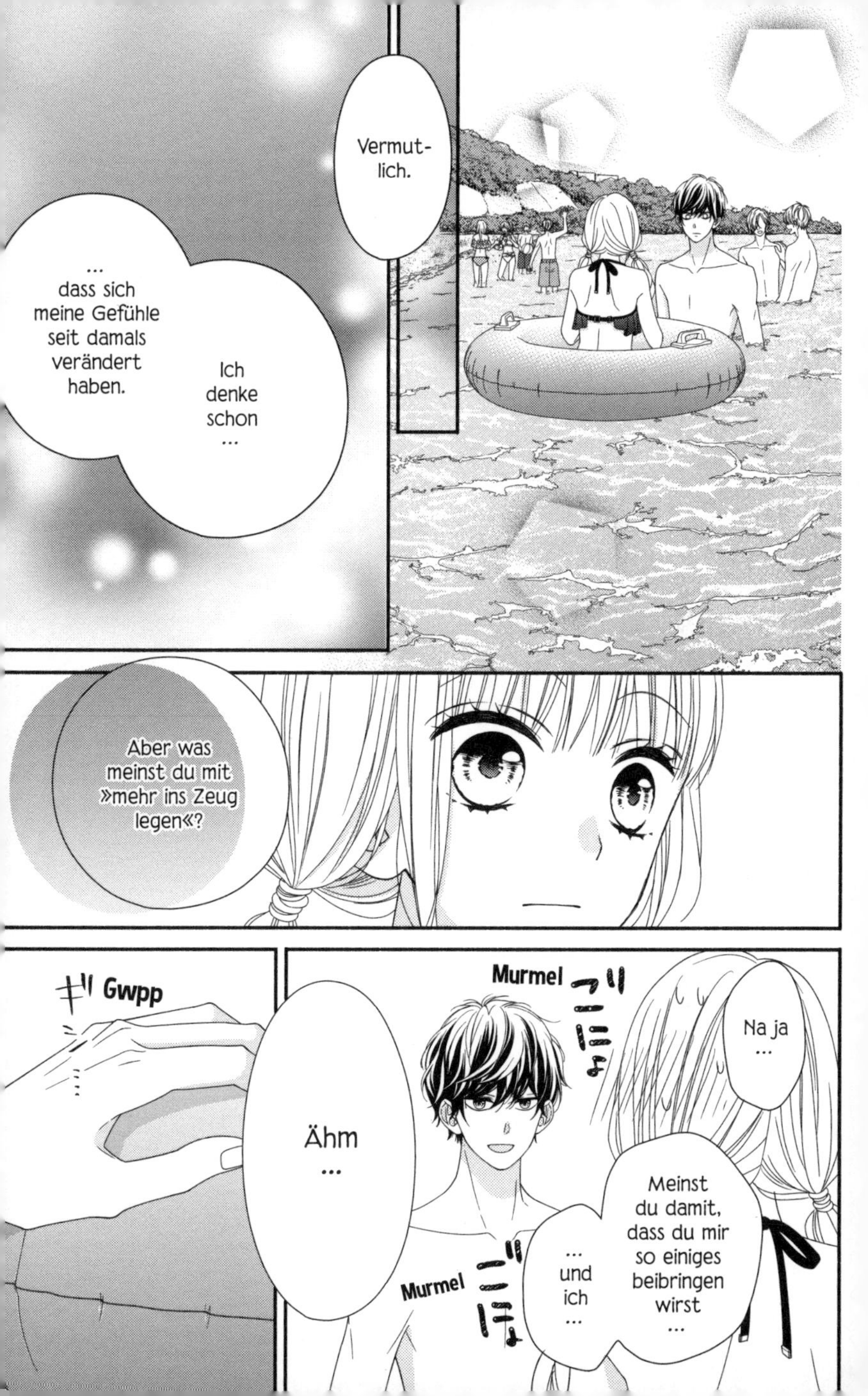
Vermut-
lich.
Ich
denke
schon
...
...
dass sich
meine Gefühle
seit damals
verändert
haben.
Aber was
meinst du mit
»mehr ins Zeug
legen«?
Na ja
...
Murmel
Meinst
du damit,
dass du mir
so einiges
beibringen
wirst
...
...
und
ich
...
Murmel
Ähm
...
Gwpp

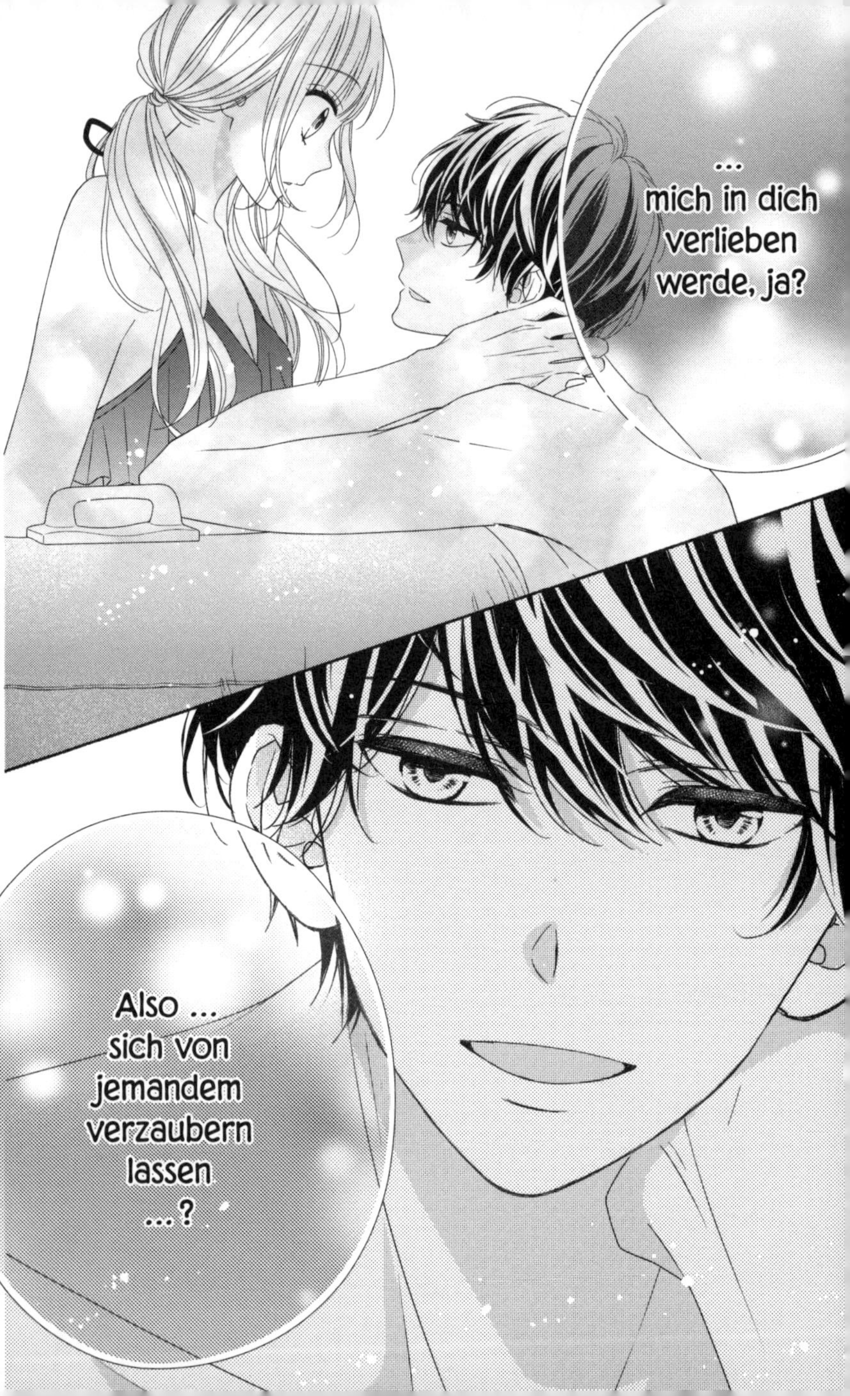
... mich in dich verlieben werde, ja?
Also ... sich von jemandem verzaubern lassen ...?

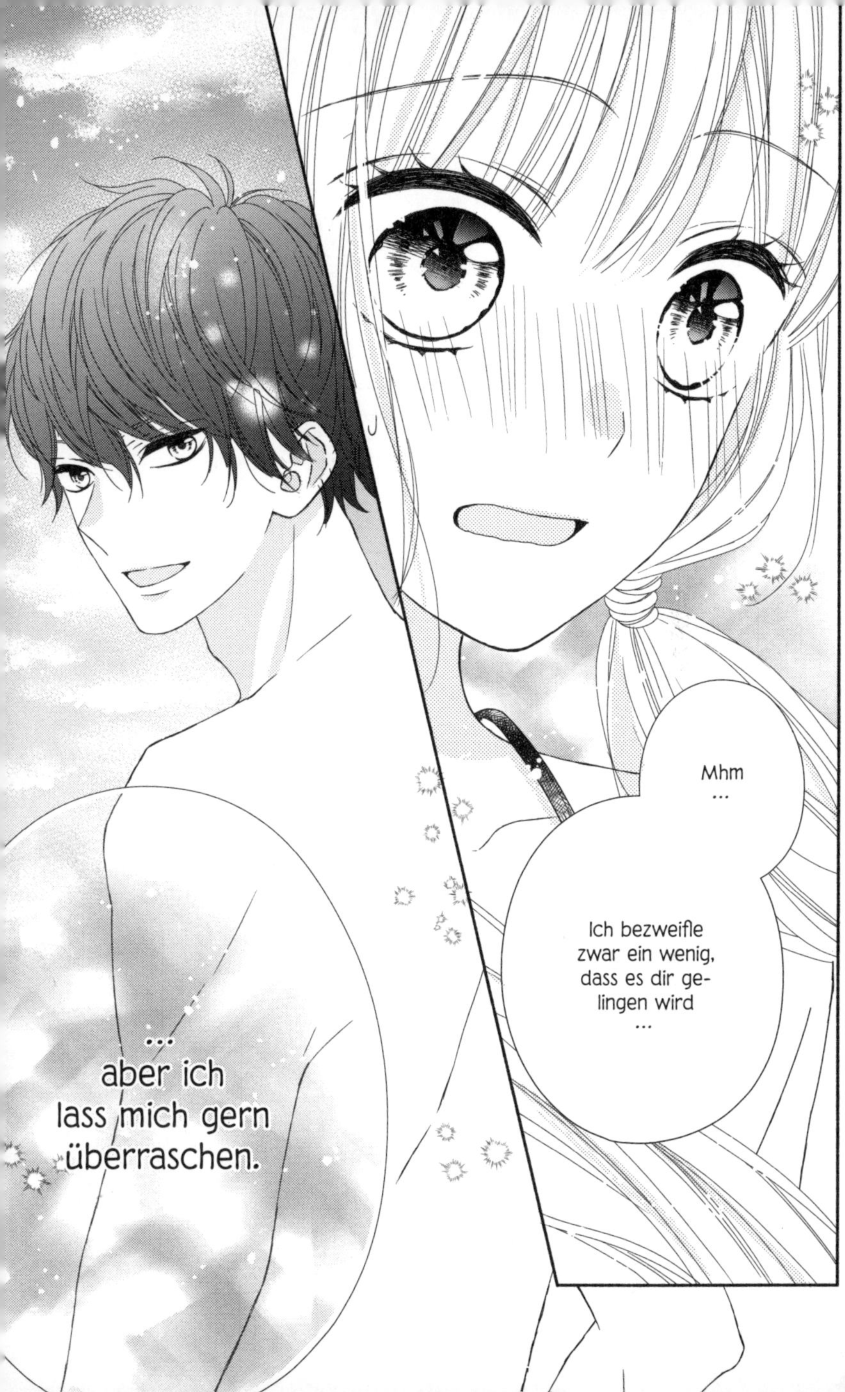
Mhm …
Ich bezweifle zwar ein wenig, dass es dir gelingen wird …
… aber ich lass mich gern überraschen.

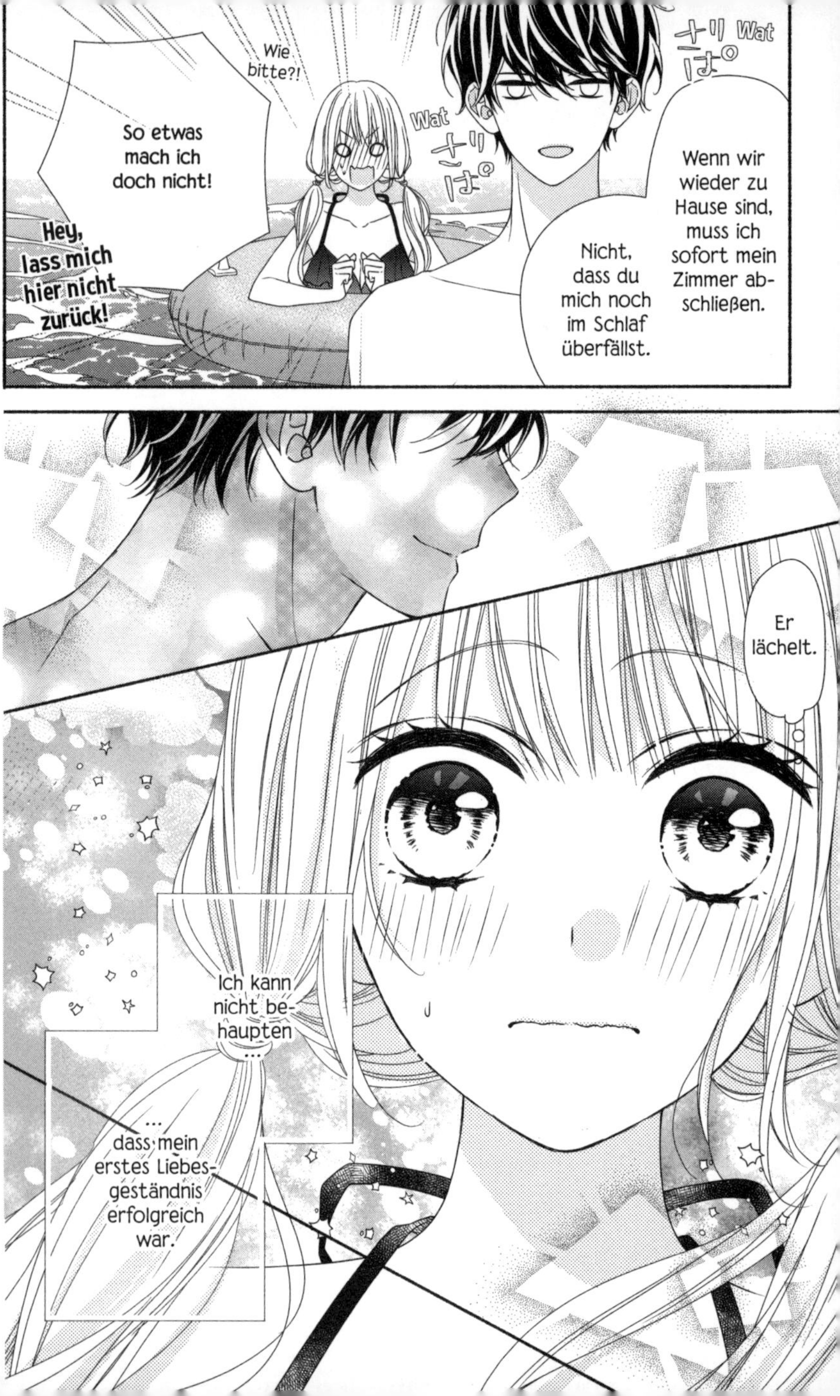
Wat
Wenn wir wieder zu Hause sind, muss ich sofort mein Zimmer abschließen.
Nicht, dass du mich noch im Schlaf überfällst.
Wie bitte?!
Wat
So etwas mach ich doch nicht!
Hey, lass mich hier nicht zurück!
Er lächelt.
Ich kann nicht behaupten …
… dass mein erstes Liebesgeständnis erfolgreich war.

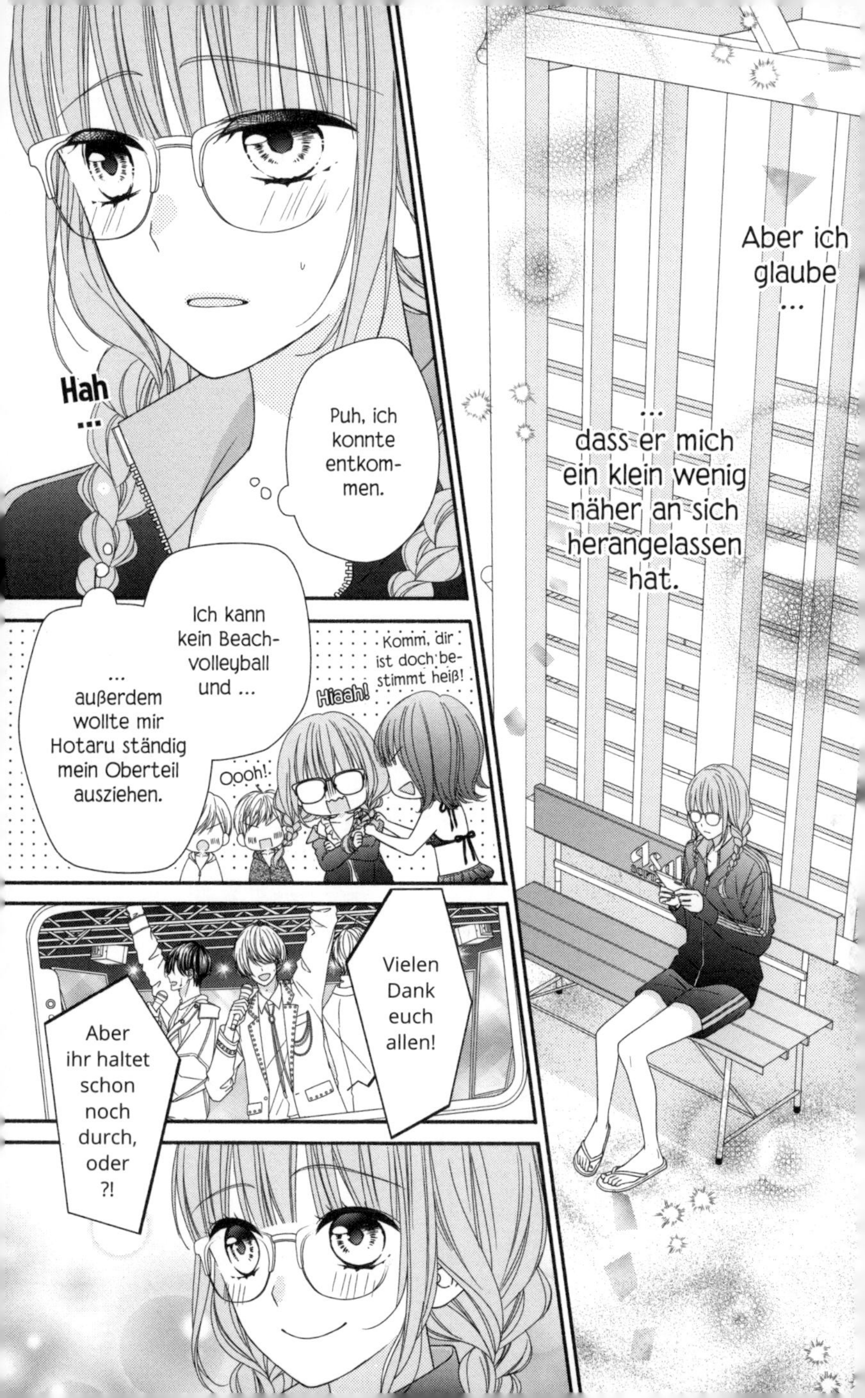
Aber ich glaube …
… dass er mich ein klein wenig näher an sich herangelassen hat.
Hah …
Puh, ich konnte entkommen.
Ich kann kein Beach-volleyball und …
… außerdem wollte mir Hotaru ständig mein Oberteil ausziehen.
Komm, dir ist doch bestimmt heiß!
Hiaah!
Oooh!
Vielen Dank euch allen!
Aber ihr haltet schon noch durch, oder ?!

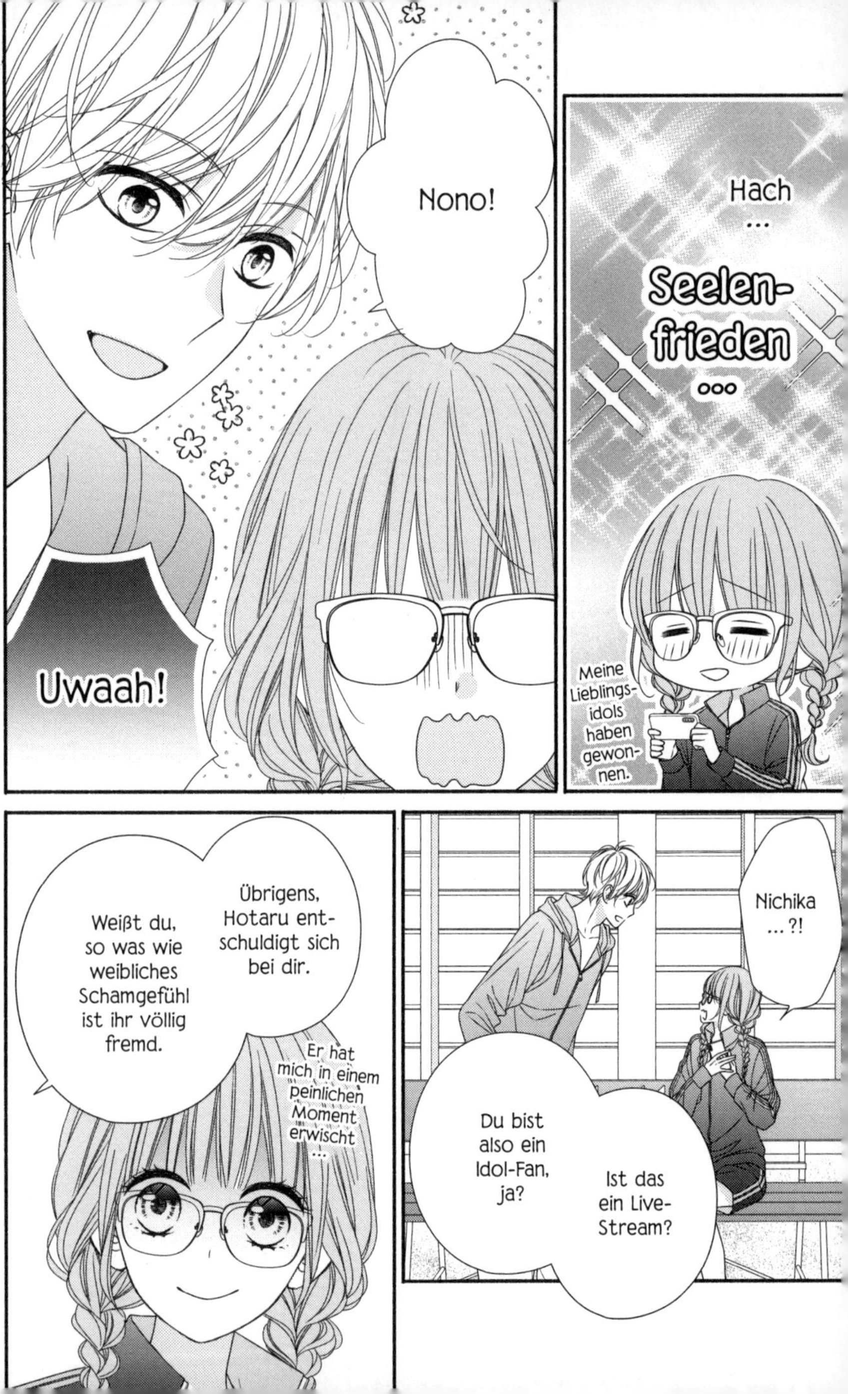
Hach ...
Seelen-frieden ...
Meine Lieblings-idols haben gewon-nen.
Nono!
Uwaah!
Nichika ...?!
Ist das ein Live-Stream?
Du bist also ein Idol-Fan, ja?
Übrigens, Hotaru ent-schuldigt sich bei dir.
Weißt du, so was wie weibliches Schamgefühl ist ihr völlig fremd.
Er hat mich in einem peinlichen Moment erwischt ...

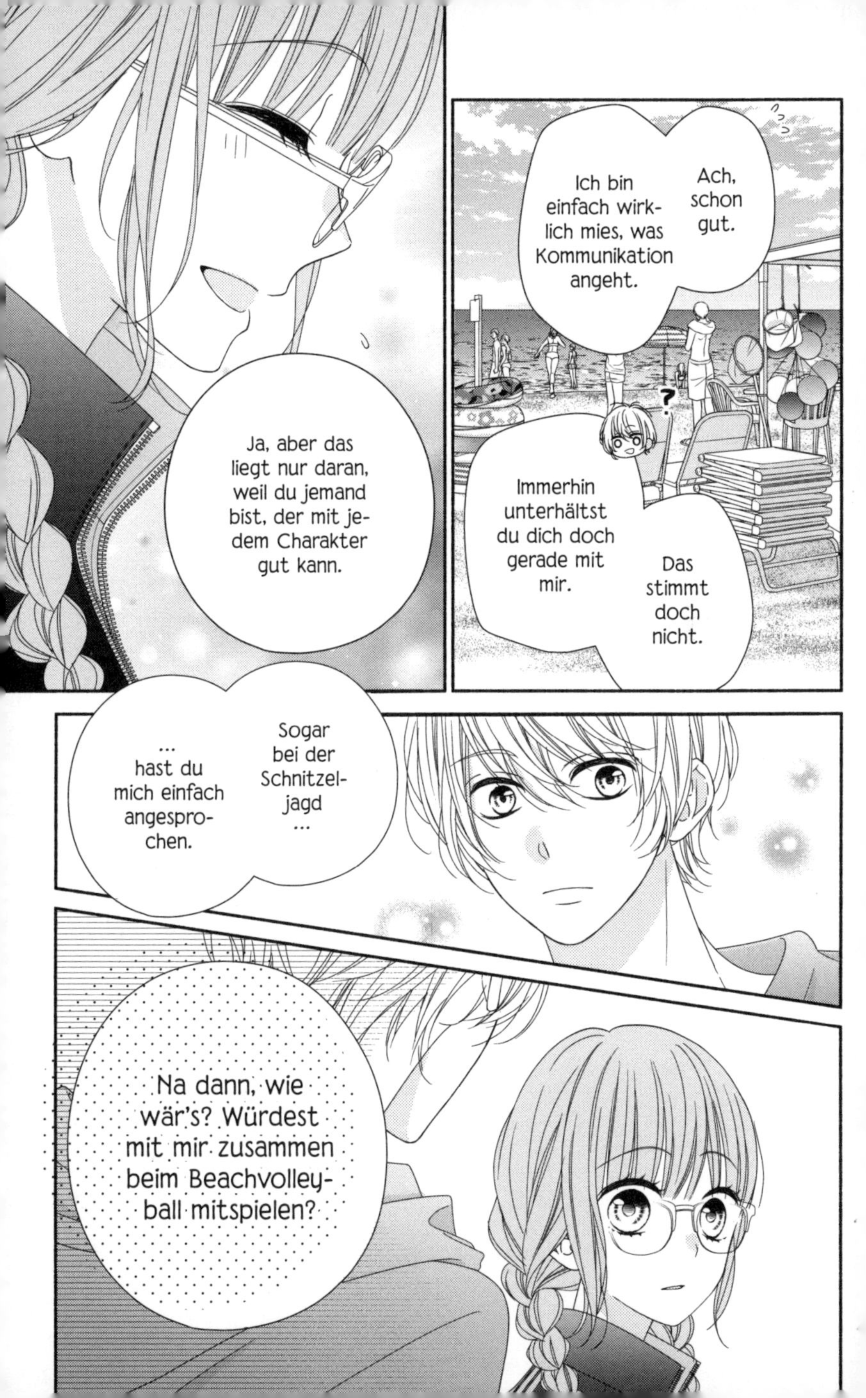
Ach, schon gut.
Ich bin einfach wirk-lich mies, was Kommunikation angeht.
?
Das stimmt doch nicht.
Immerhin unterhältst du dich doch gerade mit mir.
Ja, aber das liegt nur daran, weil du jemand bist, der mit je-dem Charakter gut kann.
Sogar bei der Schnitzel-jagd …
… hast du mich einfach angespro-chen.
Na dann, wie wär's? Würdest mit mir zusammen beim Beachvolley-ball mitspielen?

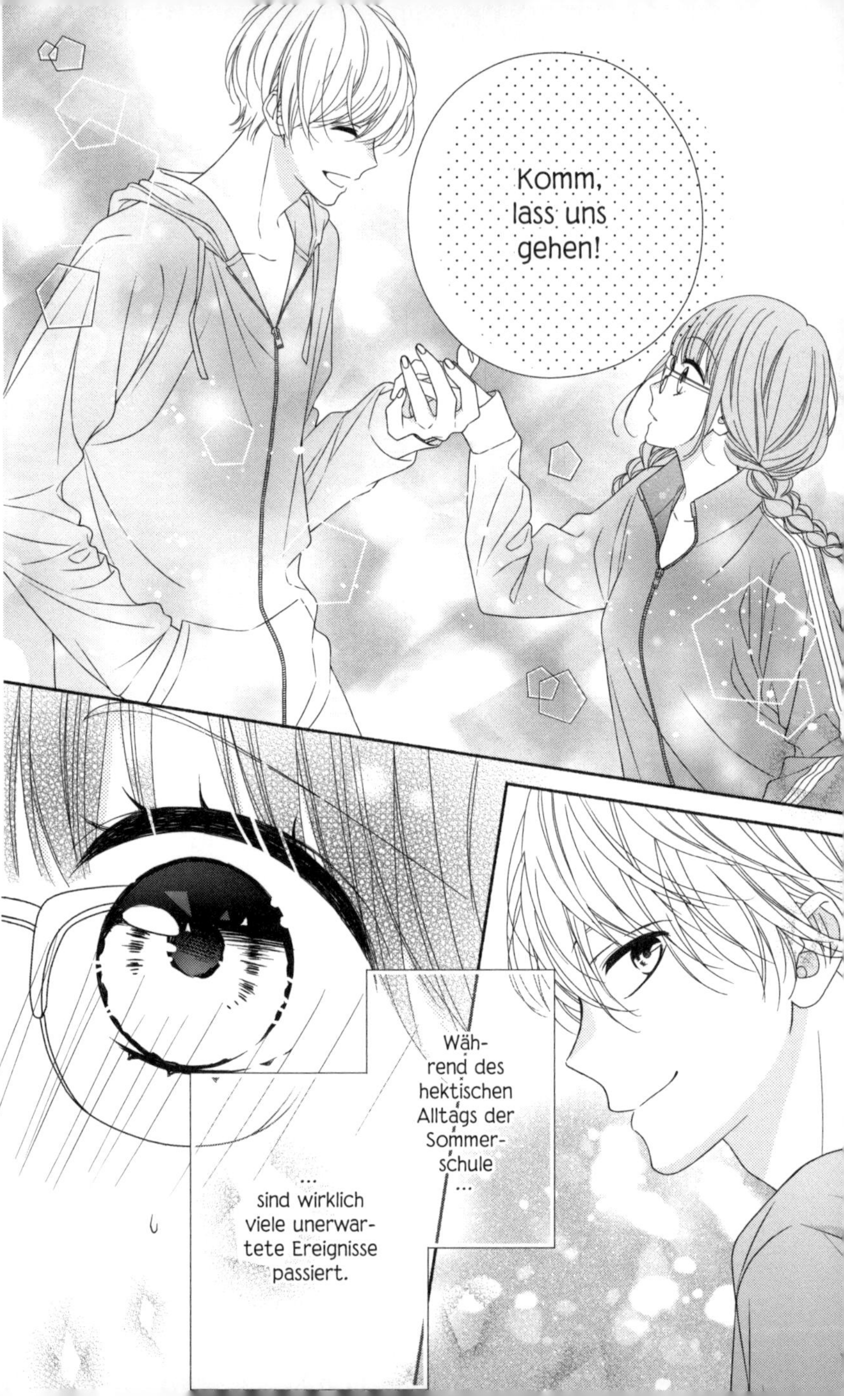
Komm, lass uns gehen!
Während des hektischen Alltags der Sommerschule …
… sind wirklich viele unerwartete Ereignisse passiert.

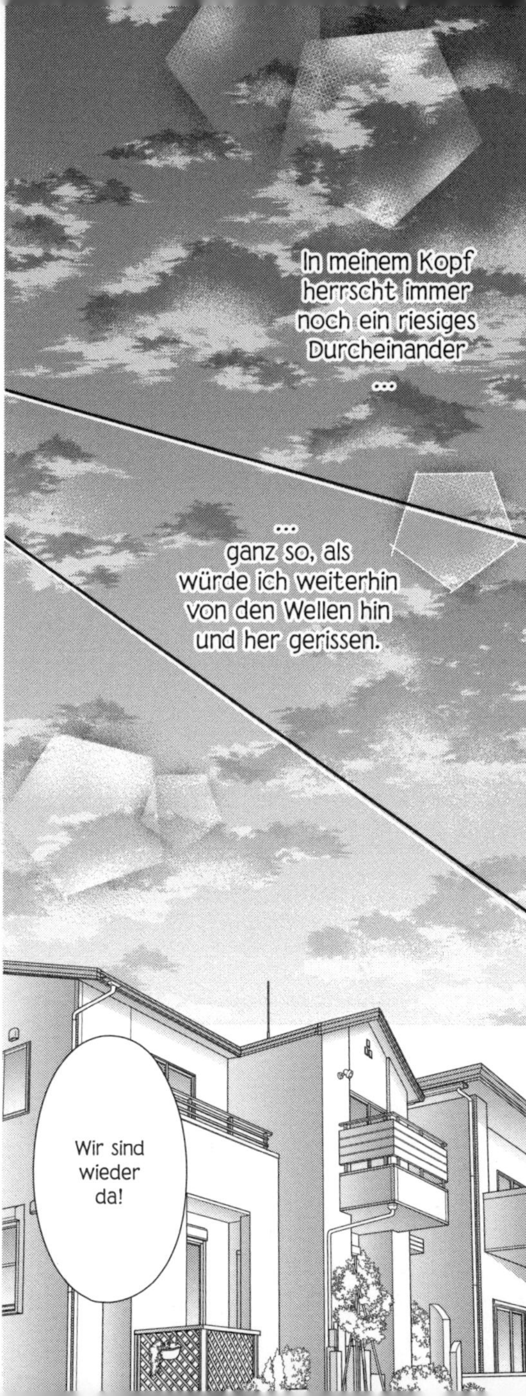
In meinem Kopf herrscht immer noch ein riesiges Durcheinander
...
...
ganz so, als würde ich weiterhin von den Wellen hin und her gerissen.
Wir sind wieder da!

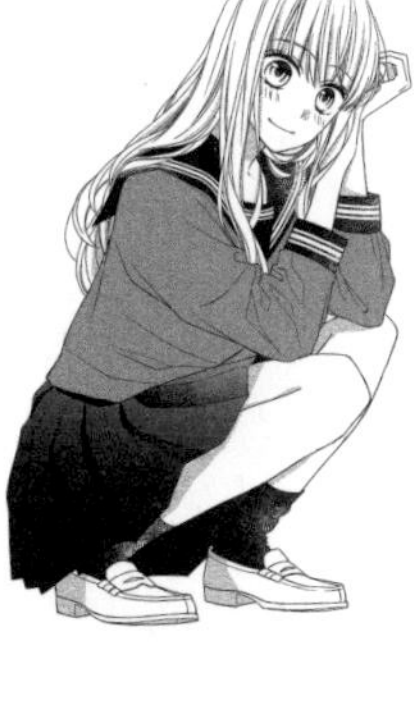

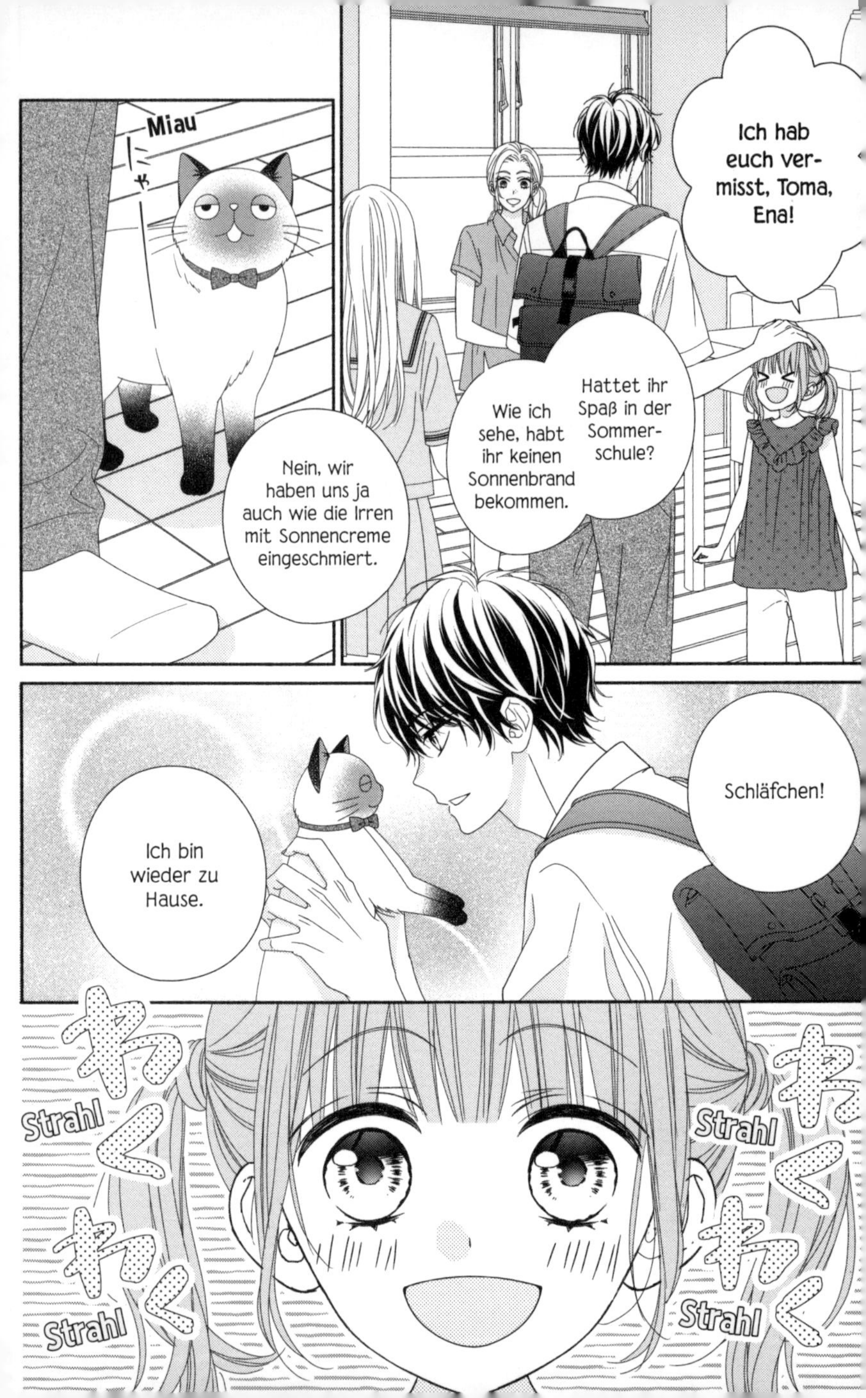
Ich hab euch vermisst, Toma, Ena!
Hattet ihr Spaß in der Sommerschule?
Wie ich sehe, habt ihr keinen Sonnenbrand bekommen.
Nein, wir haben uns ja auch wie die Irren mit Sonnencreme eingeschmiert.
Miau
にゃ
Schläfchen!
Ich bin wieder zu Hause.
わくわく
Strahl
Strahl
わくわく
Strahl
Strahl

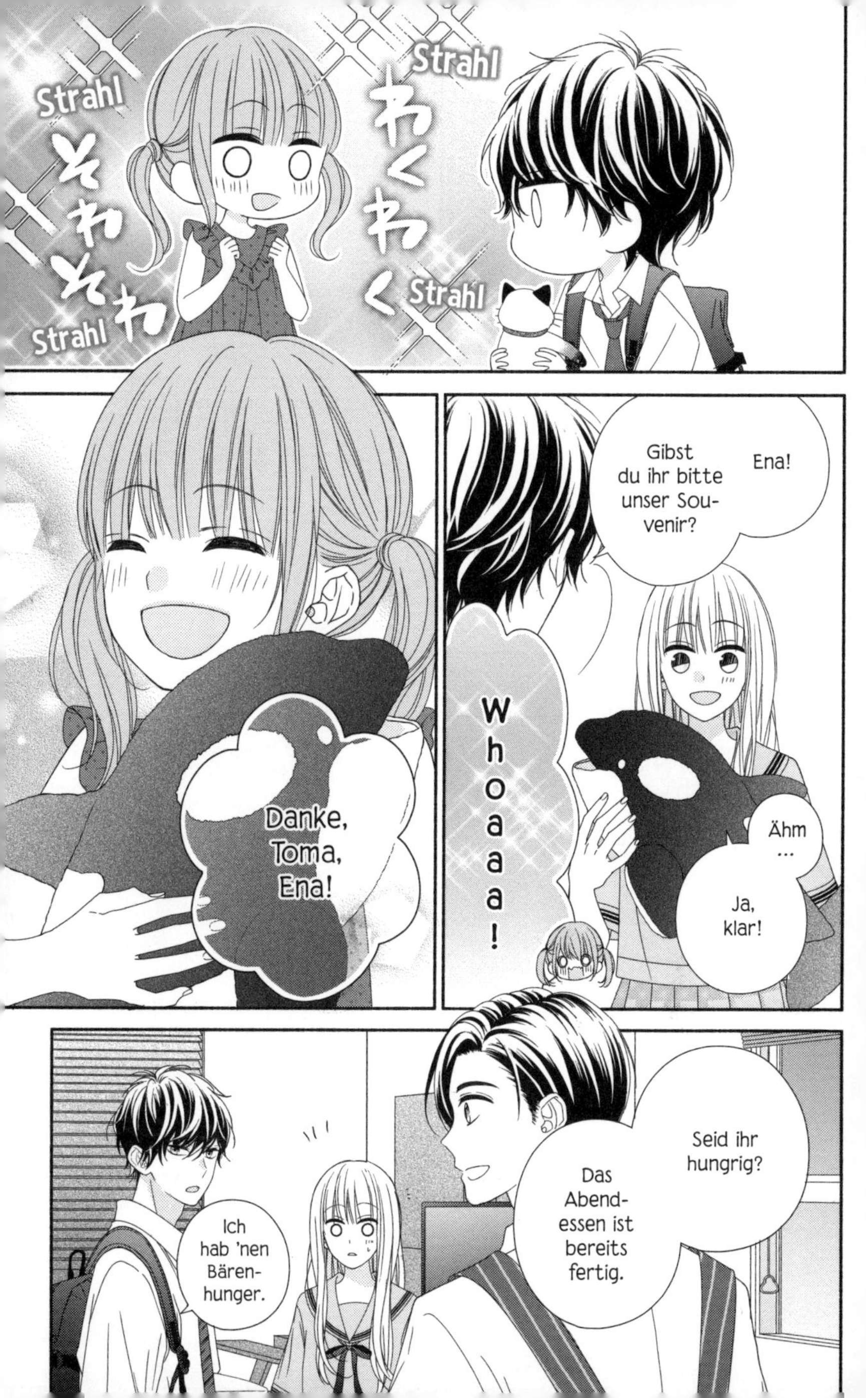
Strahl
わくわく
Strahl
Strahl
そわそわ
Strahl
Ena!
Gibst du ihr bitte unser Souvenir?
Whoaaa!
Ähm ...
Ja, klar!
Danke, Toma, Ena!
Seid ihr hungrig?
Das Abendessen ist bereits fertig.
Ich hab 'nen Bärenhunger.

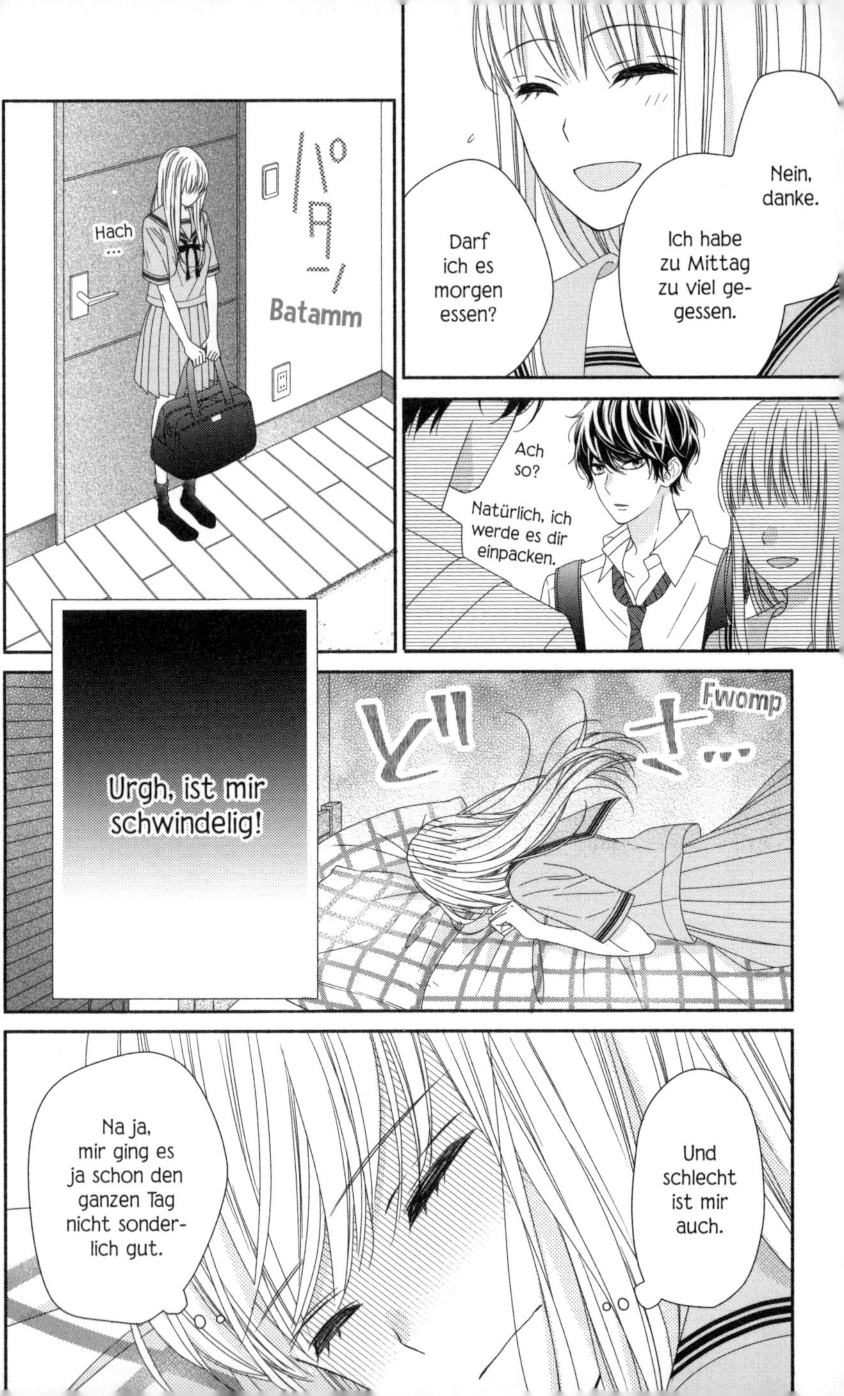
Nein, danke.
Ich habe zu Mittag zu viel gegessen.
Darf ich es morgen essen?
Ach so?
Natürlich, ich werde es dir einpacken.
Batamm
Hach ...
Fwomp
Urgh, ist mir schwindelig!
Und schlecht ist mir auch.
Na ja, mir ging es ja schon den ganzen Tag nicht sonderlich gut.

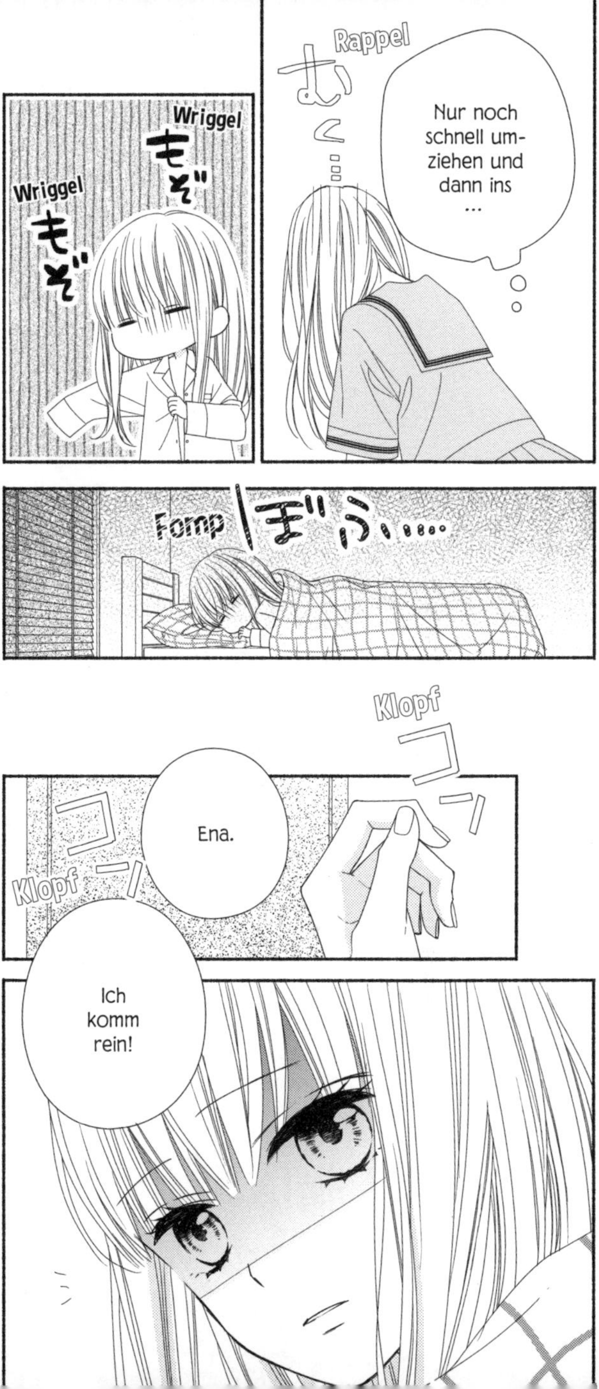
Rappel
むく…
Nur noch schnell umziehen und dann ins …
Wriggel
もぞ
Wriggel
もぞ
Fomp
ぼふ……
Klopf
コン
Klopf
コン
Ena.
Ich komm rein!

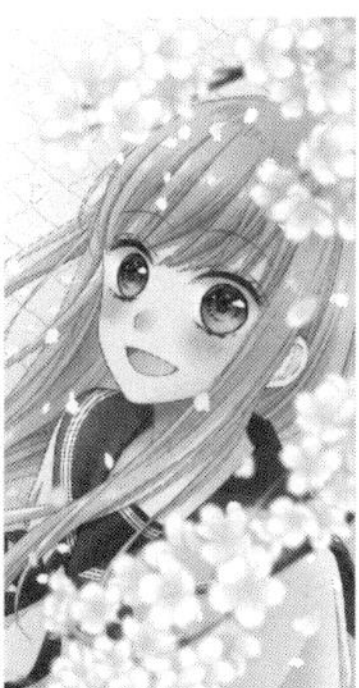

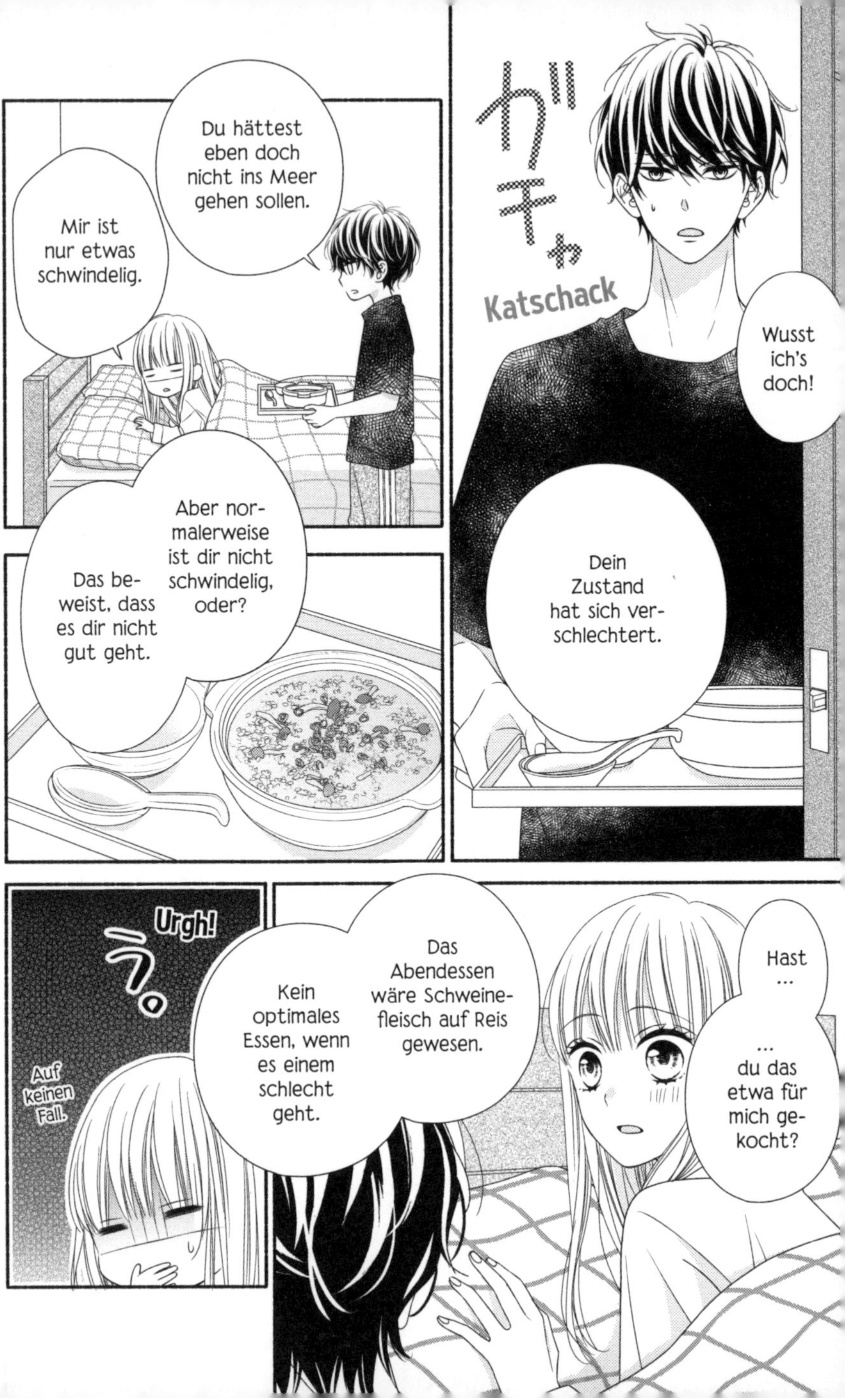

ガチャ
Katschack
Wusst ich's doch!
Dein Zustand hat sich verschlechtert.
Du hättest eben doch nicht ins Meer gehen sollen.
Mir ist nur etwas schwindelig.
Aber normalerweise ist dir nicht schwindelig, oder?
Das beweist, dass es dir nicht gut geht.
Hast …
… du das etwa für mich gekocht?
Das Abendessen wäre Schweinefleisch auf Reis gewesen.
Kein optimales Essen, wenn es einem schlecht geht.
う。
Urgh!
Auf keinen Fall.

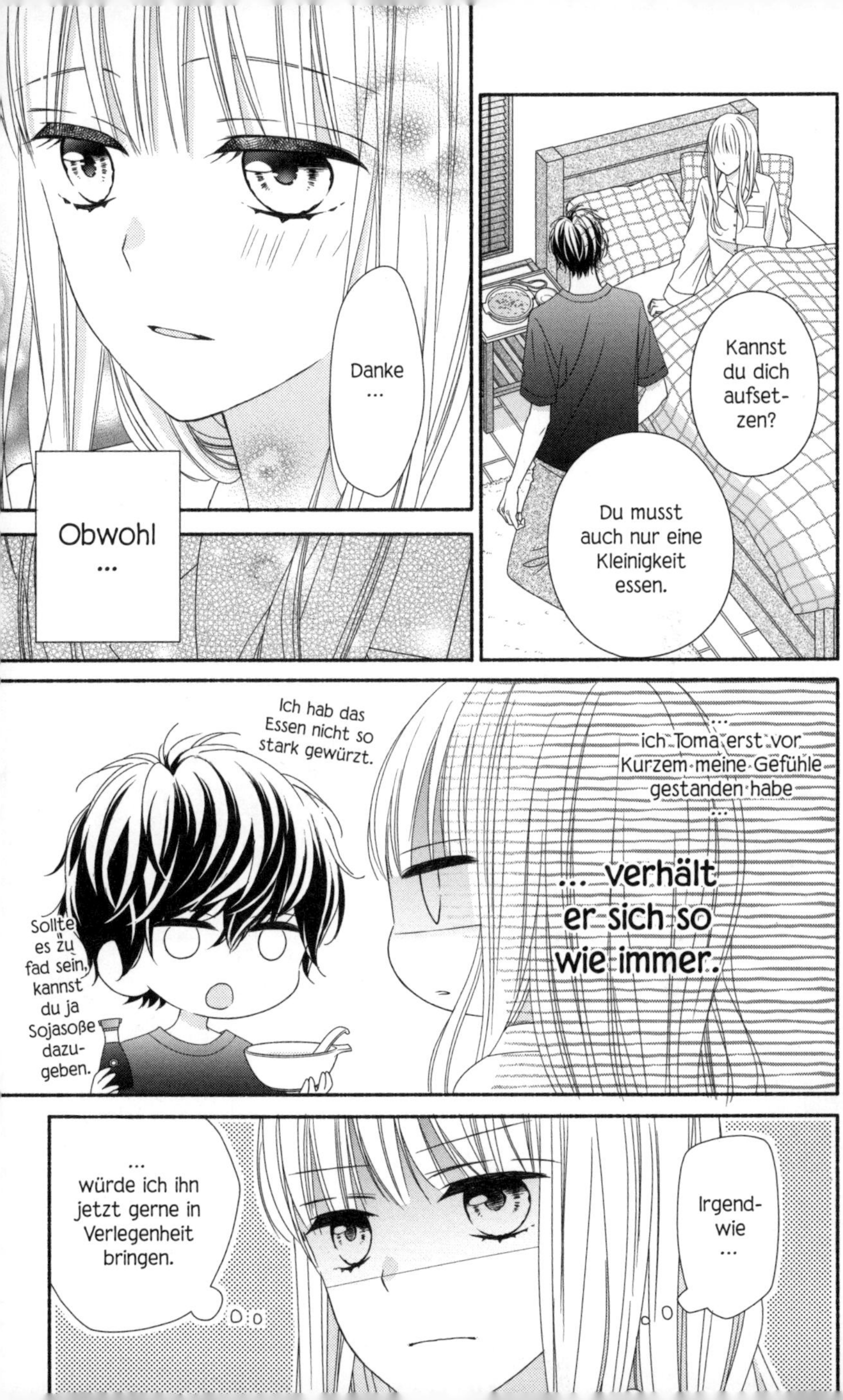
Kannst du dich aufsetzen?
Du musst auch nur eine Kleinigkeit essen.
Danke ...
Obwohl ...
... ich Toma erst vor Kurzem meine Gefühle gestanden habe ...
... verhält er sich so wie immer.
Ich hab das Essen nicht so stark gewürzt.
Sollte es zu fad sein, kannst du ja Sojasoße dazugeben.
Irgendwie ...
... würde ich ihn jetzt gerne in Verlegenheit bringen.

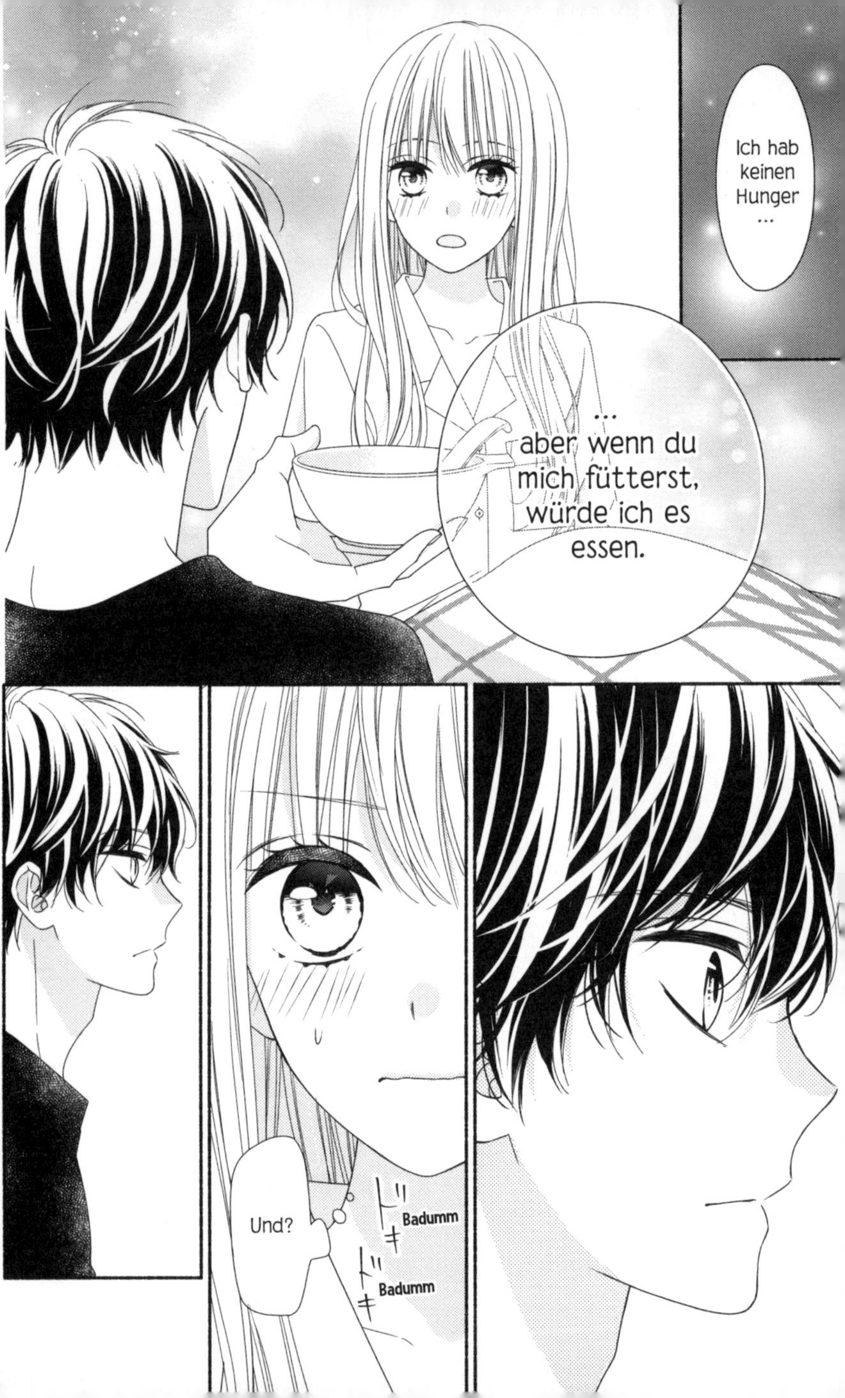
Ich hab keinen Hunger …
… aber wenn du mich fütterst, würde ich es essen.
Und?
Badumm
Badumm

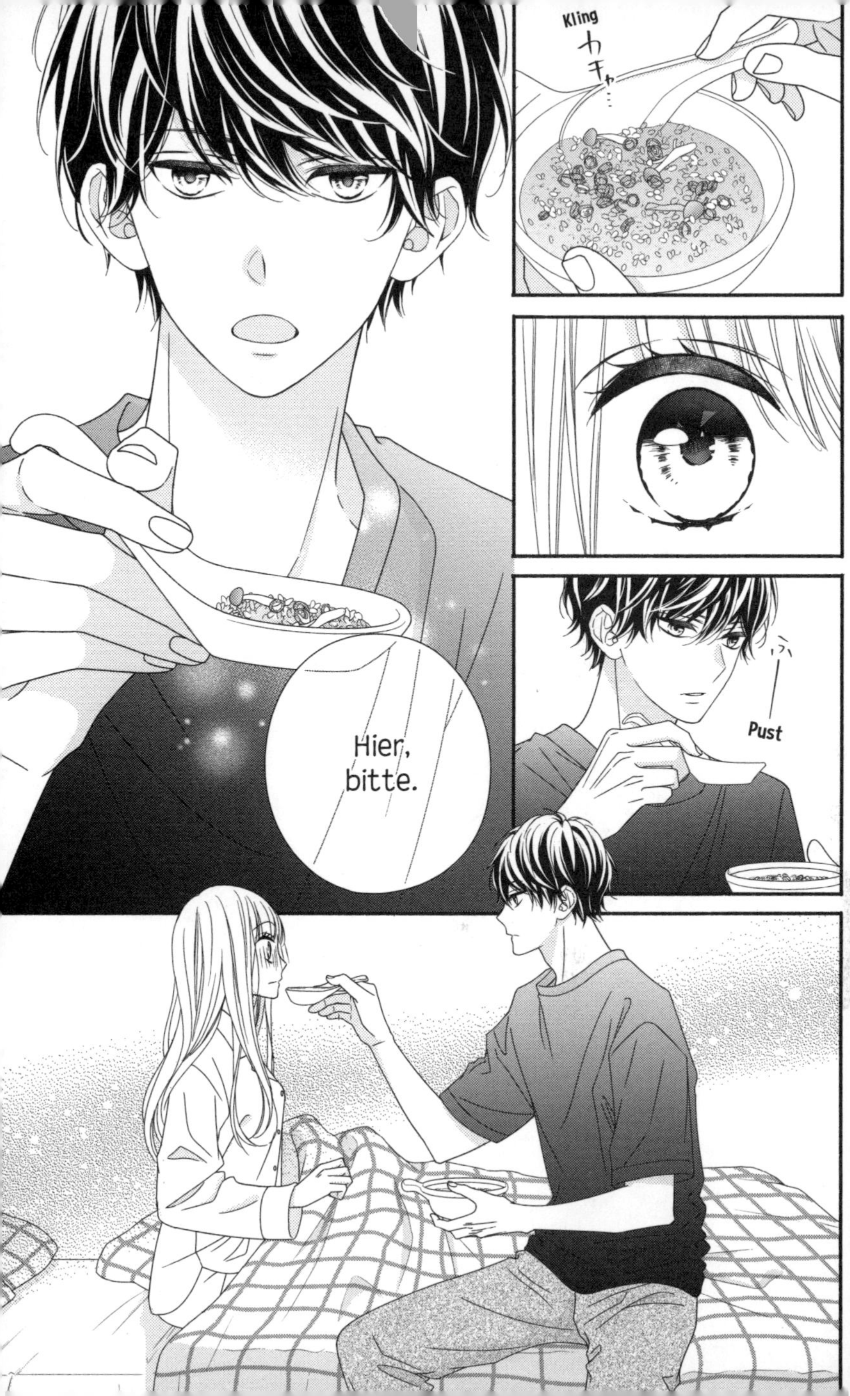
Kling
カチャ…
ふー
Pust
Hier, bitte.

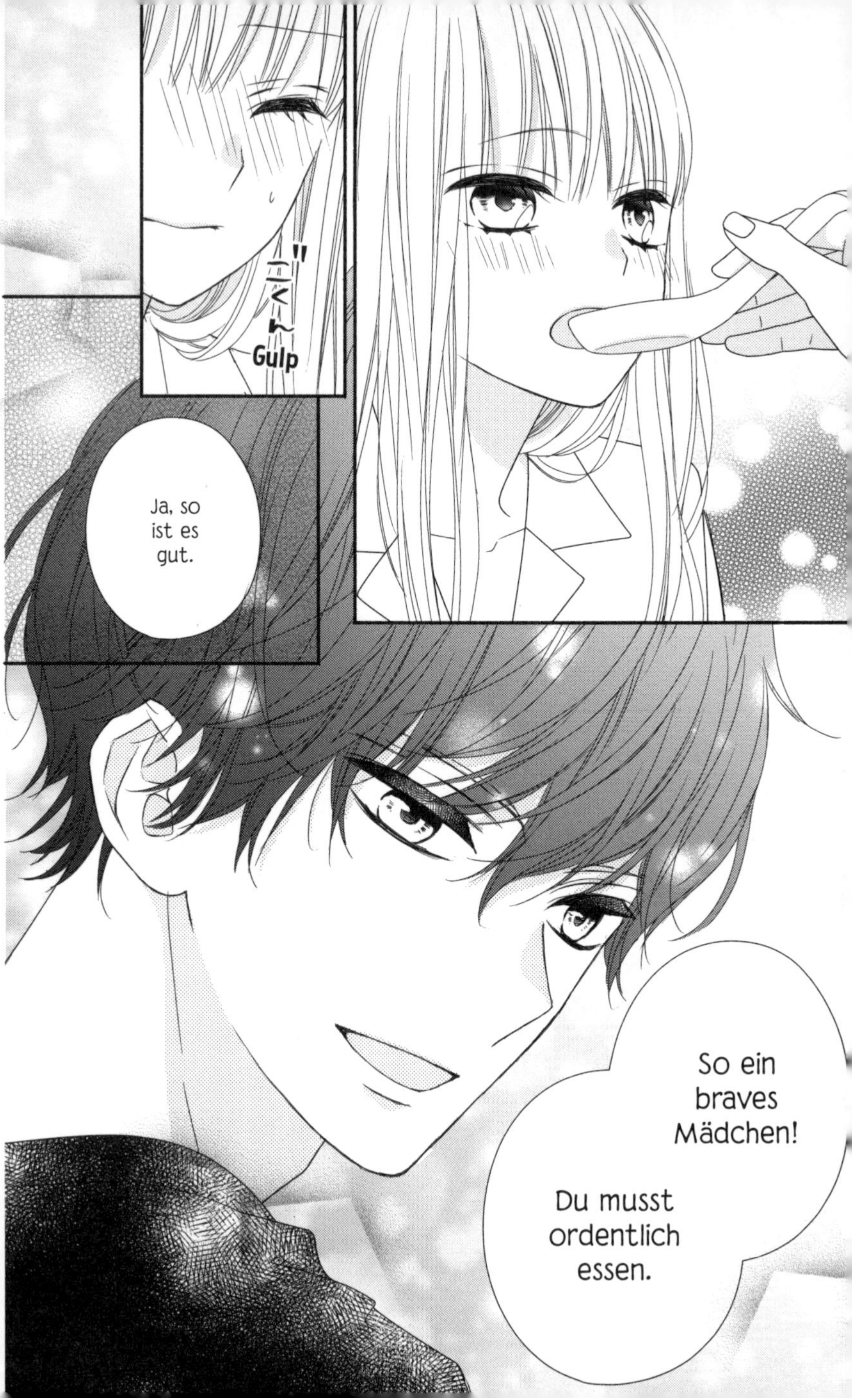
ごくん
Gulp
Ja, so ist es gut.
So ein braves Mädchen!
Du musst ordentlich essen.

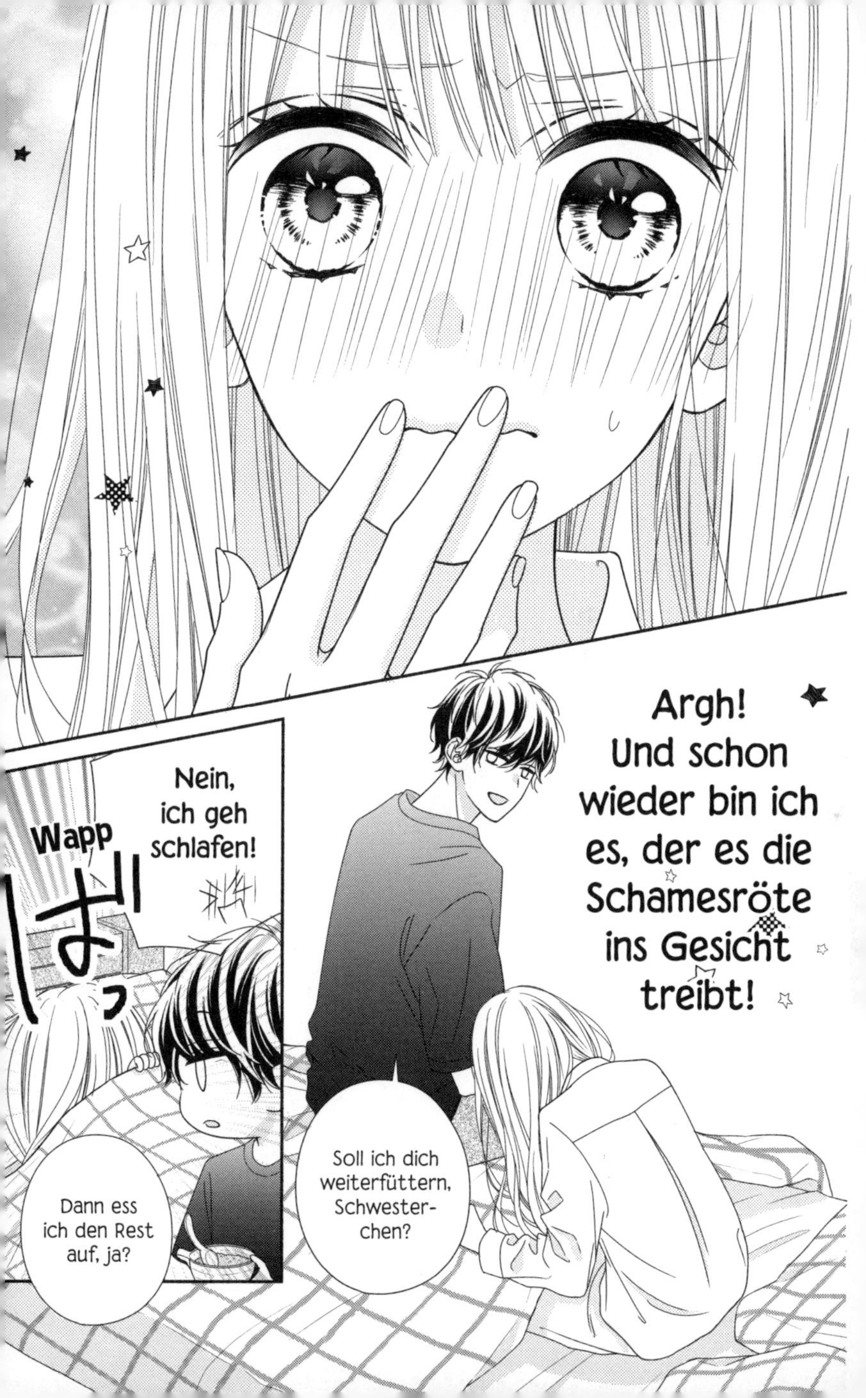
Argh! Und schon wieder bin ich es, der es die Schamesröte ins Gesicht treibt!
Soll ich dich weiterfüttern, Schwesterchen?
Nein, ich geh schlafen!
Wapp
Dann ess ich den Rest auf, ja?

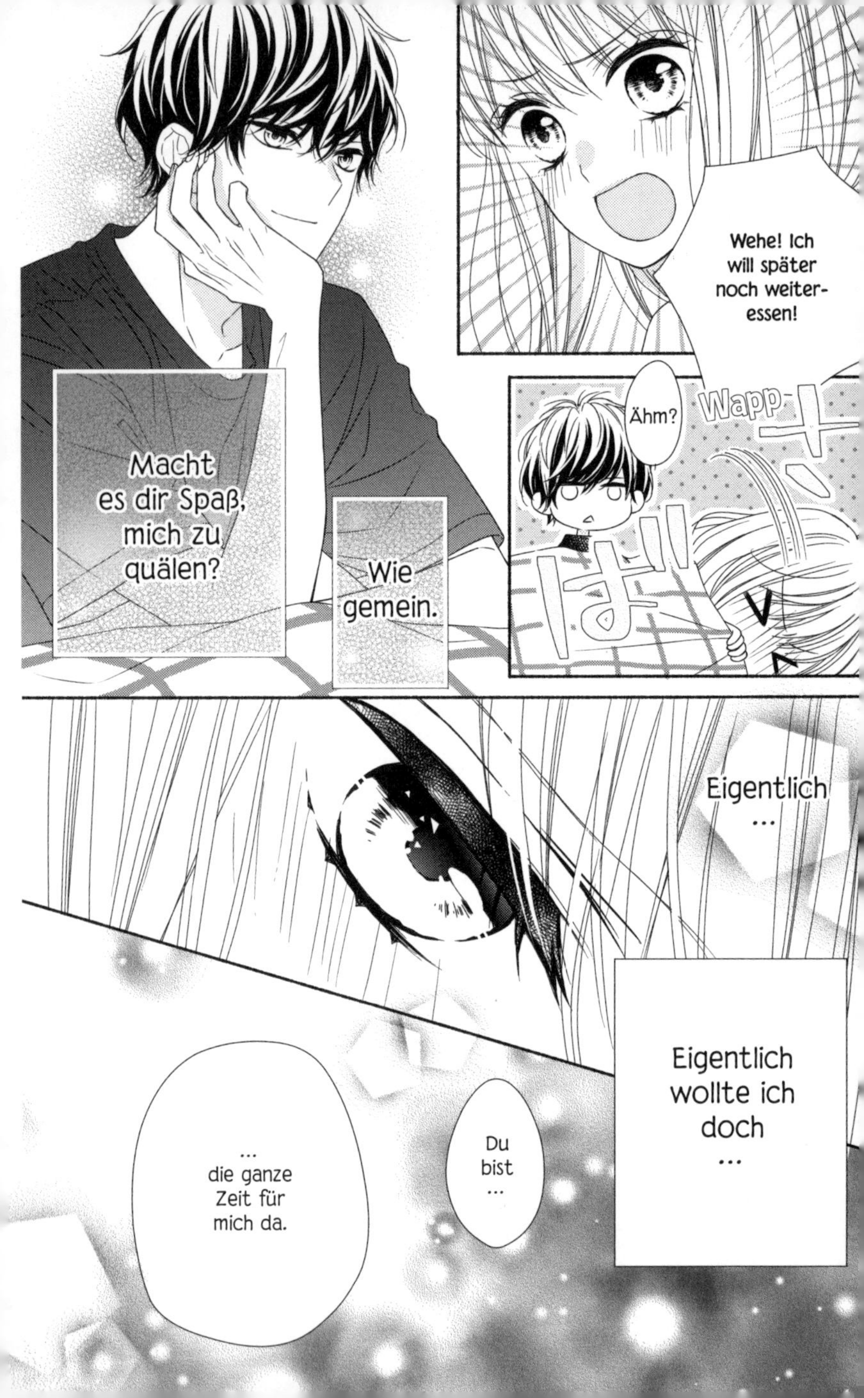
Wehe! Ich will später noch weiter-essen!
Wapp-
Ähm?
Macht es dir Spaß, mich zu quälen?
Wie gemein.
Eigentlich ...
Eigentlich wollte ich doch ...
Du bist ...
... die ganze Zeit für mich da.

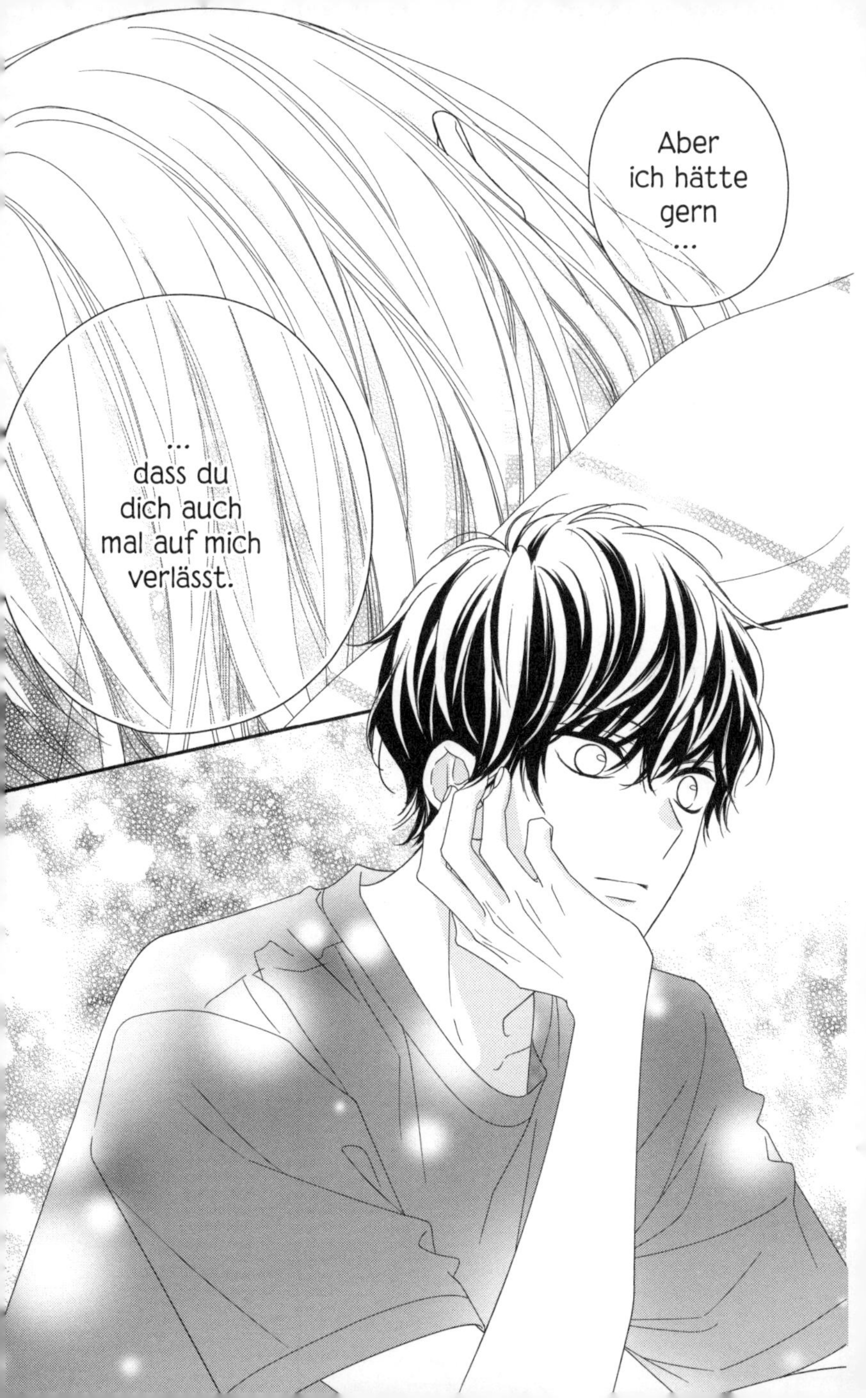
Aber ich hätte gern ...
... dass du dich auch mal auf mich verlässt.

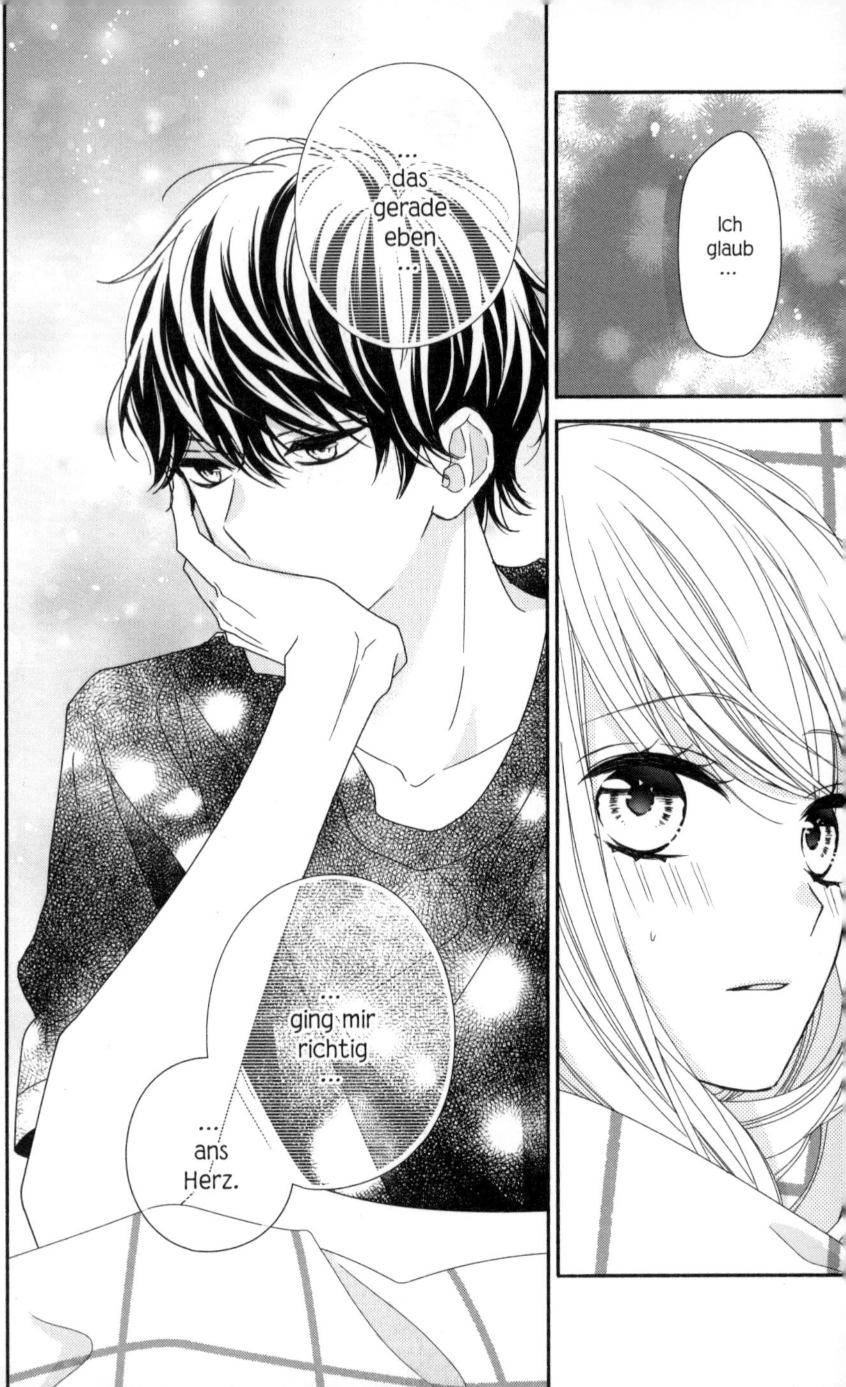
Ich glaub …
… das gerade eben …
… ging mir richtig …
… ans Herz.

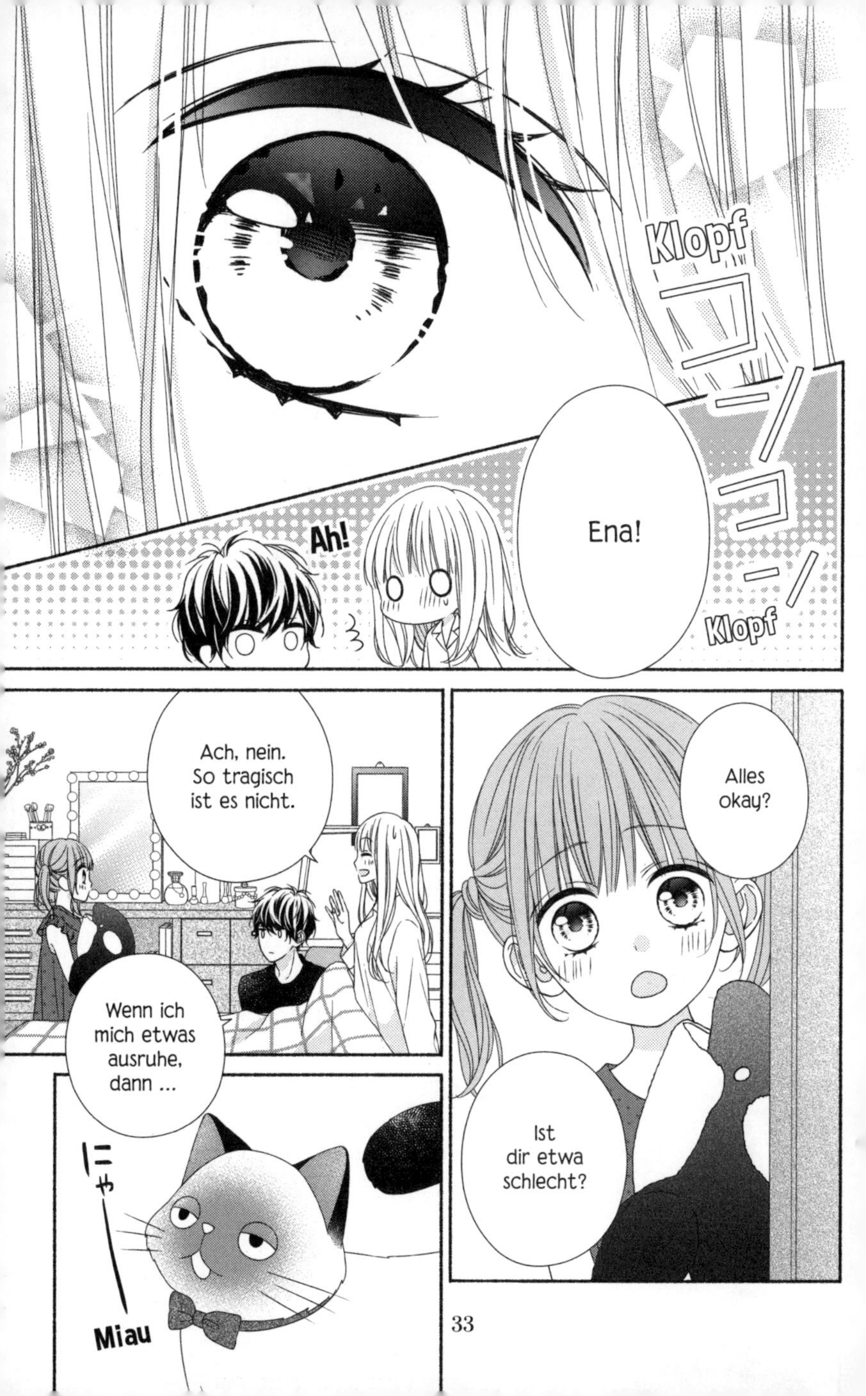

Klopf
Klopf
Ena!
Ah!
Alles okay?
Ist dir etwa schlecht?
Ach, nein. So tragisch ist es nicht.
Wenn ich mich etwas ausruhe, dann ...
Miau

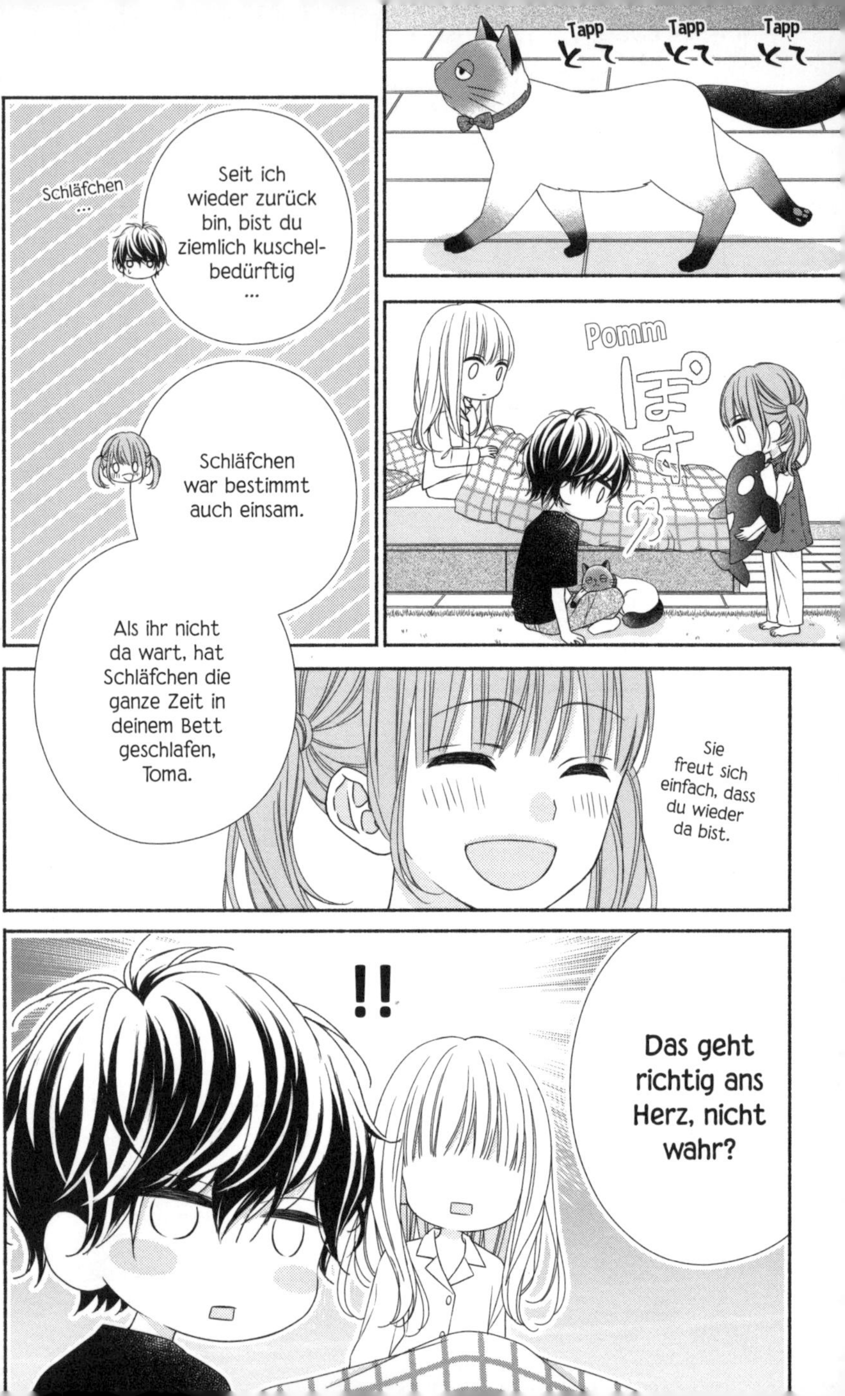
Tapp
とて
Tapp
とて
Tapp
とて
Pomm
ぽすっ
Schläfchen ...
Seit ich wieder zurück bin, bist du ziemlich kuschelbedürftig ...
Schläfchen war bestimmt auch einsam.
Als ihr nicht da wart, hat Schläfchen die ganze Zeit in deinem Bett geschlafen, Toma.
Sie freut sich einfach, dass du wieder da bist.
!!
Das geht richtig ans Herz, nicht wahr?

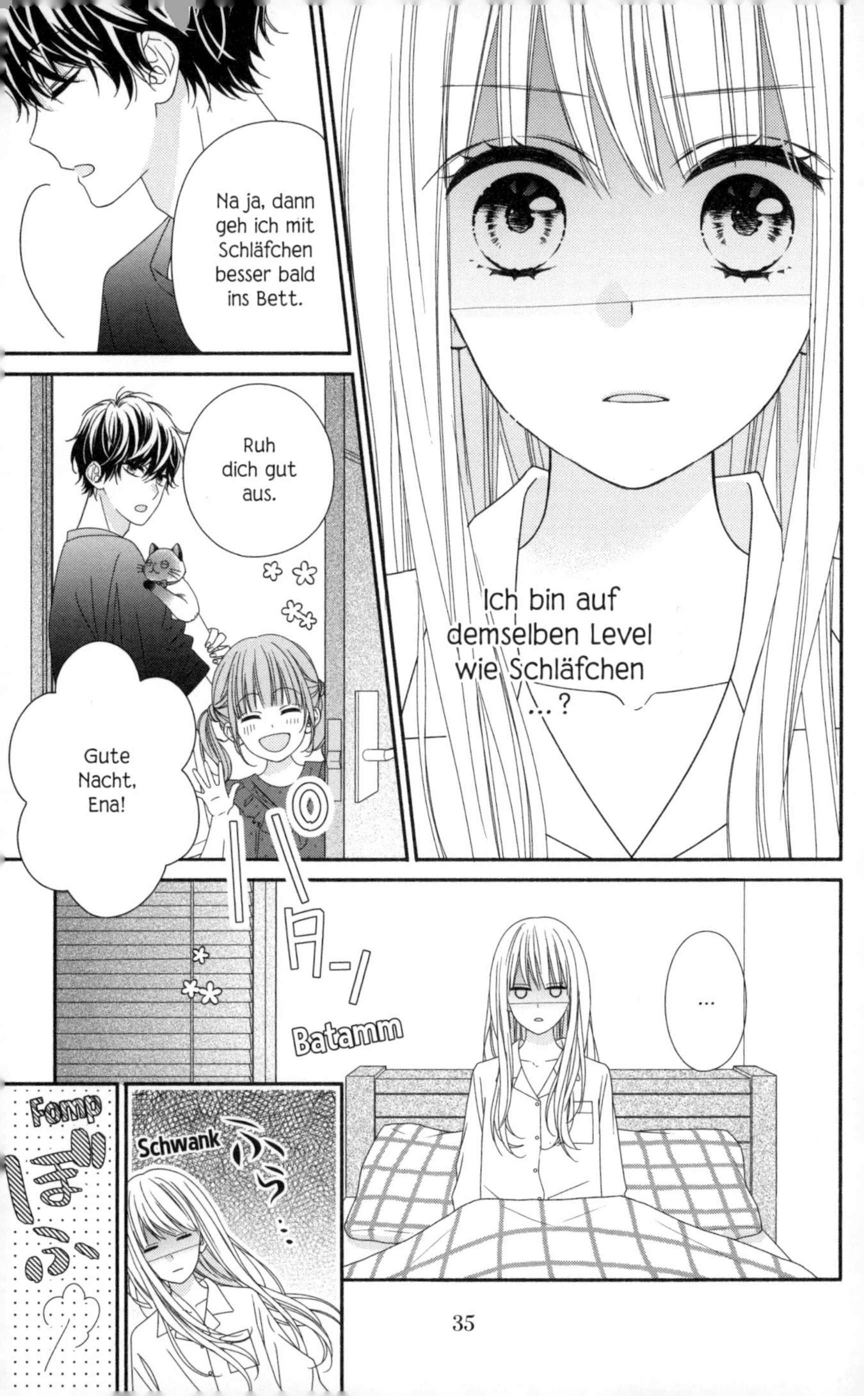
Na ja, dann geh ich mit Schläfchen besser bald ins Bett.
Ich bin auf demselben Level wie Schläfchen ...?
Ruh dich gut aus.
Gute Nacht, Ena!
Batamm
...
Schwank
Fomp

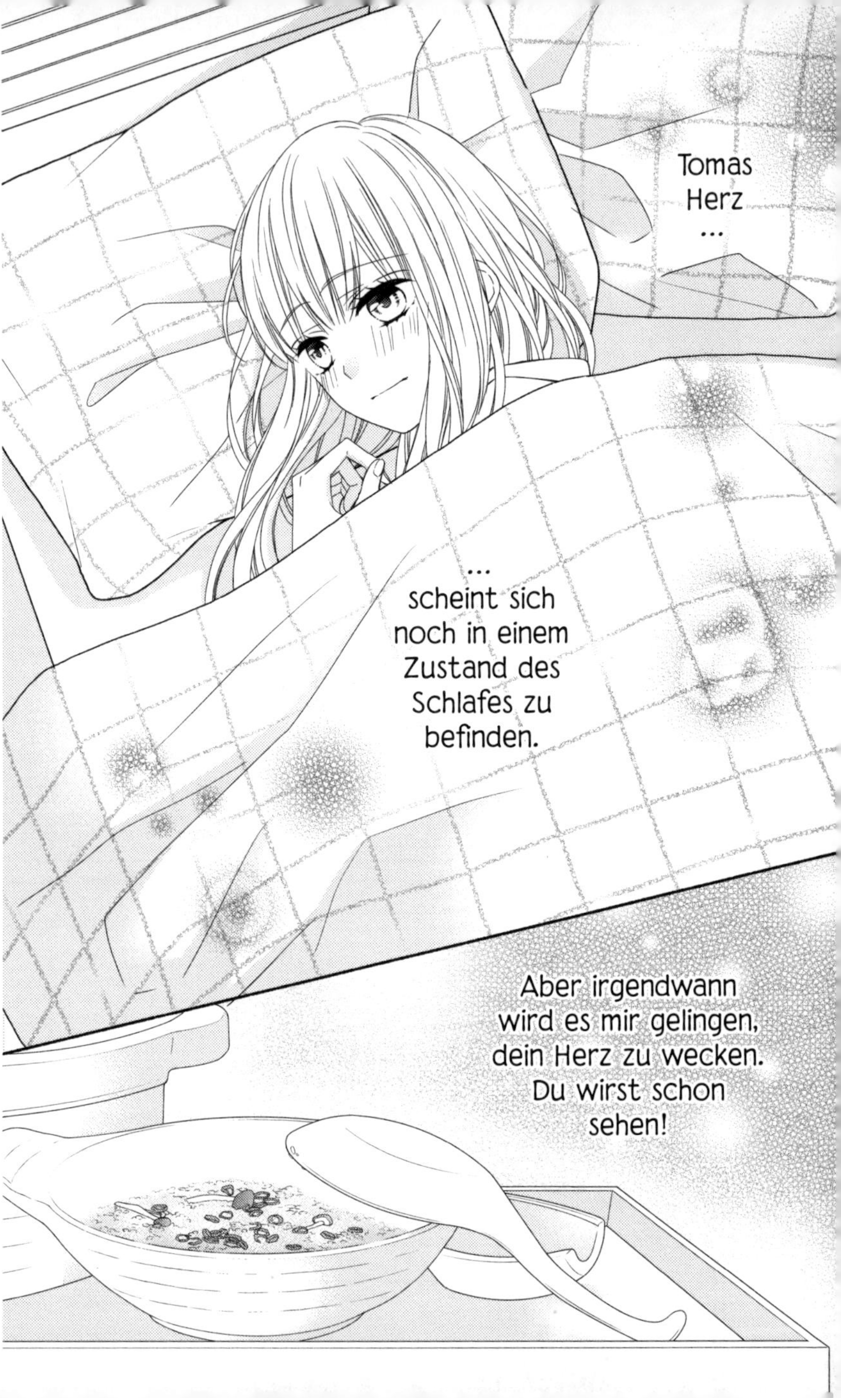
Tomas Herz ...
... scheint sich noch in einem Zustand des Schlafes zu befinden.
Aber irgendwann wird es mir gelingen, dein Herz zu wecken. Du wirst schon sehen!

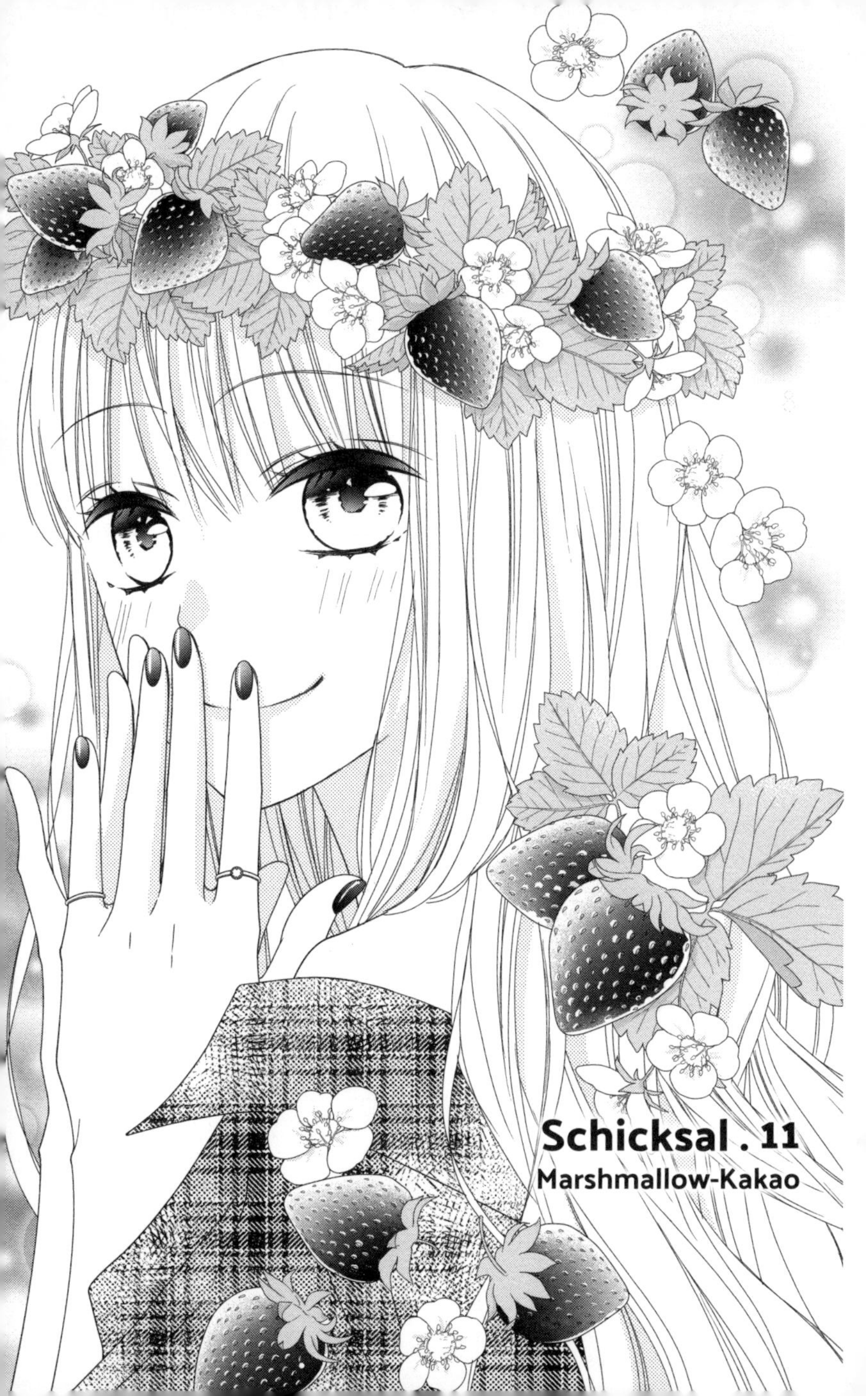

Schicksal . 11

Marshmallow-Kakao

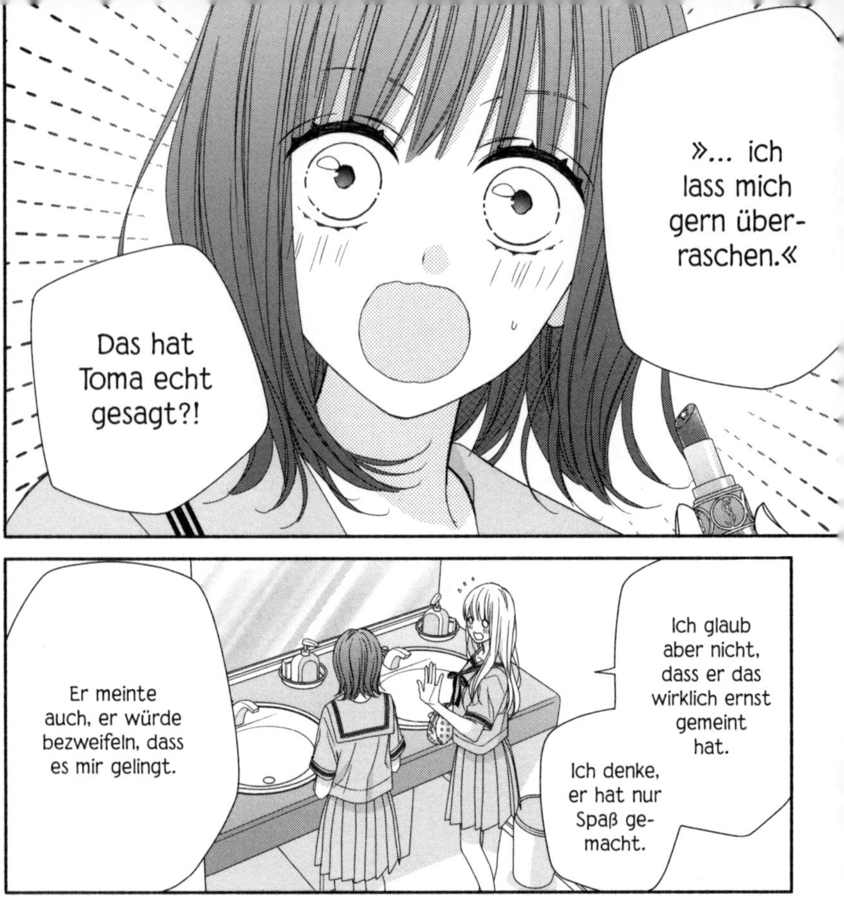

AUFGEWECKT MIT EINEM KUSS

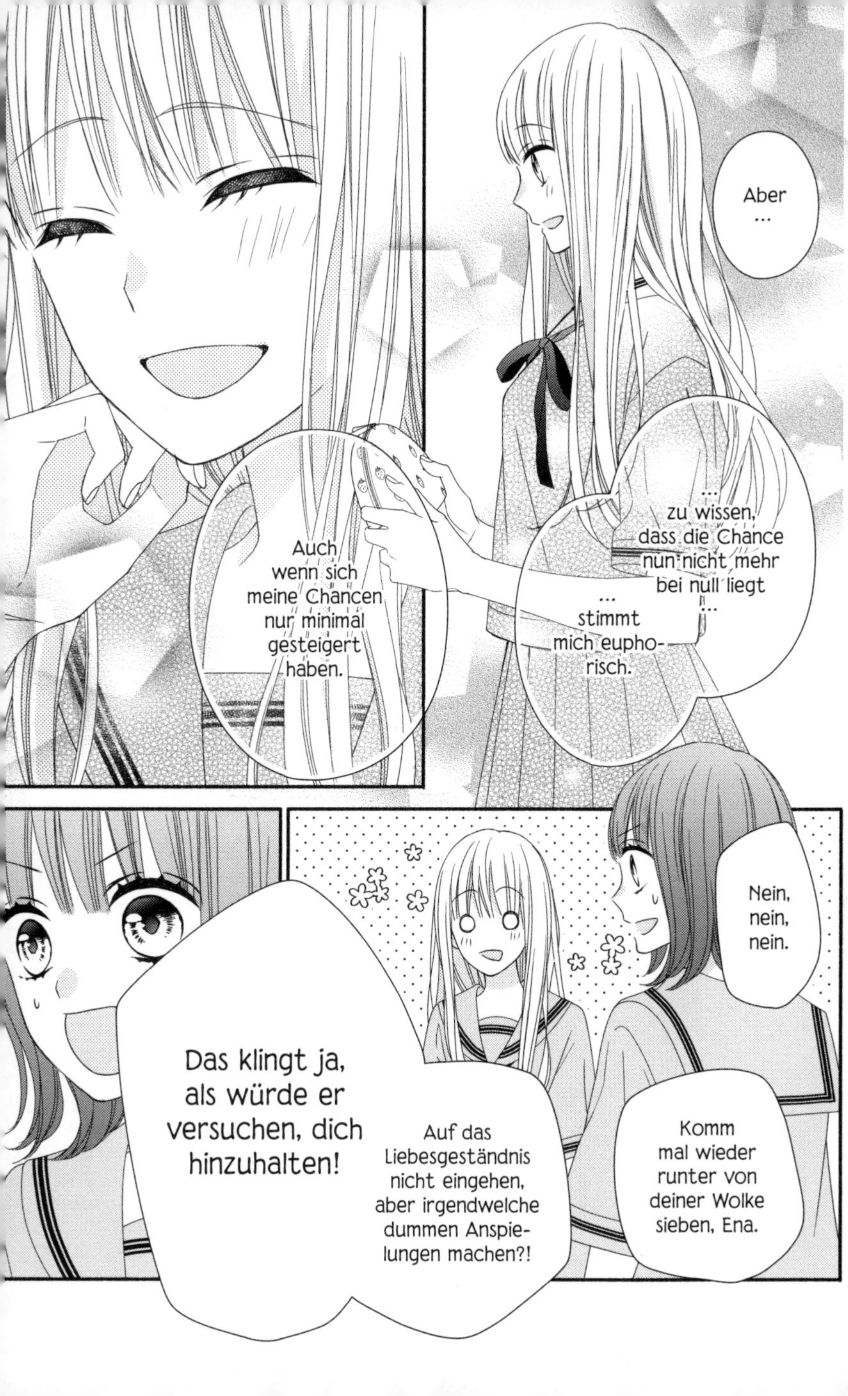
Aber …
… zu wissen, dass die Chance nun nicht mehr bei null liegt …
… stimmt mich euphorisch.
Auch wenn sich meine Chancen nur minimal gesteigert haben.
Nein, nein, nein.
Komm mal wieder runter von deiner Wolke sieben, Ena.
Auf das Liebesgeständnis nicht eingehen, aber irgendwelche dummen Anspielungen machen?!
Das klingt ja, als würde er versuchen, dich hinzuhalten!

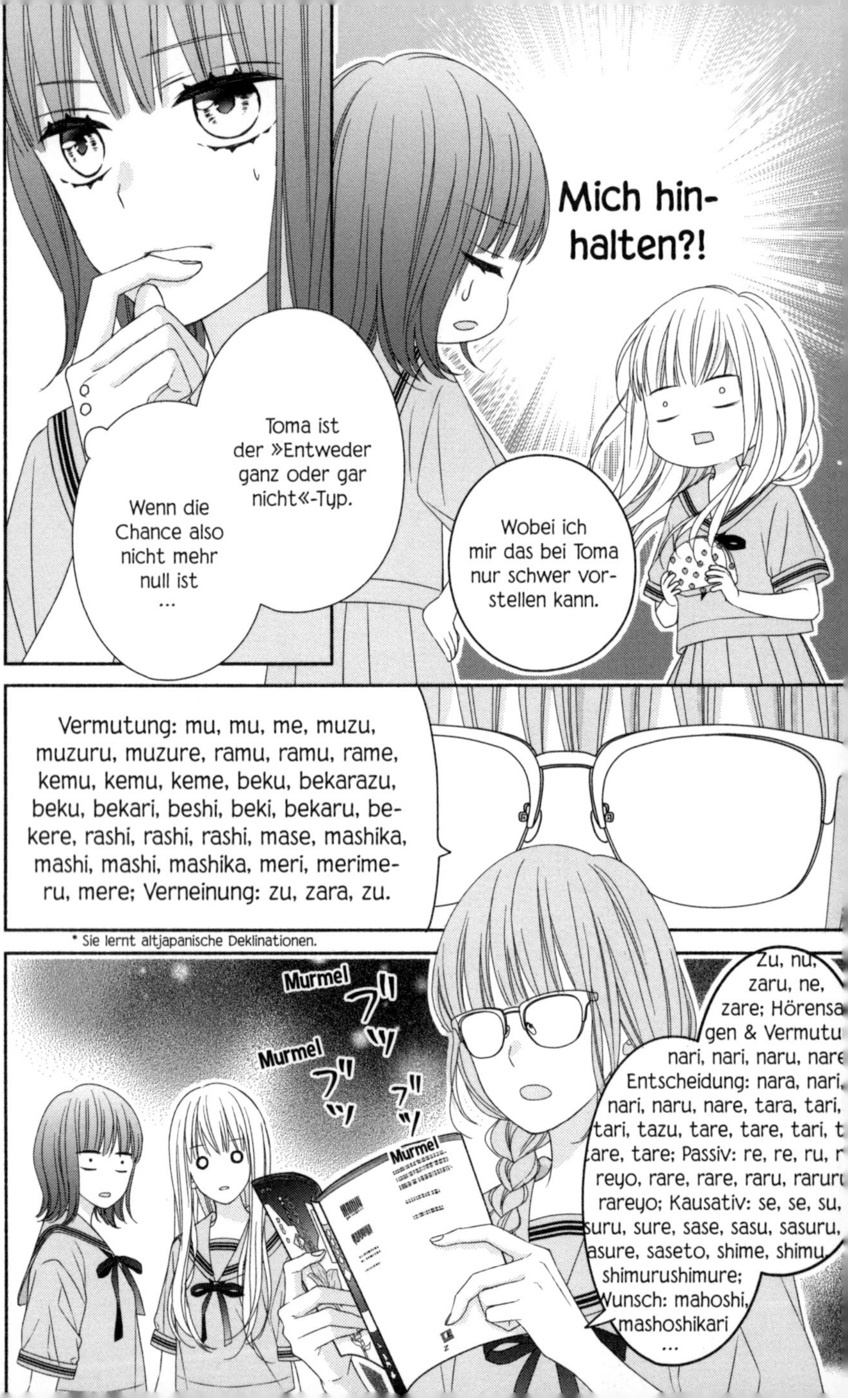
Mich hin-
halten?!
Toma ist der »Entweder ganz oder gar nicht«-Typ.
Wenn die Chance also nicht mehr null ist …
Wobei ich mir das bei Toma nur schwer vorstellen kann.
Vermutung: mu, mu, me, muzu, muzuru, muzure, ramu, ramu, rame, kemu, kemu, keme, beku, bekarazu, beku, bekari, beshi, beki, bekaru, bekere, rashi, rashi, rashi, mase, mashika, mashi, mashi, mashika, meri, merimeru, mere; Verneinung: zu, zara, zu.
* Sie lernt altjapanische Deklinationen.
Murmel
Murmel
Murmel
Zu, nu, zaru, ne, zare; Hörensagen & Vermutu nari, nari, naru, nare Entscheidung: nara, nari, nari, naru, nare, tara, tari, tari, tazu, tare, tare, tari, tare, tare; Passiv: re, re, ru, reyo, rare, rare, raru, raru rareyo; Kausativ: se, se, su, suru, sure, sase, sasu, sasuru, asure, saseto, shime, shimu shimurushimure; Wunsch: mahoshi, mashoshikari …

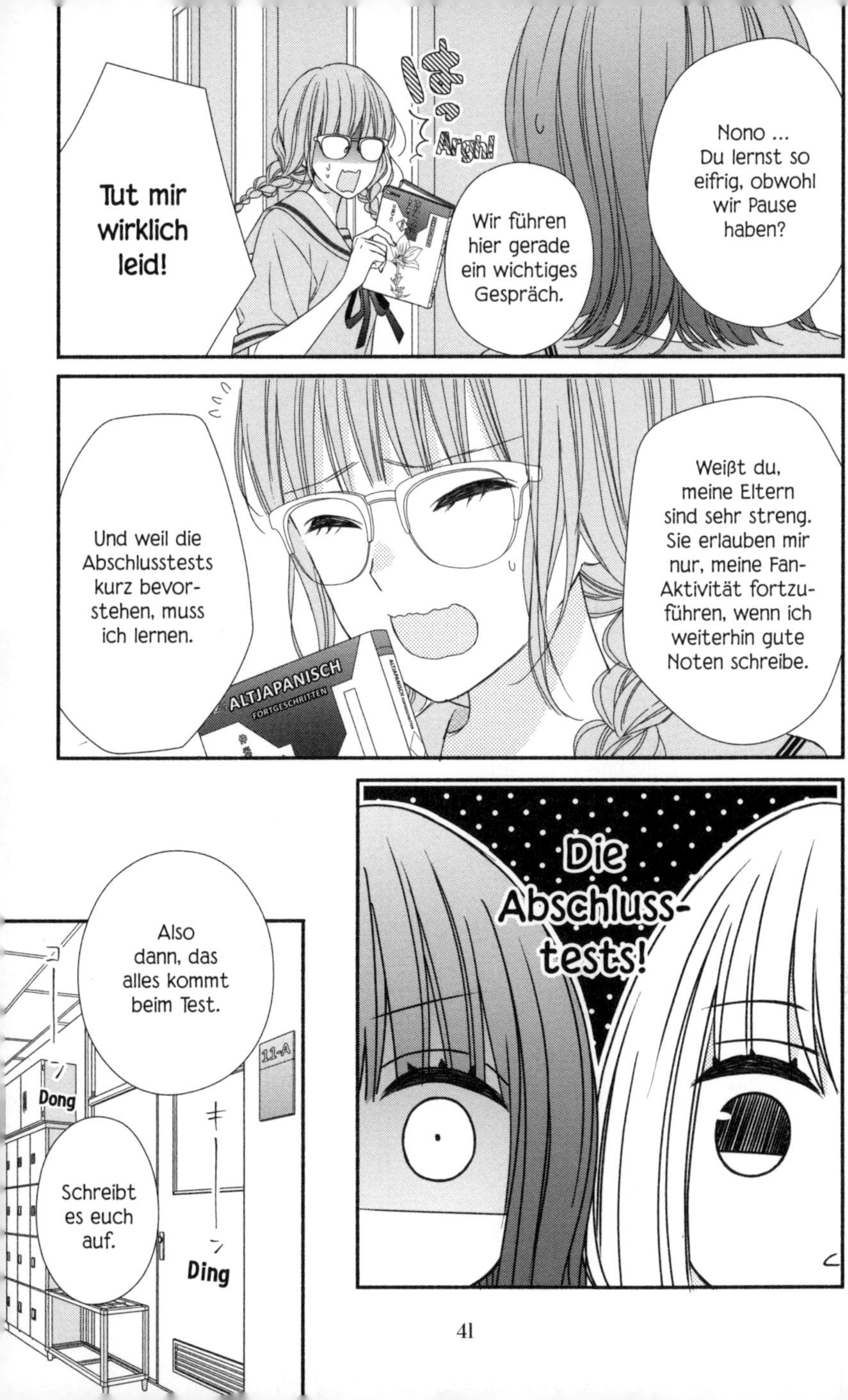
Nono ...
Du lernst so eifrig, obwohl wir Pause haben?
Wir führen hier gerade ein wichtiges Gespräch.
Argh!
Tut mir wirklich leid!
Weißt du, meine Eltern sind sehr streng. Sie erlauben mir nur, meine Fan-Aktivität fortzuführen, wenn ich weiterhin gute Noten schreibe.
Und weil die Abschlusstests kurz bevorstehen, muss ich lernen.
ALTJAPANISCH
FORTGESCHRITTEN
Die Abschluss-tests!
Also dann, das alles kommt beim Test.
11-A
Dong
Schreibt es euch auf.
Ding

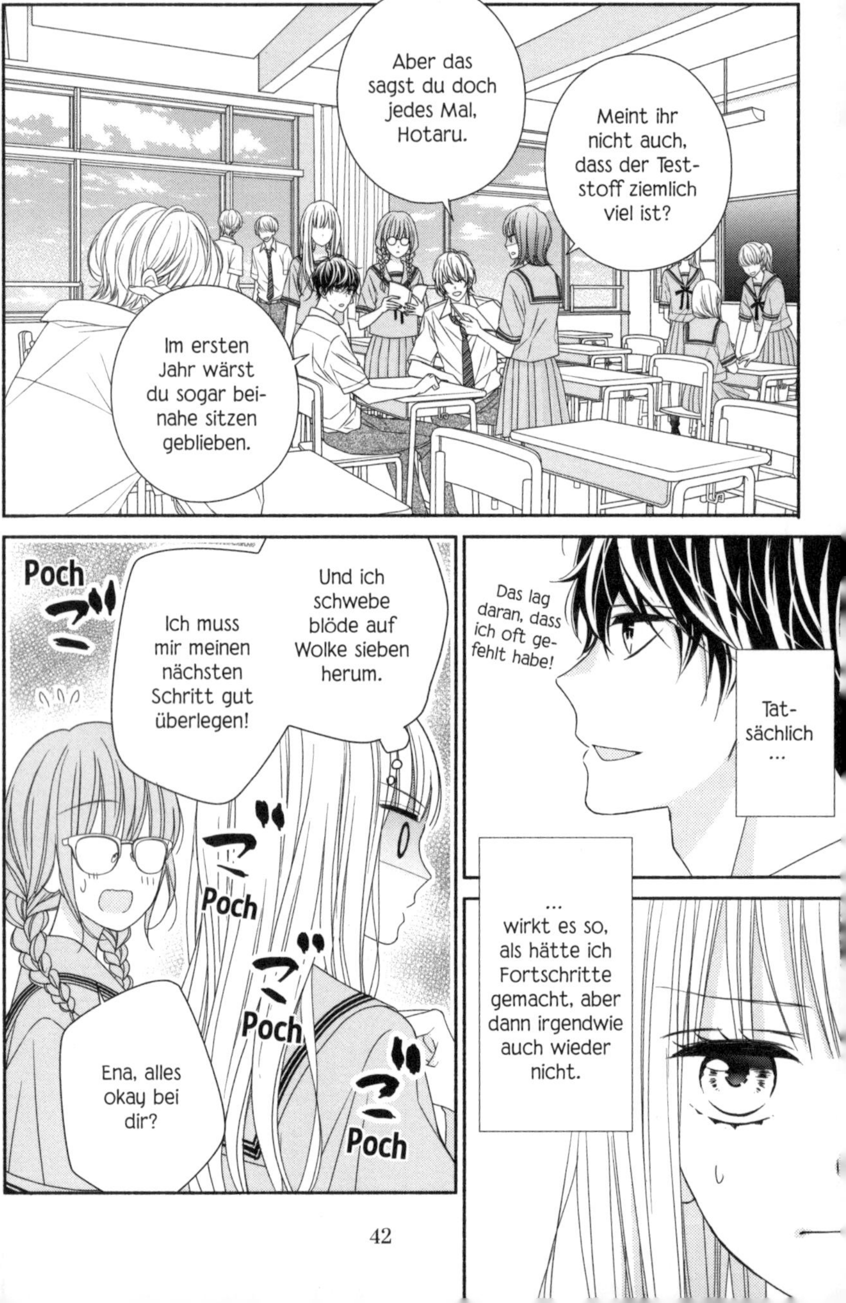

Meint ihr nicht auch, dass der Teststoff ziemlich viel ist?
Aber das sagst du doch jedes Mal, Hotaru.
Im ersten Jahr wärst du sogar beinahe sitzen geblieben.
Tatsächlich ...
Das lag daran, dass ich oft gefehlt habe!
... wirkt es so, als hätte ich Fortschritte gemacht, aber dann irgendwie auch wieder nicht.
Und ich schwebe blöde auf Wolke sieben herum.
Ich muss mir meinen nächsten Schritt gut überlegen!
Poch
Poch
Poch
Poch
Ena, alles okay bei dir?

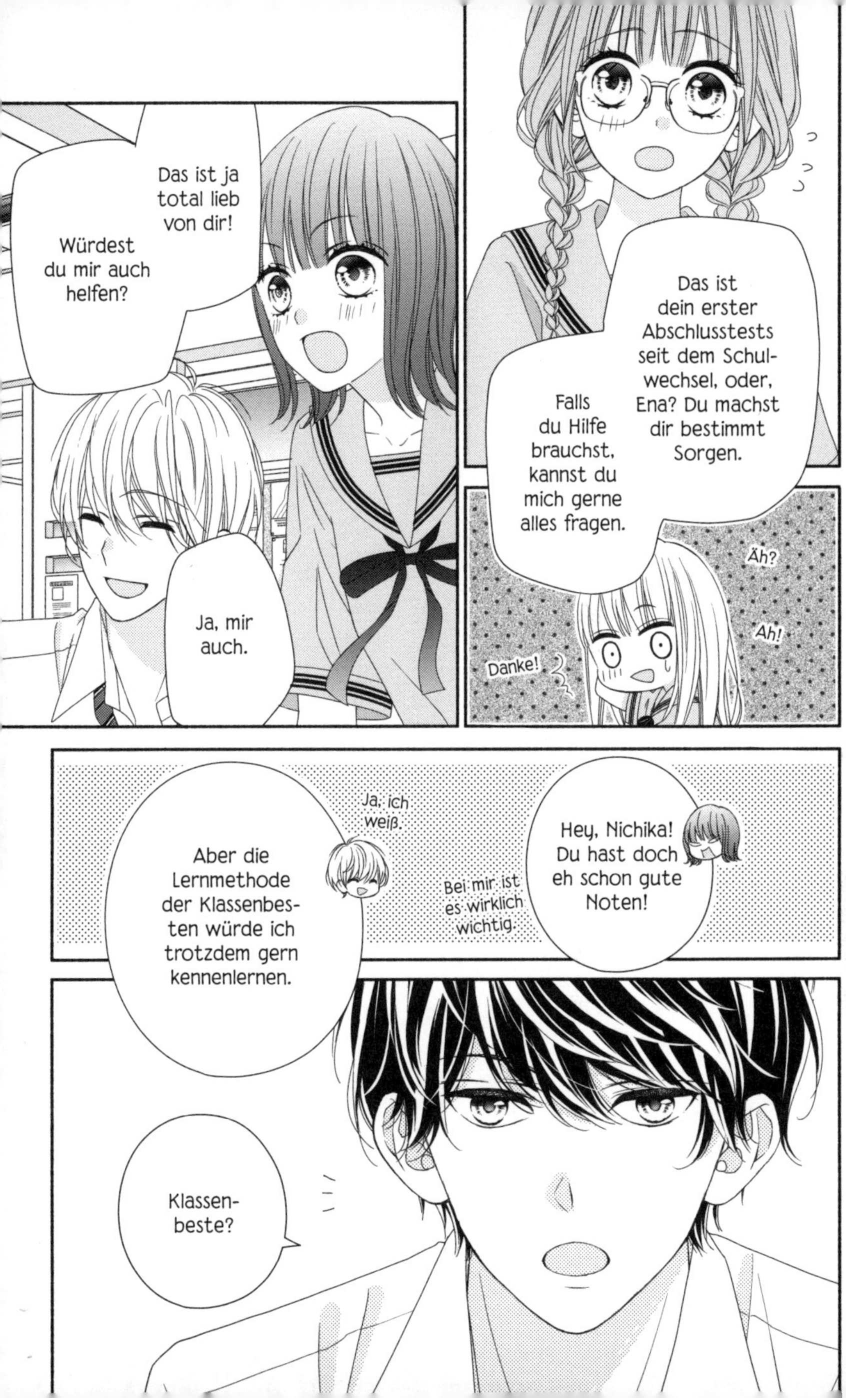

Das ist dein erster Abschlusstests seit dem Schulwechsel, oder, Ena? Du machst dir bestimmt Sorgen.
Falls du Hilfe brauchst, kannst du mich gerne alles fragen.
Äh?
Ah!
Danke!
Das ist ja total lieb von dir!
Würdest du mir auch helfen?
Ja, mir auch.
Hey, Nichika! Du hast doch eh schon gute Noten!
Bei mir ist es wirklich wichtig.
Ja, ich weiß.
Aber die Lernmethode der Klassenbesten würde ich trotzdem gern kennenlernen.
Klassen-beste?

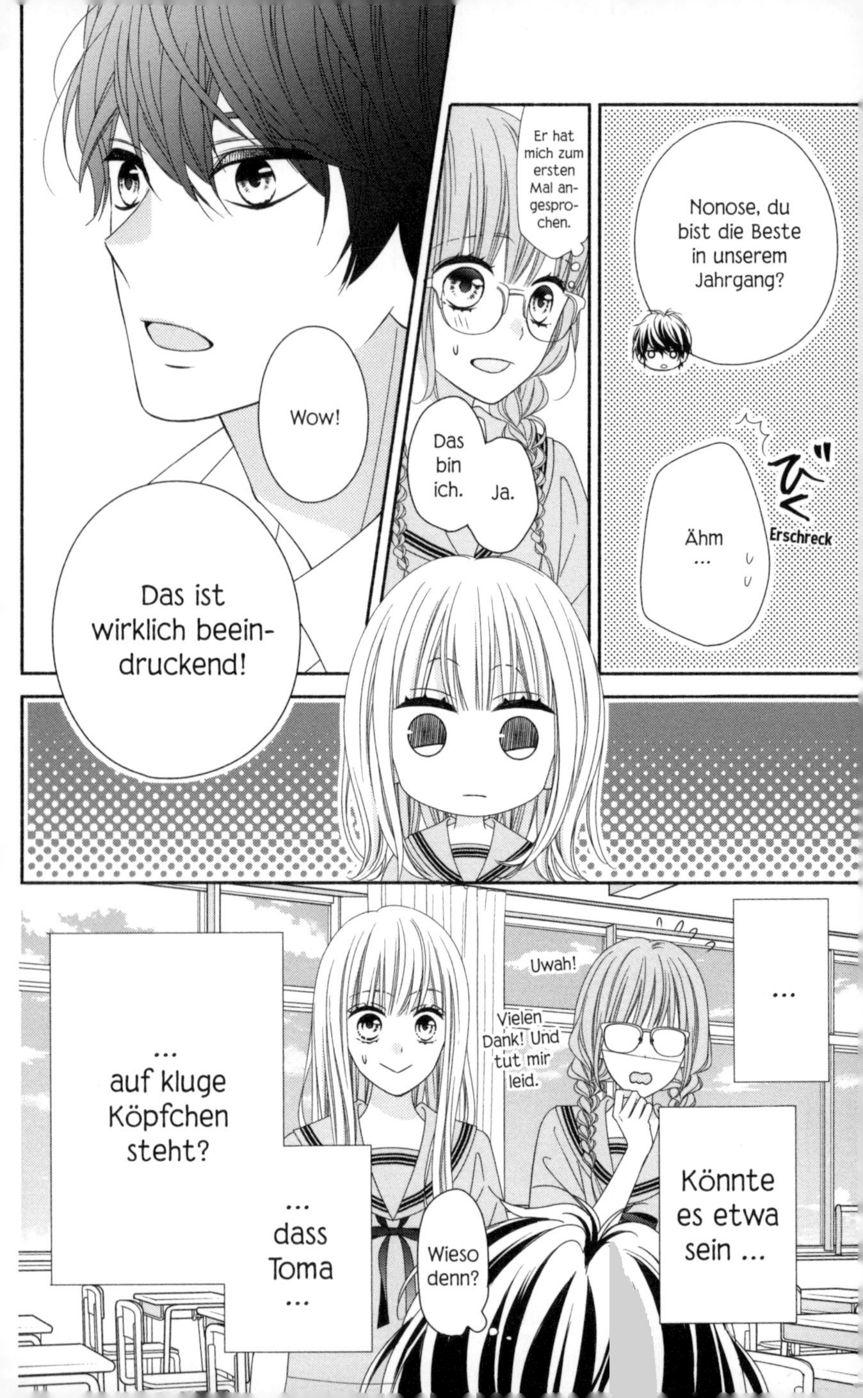

Nonose, du bist die Beste in unserem Jahrgang?
Erschreck
Ähm ...
Er hat mich zum ersten Mal angesprochen.
Ja.
Das bin ich.
Wow!
Das ist wirklich beeindruckend!
...
Uwah!
Vielen Dank! Und tut mir leid.
Könnte es etwa sein ...
Wieso denn?
... dass Toma ...
... auf kluge Köpfchen steht?

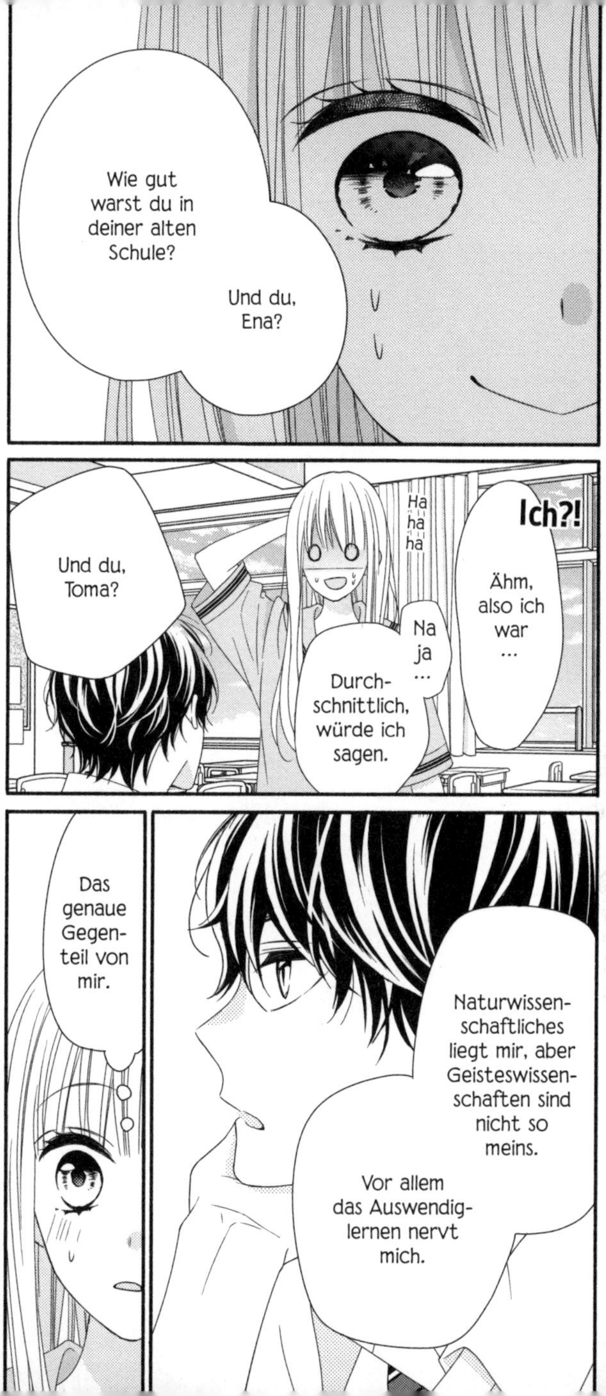
Wie gut warst du in deiner alten Schule?
Und du, Ena?
Ich?!
Ähm, also ich war …
Ha ha ha
Na ja …
Durchschnittlich, würde ich sagen.
Und du, Toma?
Naturwissenschaftliches liegt mir, aber Geisteswissenschaften sind nicht so meins.
Vor allem das Auswendiglernen nervt mich.
Das genaue Gegenteil von mir.

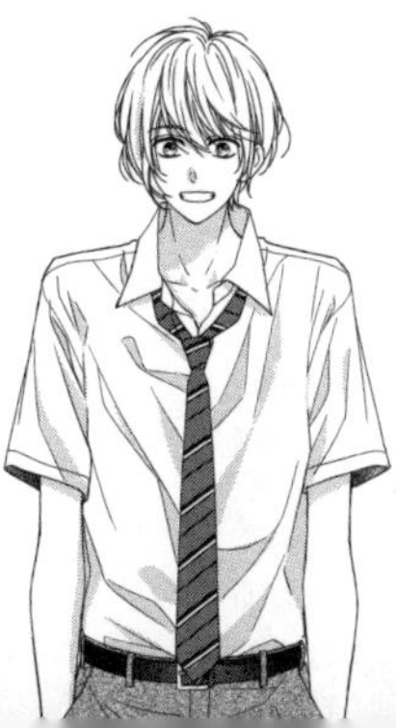

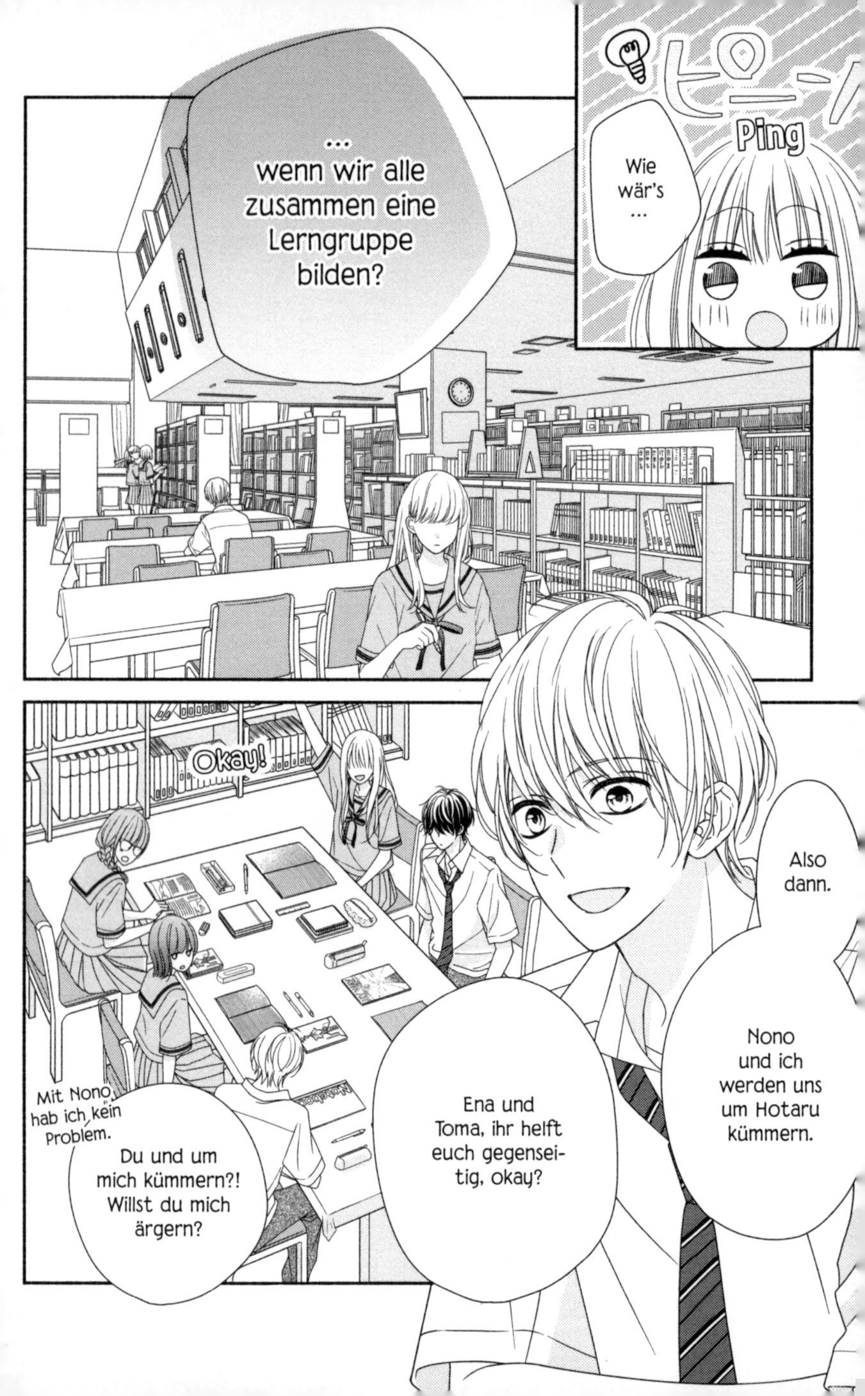
Ping
Wie wär's …
… wenn wir alle zusammen eine Lerngruppe bilden?
Okay!
Also dann.
Nono und ich werden uns um Hotaru kümmern.
Ena und Toma, ihr helft euch gegenseitig, okay?
Mit Nono hab ich kein Problem.
Du und um mich kümmern?! Willst du mich ärgern?

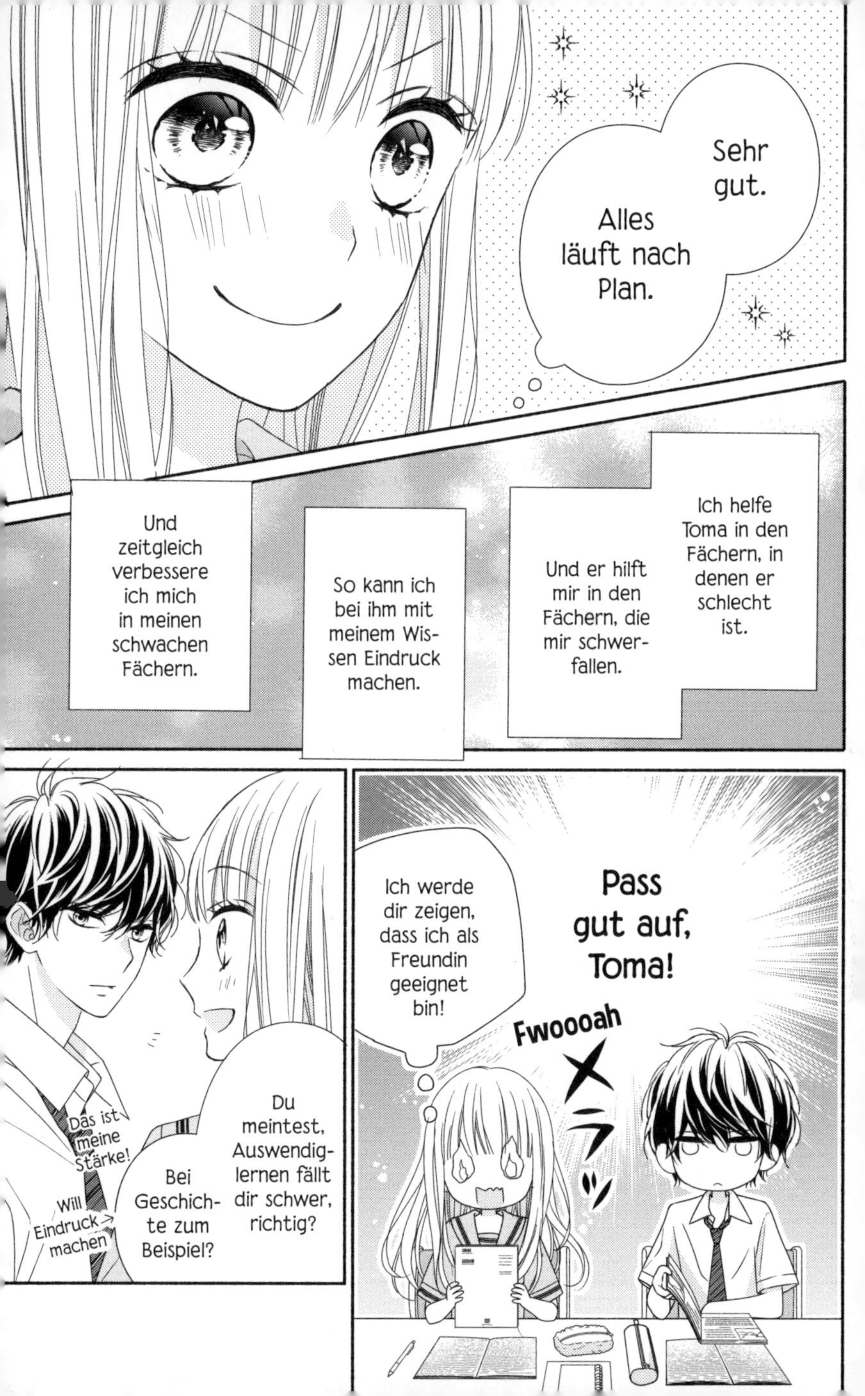

Sehr gut.
Alles läuft nach Plan.
Ich helfe Toma in den Fächern, in denen er schlecht ist.
Und er hilft mir in den Fächern, die mir schwer-fallen.
So kann ich bei ihm mit meinem Wis-sen Eindruck machen.
Und zeitgleich verbessere ich mich in meinen schwachen Fächern.
Pass gut auf, Toma!
Ich werde dir zeigen, dass ich als Freundin geeignet bin!
Fwoooah
Du meintest, Auswendig-lernen fällt dir schwer, richtig?
Bei Geschich-te zum Beispiel?
Das ist meine Stärke!
Will Eindruck machen

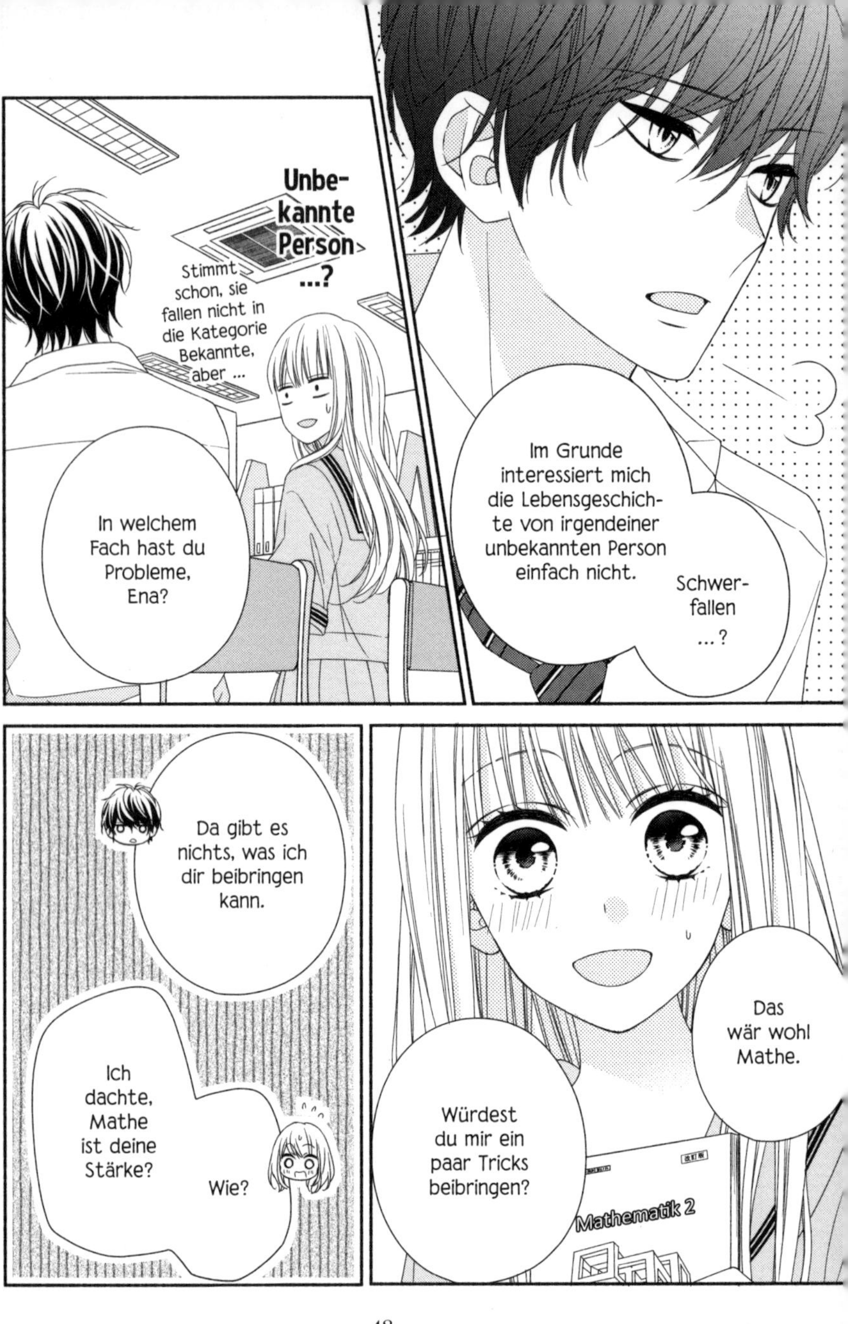

Im Grunde interessiert mich die Lebensgeschichte von irgendeiner unbekannten Person einfach nicht.
Schwerfallen ...?
Unbekannte Person ...?
Stimmt schon, sie fallen nicht in die Kategorie Bekannte, aber ...
In welchem Fach hast du Probleme, Ena?
Das wär wohl Mathe.
Würdest du mir ein paar Tricks beibringen?
Mathematik 2
Da gibt es nichts, was ich dir beibringen kann.
Wie?
Ich dachte, Mathe ist deine Stärke?

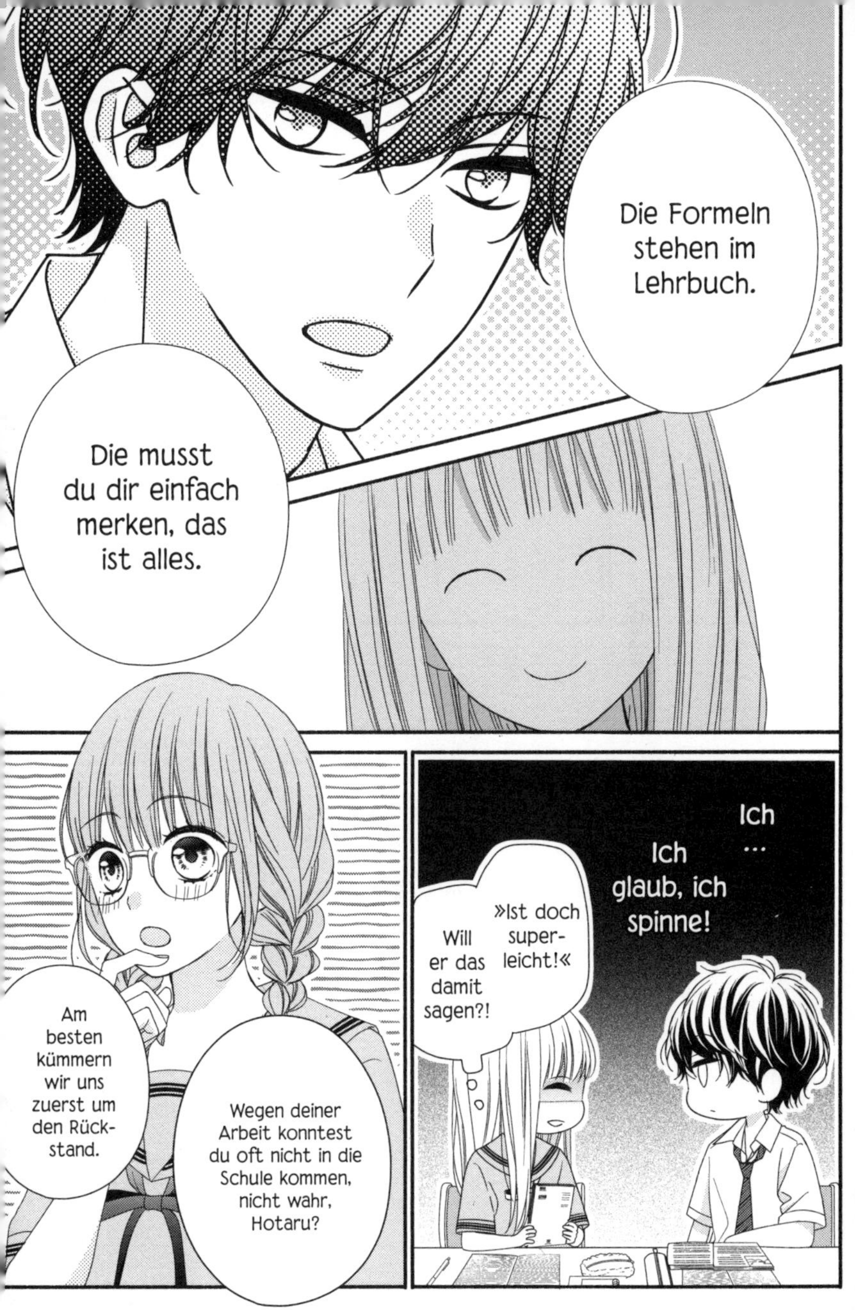
Die Formeln stehen im Lehrbuch.
Die musst du dir einfach merken, das ist alles.
Ich ...
Ich glaub, ich spinne!
»Ist doch super-leicht!«
Will er das damit sagen?!
Wegen deiner Arbeit konntest du oft nicht in die Schule kommen, nicht wahr, Hotaru?
Am besten kümmern wir uns zuerst um den Rück-stand.

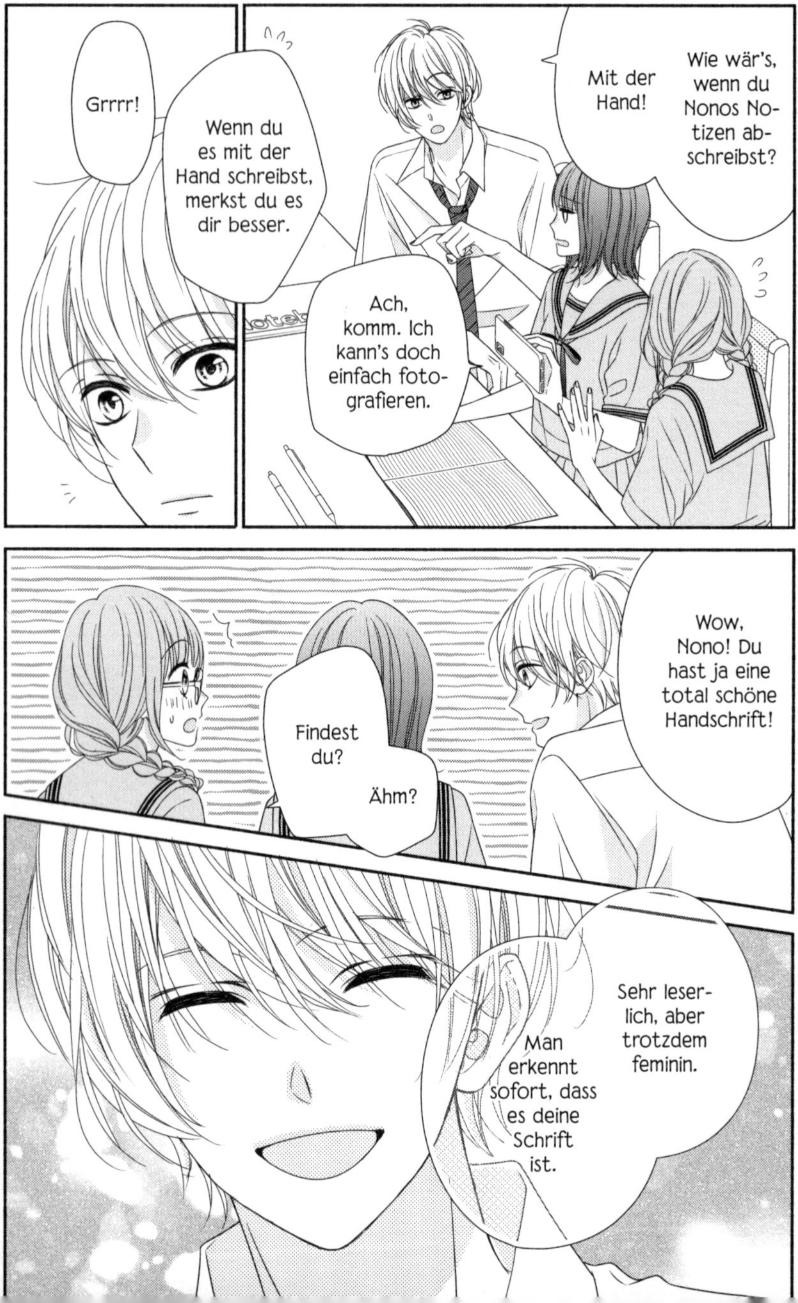
Wie wär's, wenn du Nonos Notizen abschreibst?
Mit der Hand!
Ach, komm. Ich kann's doch einfach fotografieren.
Wenn du es mit der Hand schreibst, merkst du es dir besser.
Grrrr!
Wow, Nono! Du hast ja eine total schöne Handschrift!
Findest du?
Ähm?
Sehr leserlich, aber trotzdem feminin.
Man erkennt sofort, dass es deine Schrift ist.

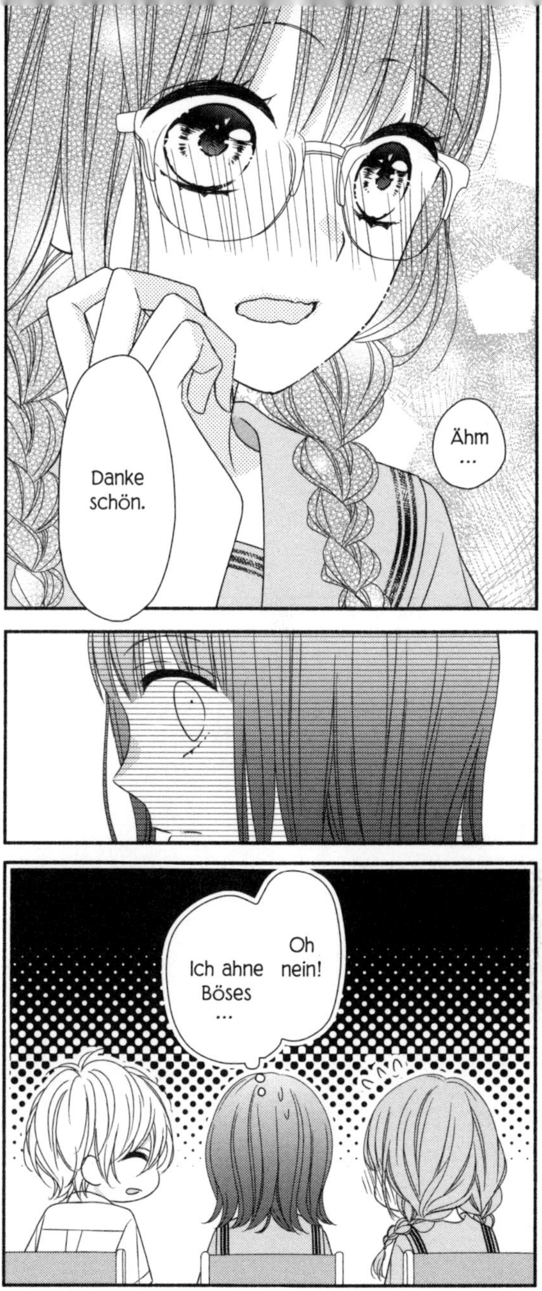
Ähm ...
Danke schön.
Oh nein! Ich ahne Böses ...

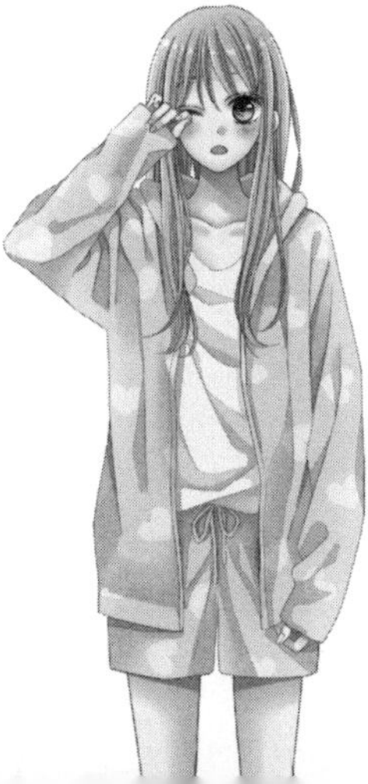

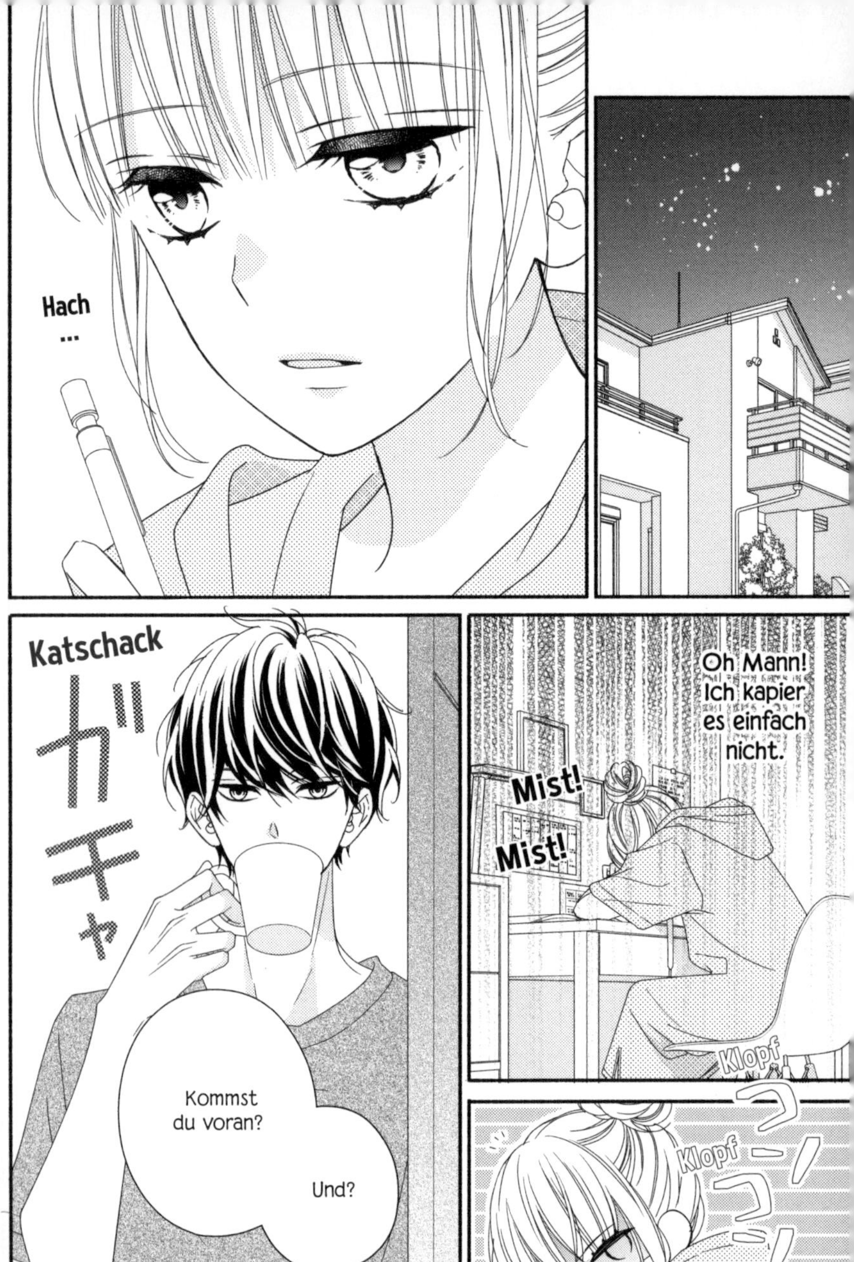

Hach ...
Oh Mann! Ich kapier es einfach nicht.
Mist!
Mist!
Klopf
Klopf
コンコン
Katschack
ガチャ
Kommst du voran?
Und?

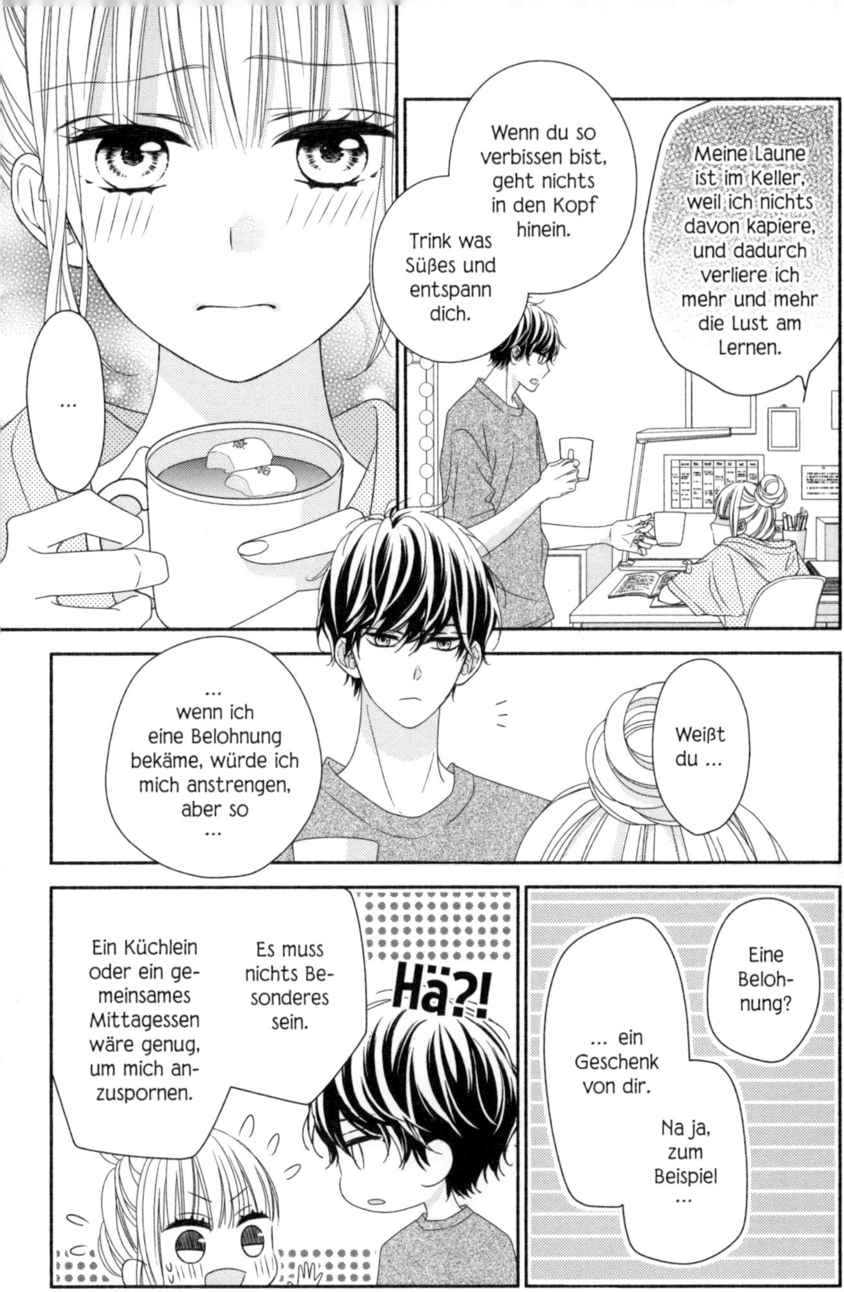
Meine Laune ist im Keller, weil ich nichts davon kapiere, und dadurch verliere ich mehr und mehr die Lust am Lernen.
Wenn du so verbissen bist, geht nichts in den Kopf hinein.
Trink was Süßes und entspann dich.
...
Weißt du ...
... wenn ich eine Belohnung bekäme, würde ich mich anstrengen, aber so ...
Eine Belohnung?
Na ja, zum Beispiel ...
... ein Geschenk von dir.
Hä?!
Es muss nichts Besonderes sein.
Ein Küchlein oder ein gemeinsames Mittagessen wäre genug, um mich anzuspornen.

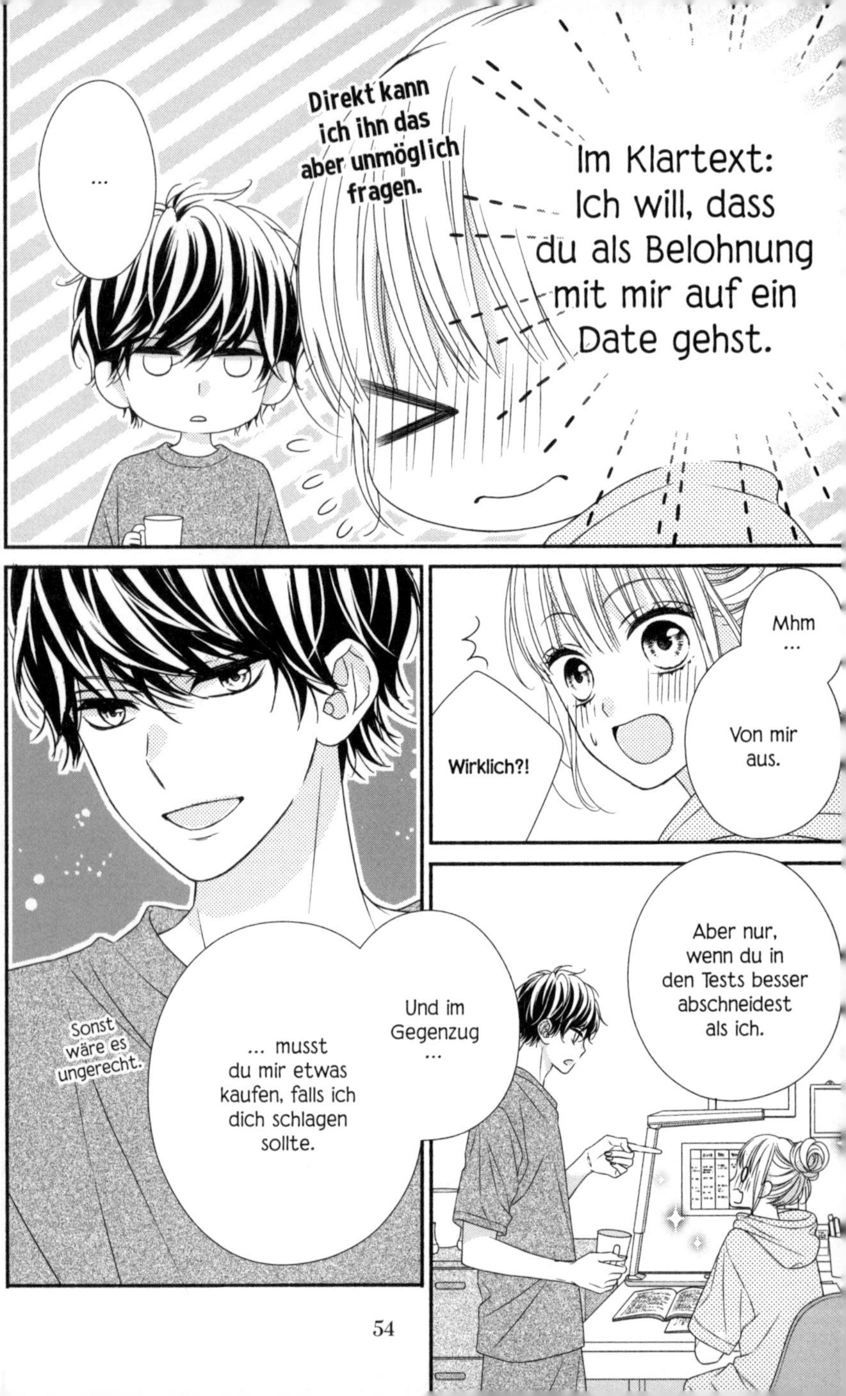
Im Klartext: Ich will, dass du als Belohnung mit mir auf ein Date gehst.
Direkt kann ich ihn das aber unmöglich fragen.
...
Mhm ...
Von mir aus.
Wirklich?!
Aber nur, wenn du in den Tests besser abschneidest als ich.
Und im Gegenzug ...
... musst du mir etwas kaufen, falls ich dich schlagen sollte.
Sonst wäre es ungerecht.

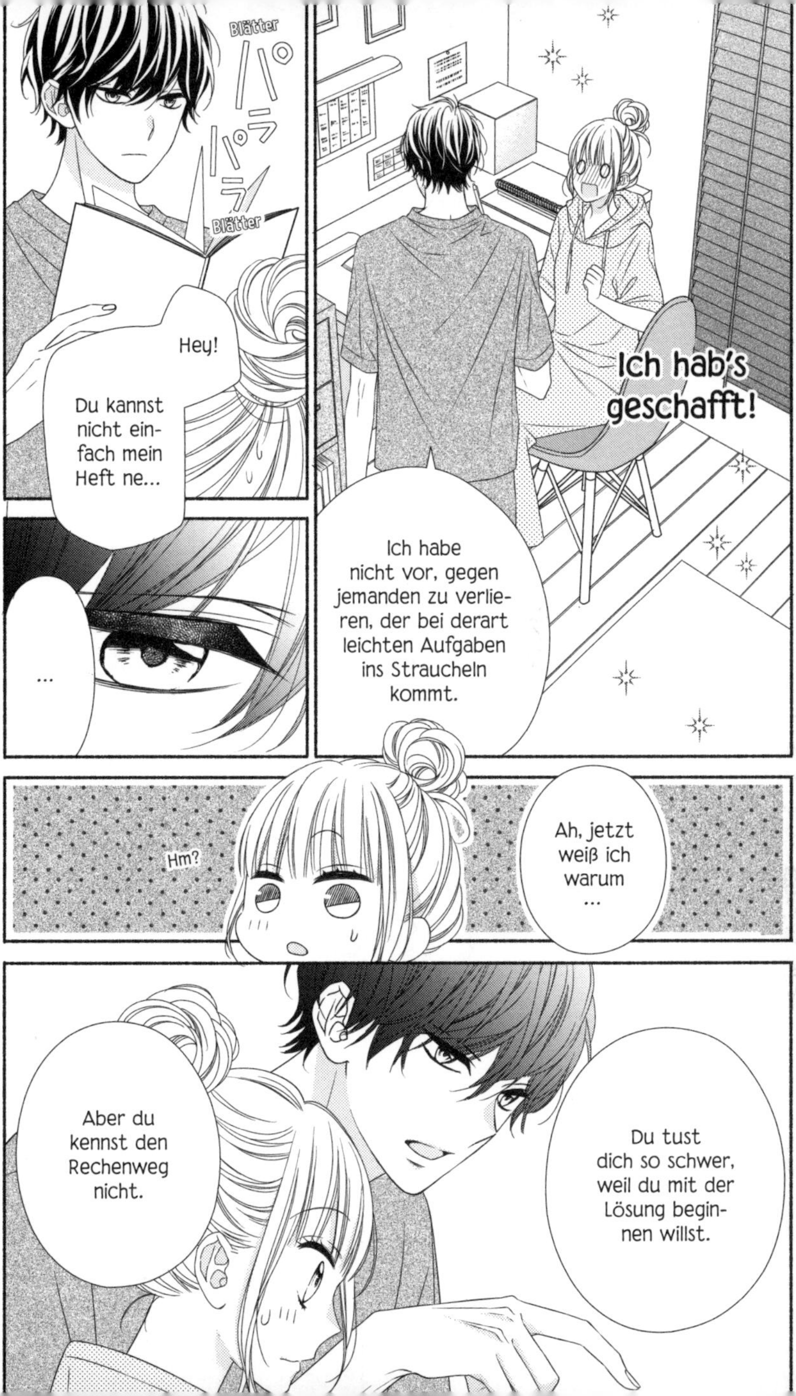
Ich hab's geschafft!
Blätter
パラ
パラ
Blätter
Hey!
Du kannst nicht einfach mein Heft ne...
Ich habe nicht vor, gegen jemanden zu verlieren, der bei derart leichten Aufgaben ins Straucheln kommt.
...
Ah, jetzt weiß ich warum ...
Hm?
Du tust dich so schwer, weil du mit der Lösung beginnen willst.
Aber du kennst den Rechenweg nicht.

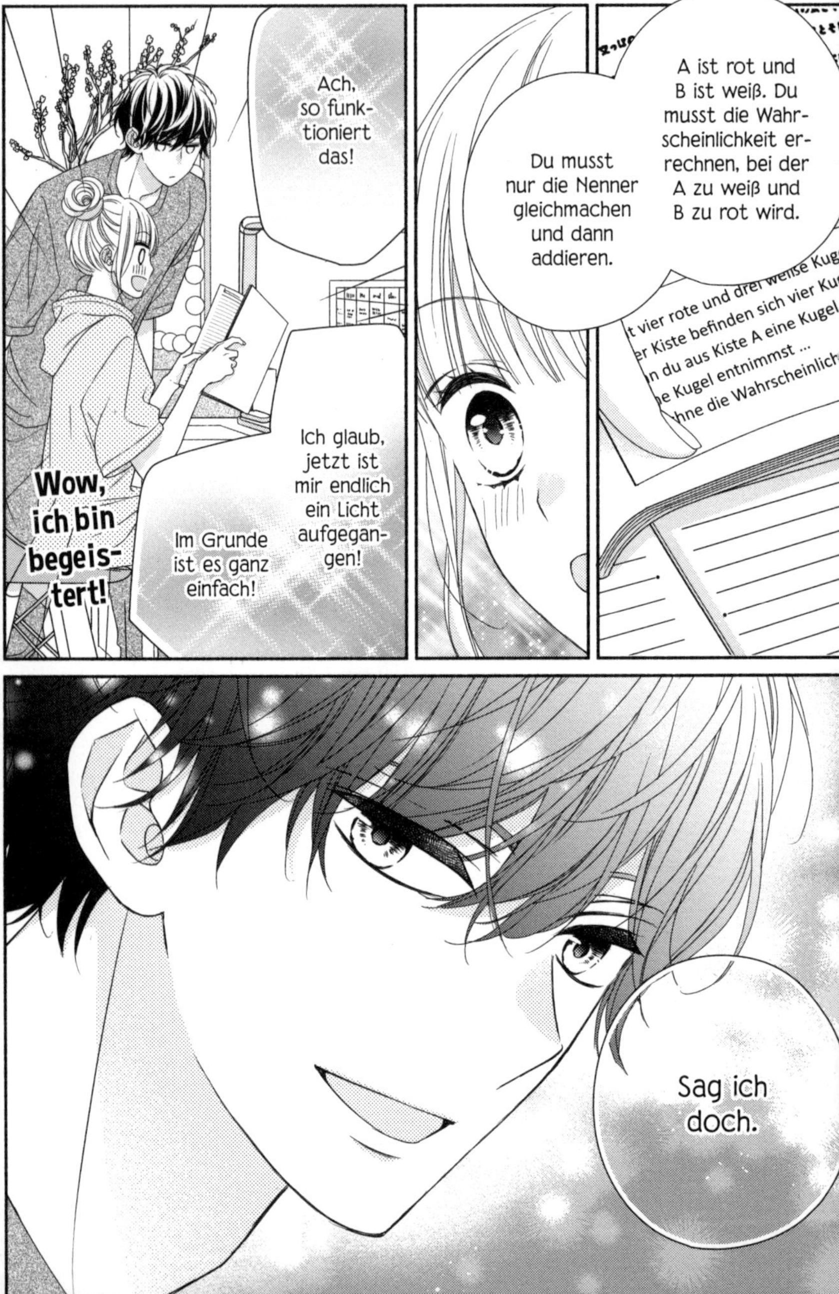
A ist rot und B ist weiß. Du musst die Wahrscheinlichkeit errechnen, bei der A zu weiß und B zu rot wird.
Du musst nur die Nenner gleichmachen und dann addieren.
Ach, so funktioniert das!
Ich glaub, jetzt ist mir endlich ein Licht aufgegangen!
Im Grunde ist es ganz einfach!
Wow, ich bin begeistert!
Sag ich doch.

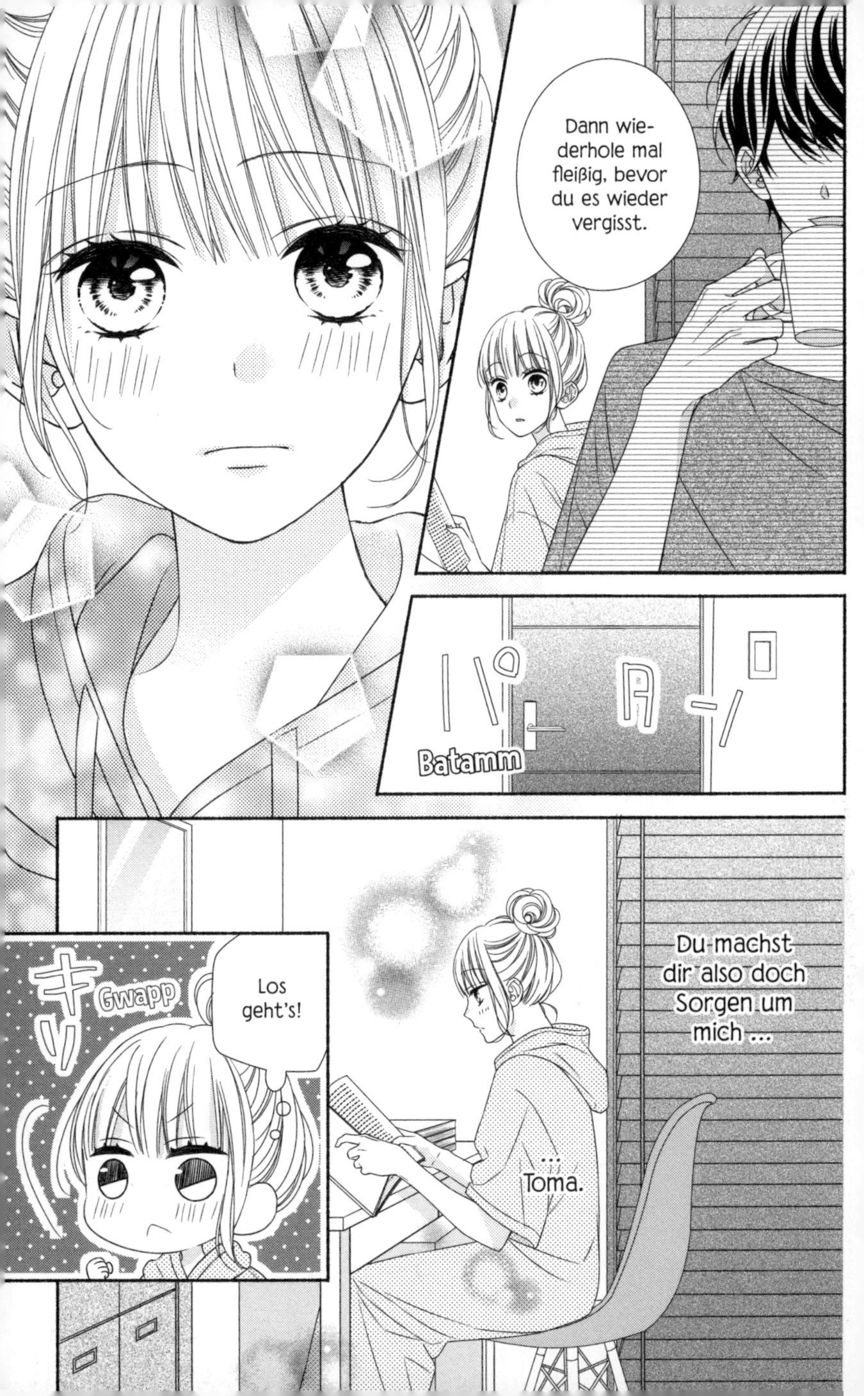

Dann wiederhole mal fleißig, bevor du es wieder vergisst.
Batamm
Du machst dir also doch Sorgen um mich ...
... Toma.
Los geht's!
Gwapp

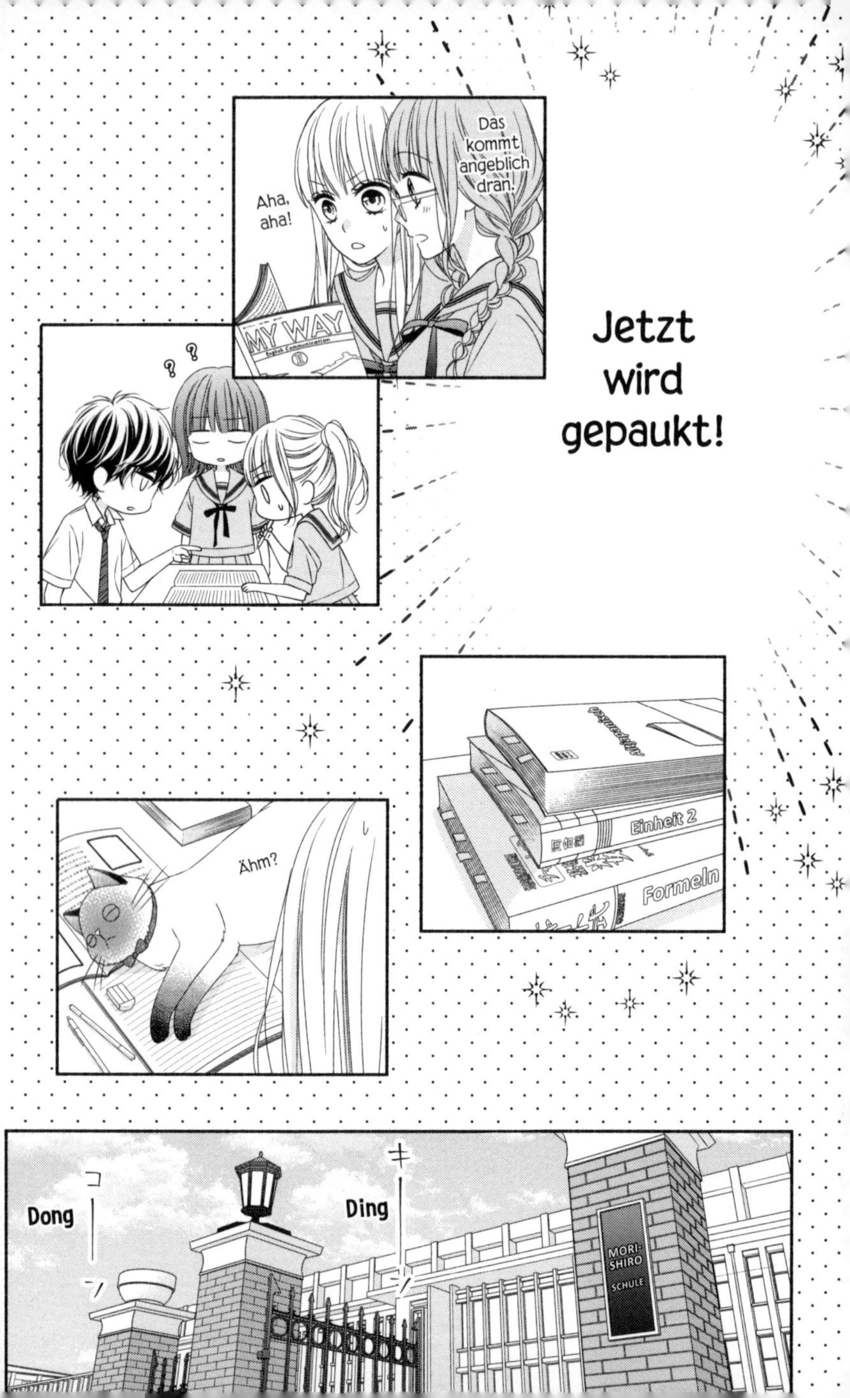
Jetzt wird gepaukt!
Das kommt angeblich dran!
Aha, aha!
MY WAY
Einheit 2
Formeln
Ähm?
Ding
Dong
MORI-SHIRO SCHULE

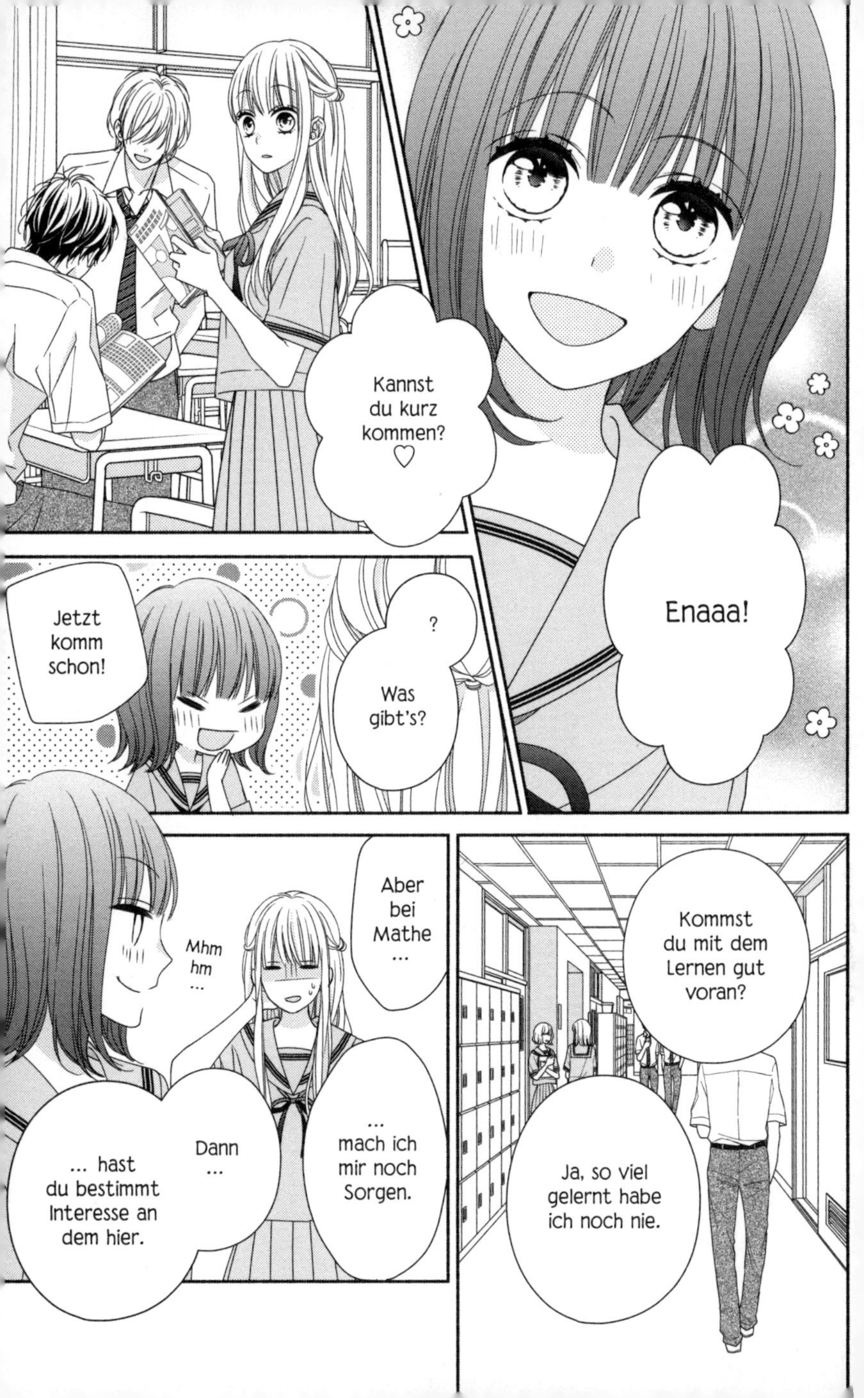
Enaaa!
Kannst du kurz kommen? ♡
?
Was gibt's?
Jetzt komm schon!
Kommst du mit dem Lernen gut voran?
Ja, so viel gelernt habe ich noch nie.
Aber bei Mathe …
… mach ich mir noch Sorgen.
Mhm hm …
Dann …
… hast du bestimmt Interesse an dem hier.

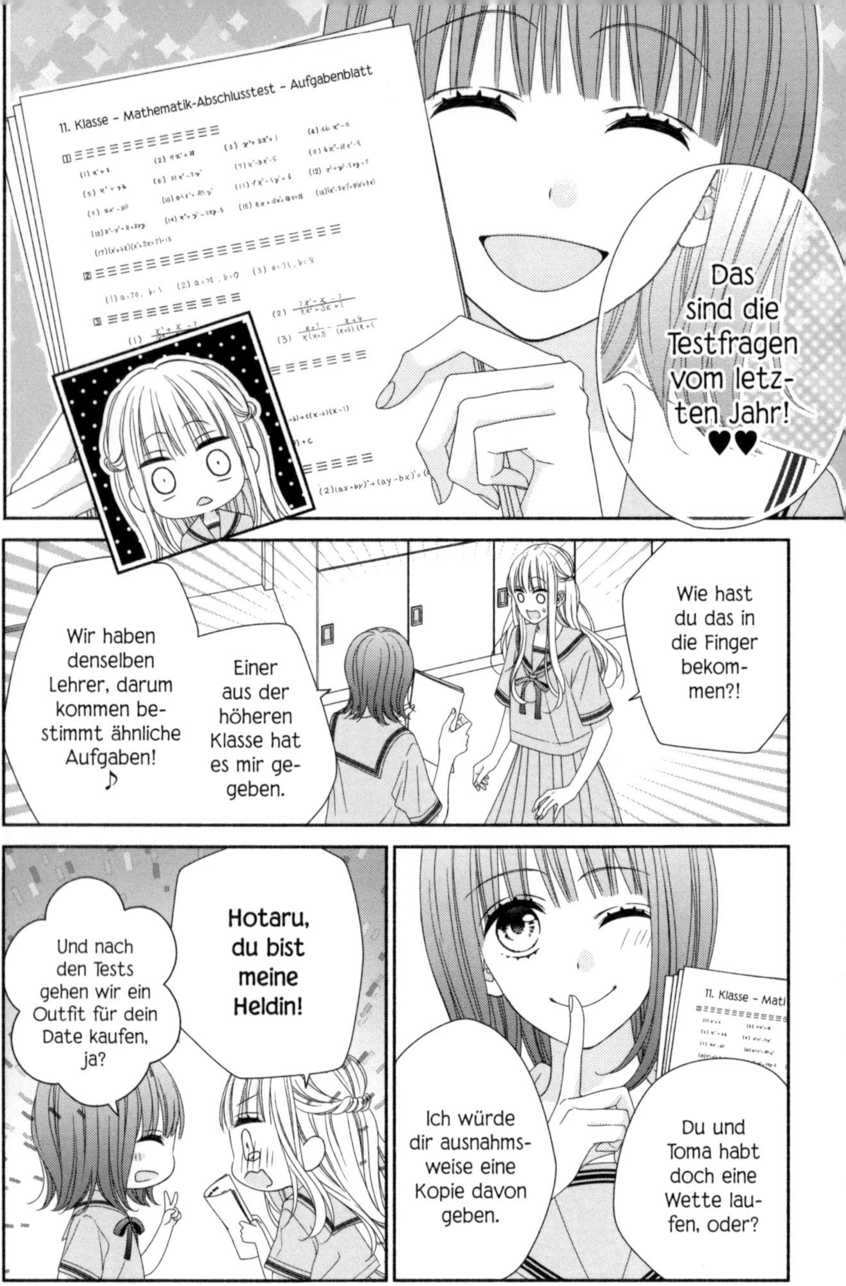
11. Klasse – Mathematik-Abschlusstest – Aufgabenblatt
Das sind die Testfragen vom letzten Jahr! ♥♥
Wie hast du das in die Finger bekommen?!
Einer aus der höheren Klasse hat es mir gegeben.
Wir haben denselben Lehrer, darum kommen bestimmt ähnliche Aufgaben! ♪
Du und Toma habt doch eine Wette laufen, oder?
Ich würde dir ausnahmsweise eine Kopie davon geben.
11. Klasse – Mat
Hotaru, du bist meine Heldin!
Und nach den Tests gehen wir ein Outfit für dein Date kaufen, ja?

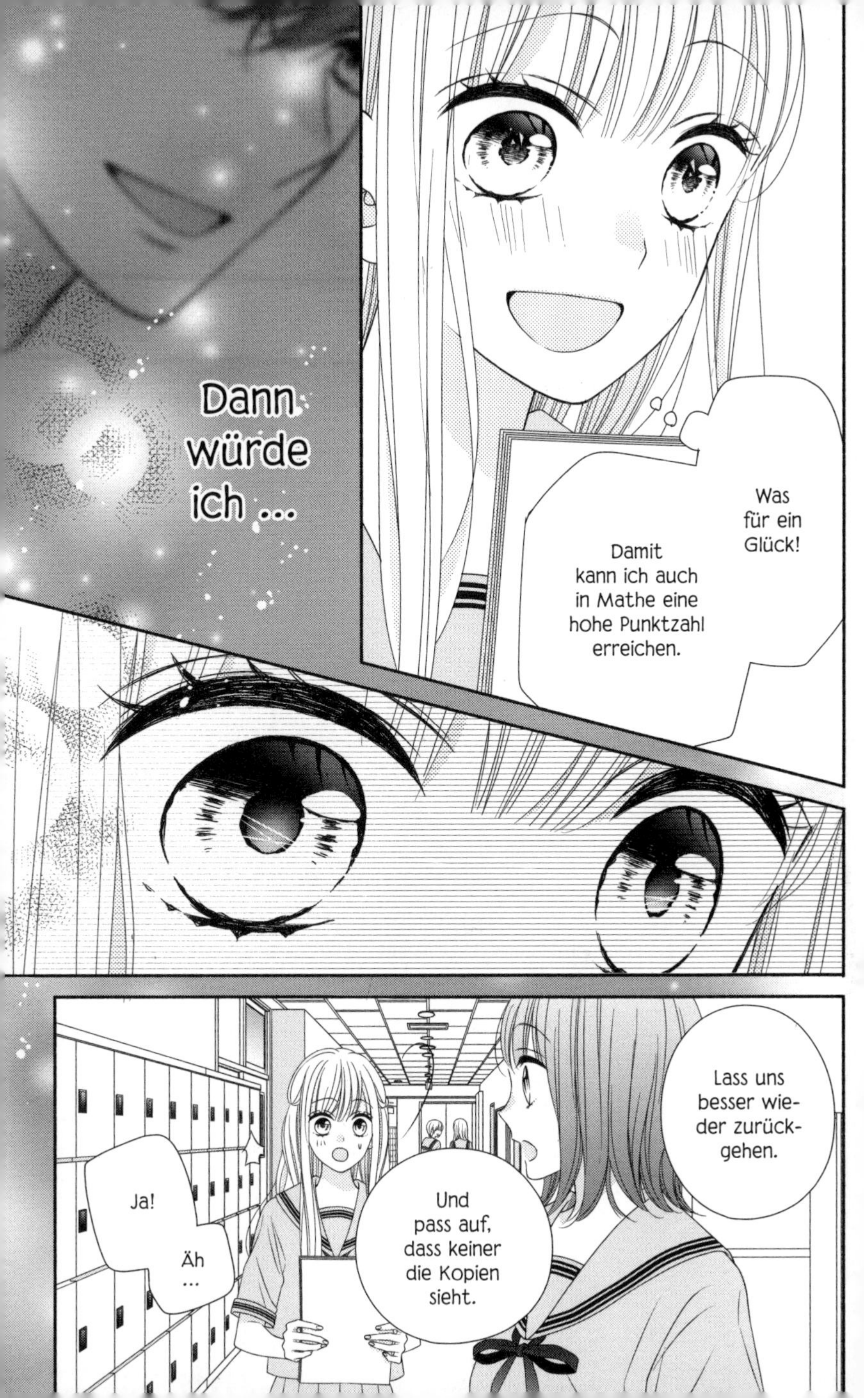
Was für ein Glück!
Damit kann ich auch in Mathe eine hohe Punktzahl erreichen.
Dann würde ich …
Lass uns besser wieder zurückgehen.
Und pass auf, dass keiner die Kopien sieht.
Ja!
Äh …

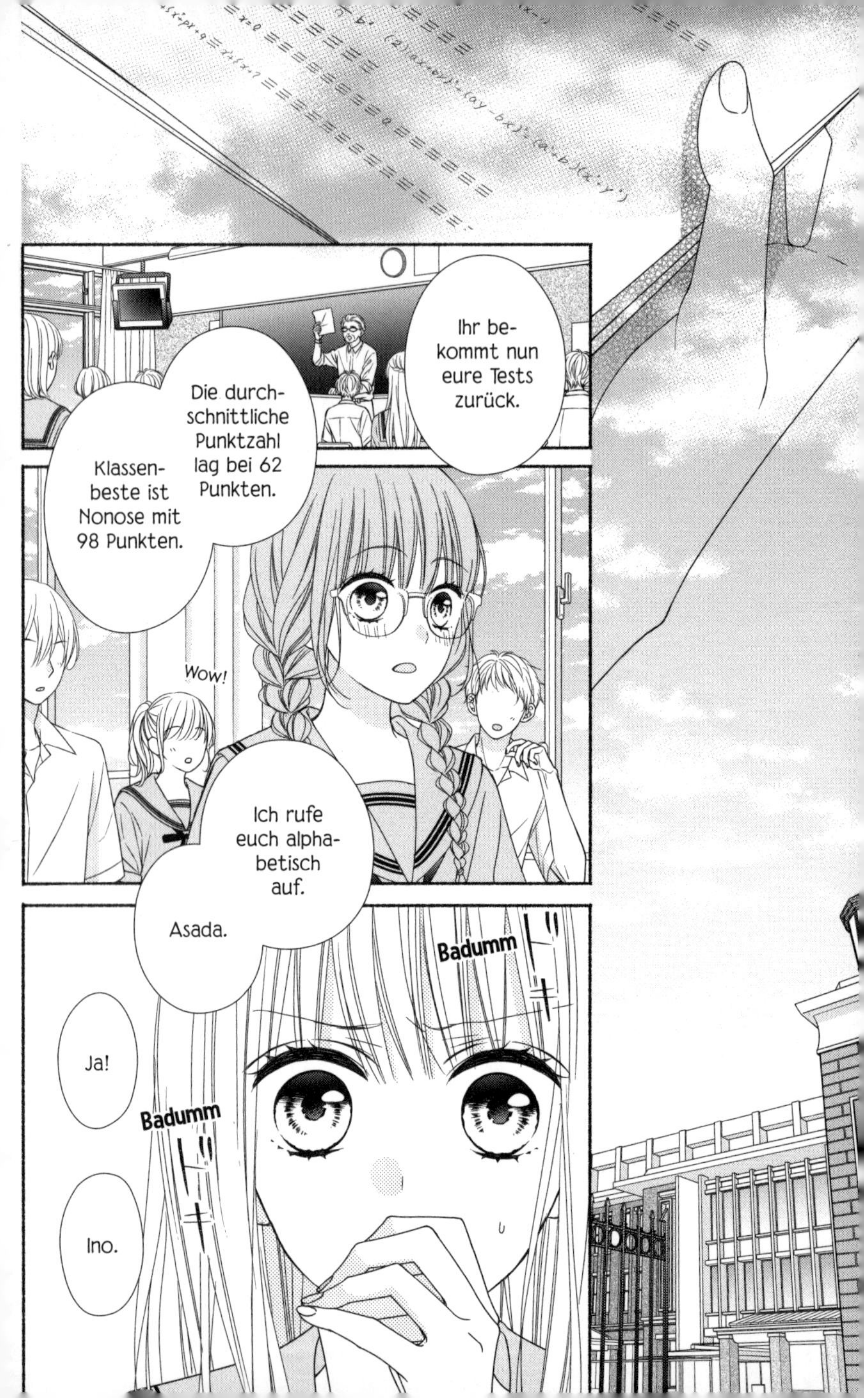
Ihr bekommt nun eure Tests zurück.
Die durchschnittliche Punktzahl lag bei 62 Punkten.
Klassenbeste ist Nonose mit 98 Punkten.
Wow!
Ich rufe euch alphabetisch auf.
Asada.
Badumm
Ja!
Badumm
Ino.

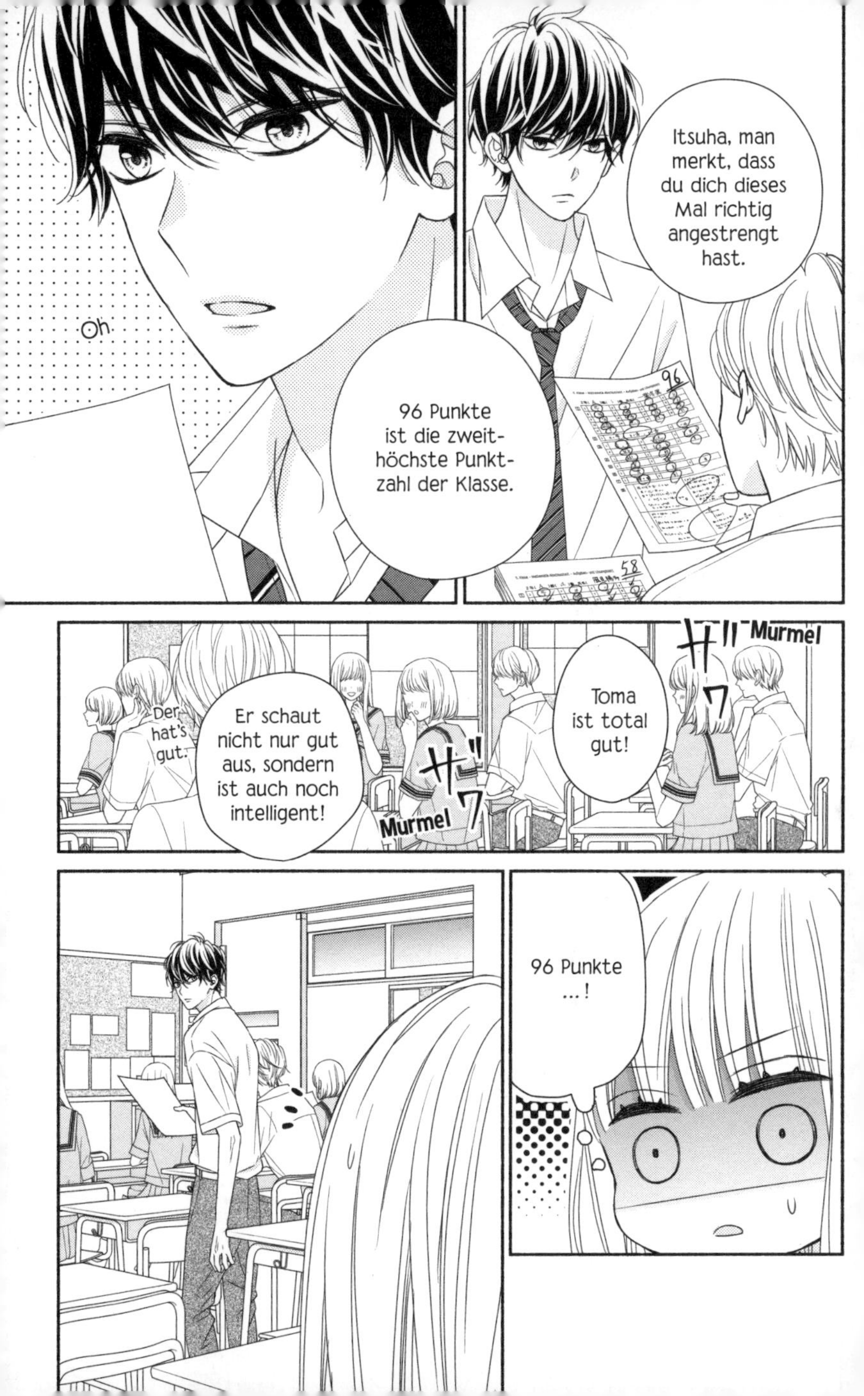
Itsuha, man merkt, dass du dich dieses Mal richtig angestrengt hast.
96 Punkte ist die zweithöchste Punktzahl der Klasse.
Oh
Murmel
Toma ist total gut!
Er schaut nicht nur gut aus, sondern ist auch noch intelligent!
Murmel
Der hat's gut.
96 Punkte ...!

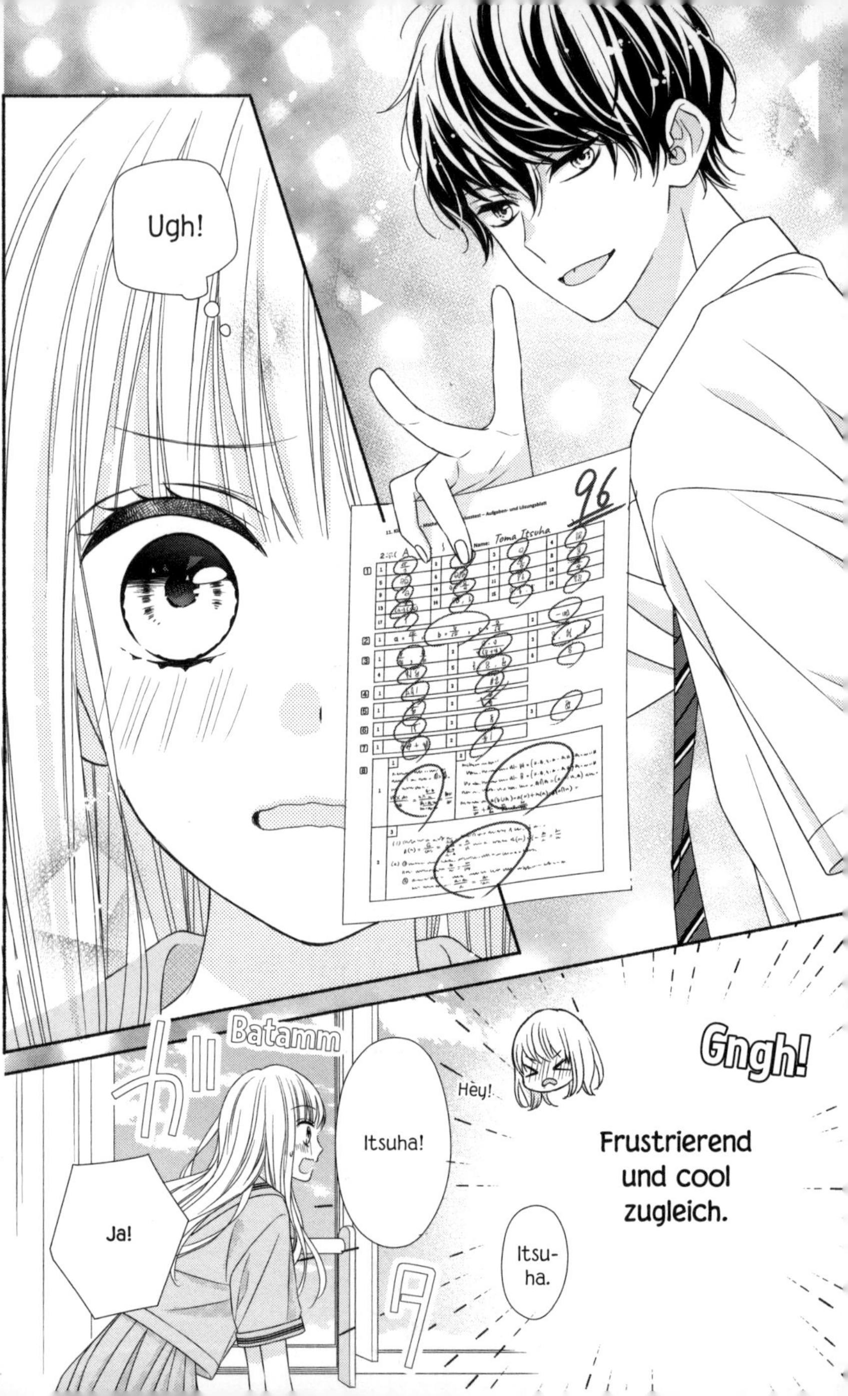
Ugh!
96
Name: Toma Itsuha
Gngh!
Hey!
Frustrierend und cool zugleich.
Itsu-ha.
Itsuha!
Batamm
Ja!

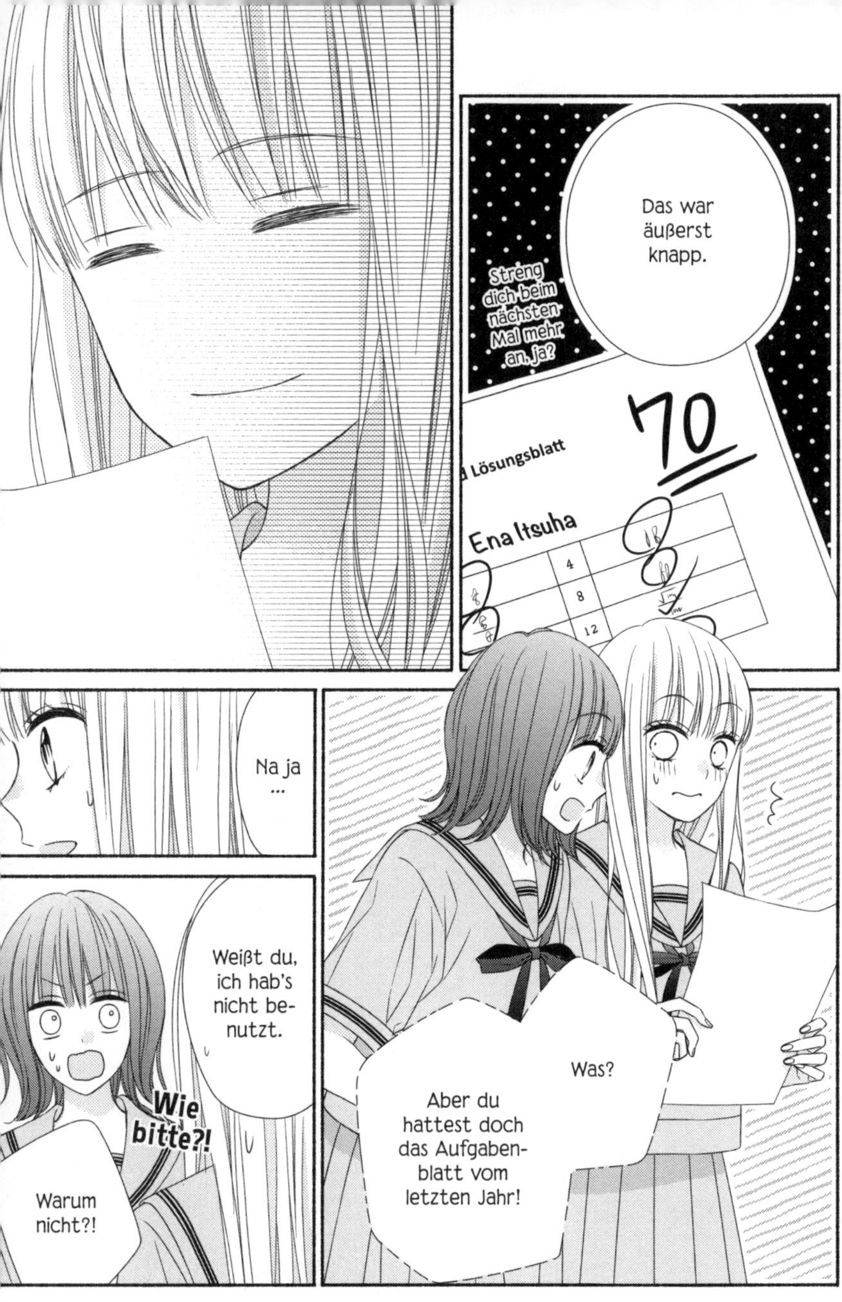
Das war äußerst knapp.
Streng dich beim nächsten Mal mehr an, ja?
70
Lösungsblatt
Ena Itsuha
Was?
Aber du hattest doch das Aufgabenblatt vom letzten Jahr!
Na ja ...
Weißt du, ich hab's nicht benutzt.
Wie bitte?!
Warum nicht?!

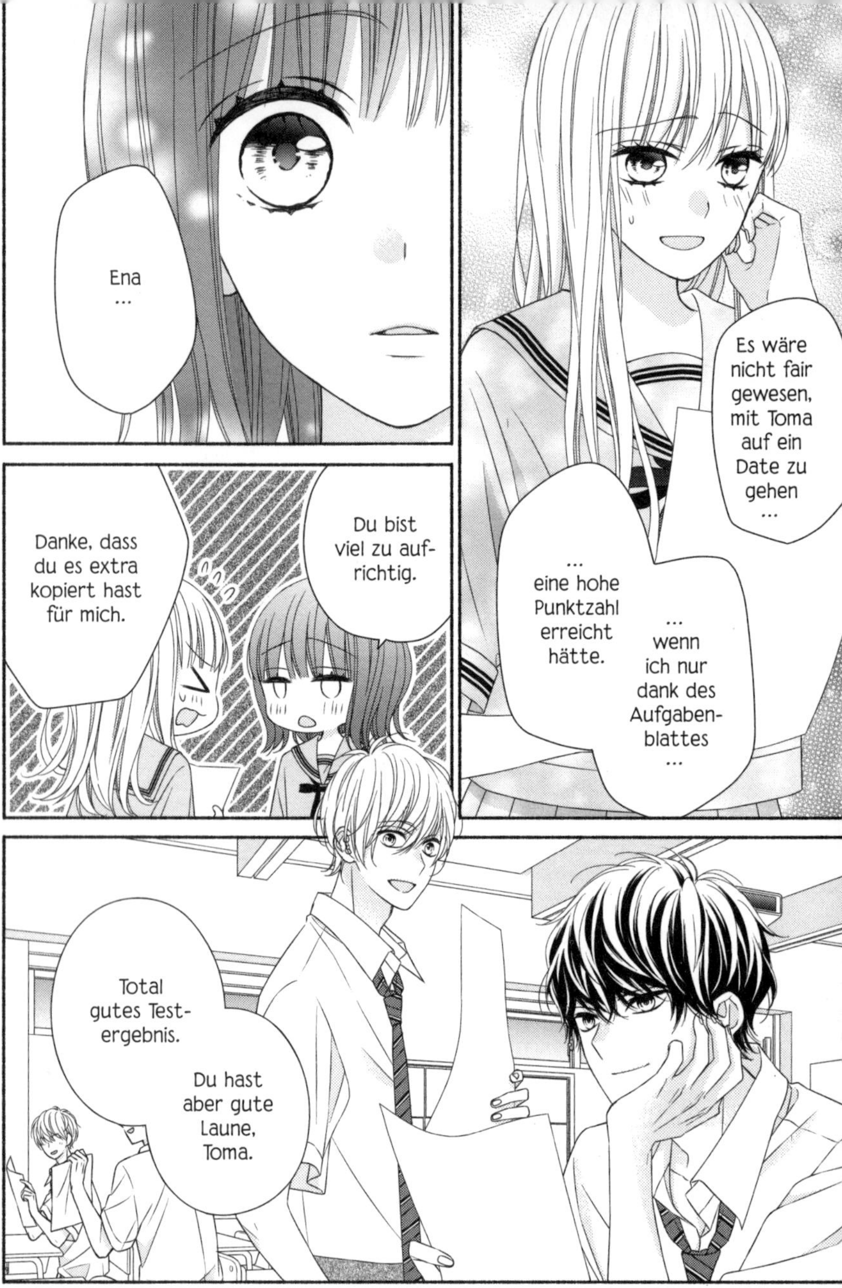
Es wäre nicht fair gewesen, mit Toma auf ein Date zu gehen ...
... wenn ich nur dank des Aufgabenblattes ...
... eine hohe Punktzahl erreicht hätte.
Ena ...
Du bist viel zu aufrichtig.
Danke, dass du es extra kopiert hast für mich.
Total gutes Testergebnis.
Du hast aber gute Laune, Toma.

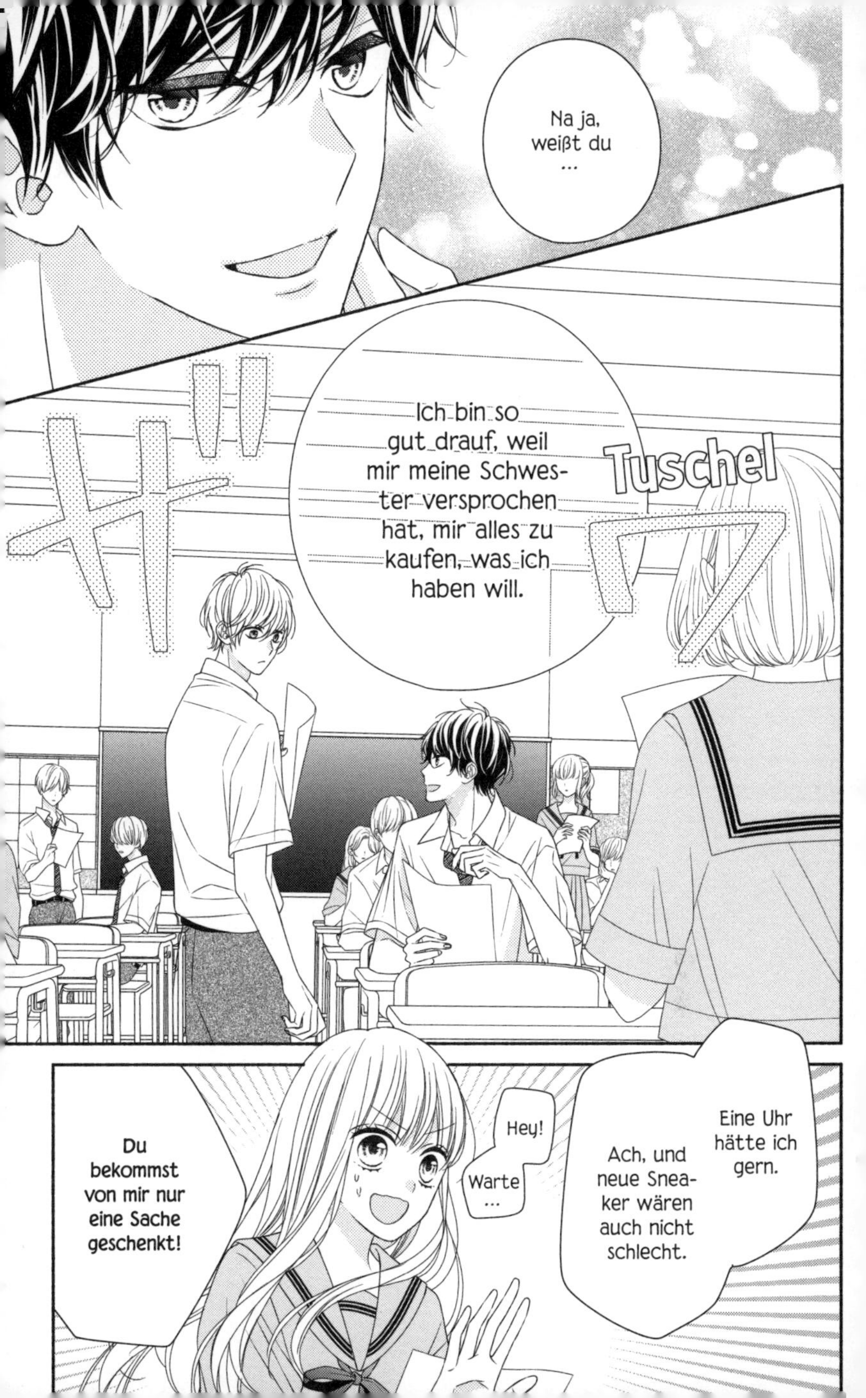

Na ja, weißt du …
Ich bin so gut drauf, weil mir meine Schwester versprochen hat, mir alles zu kaufen, was ich haben will.
Tuschel
Eine Uhr hätte ich gern.
Ach, und neue Sneaker wären auch nicht schlecht.
Hey!
Warte …
Du bekommst von mir nur eine Sache geschenkt!

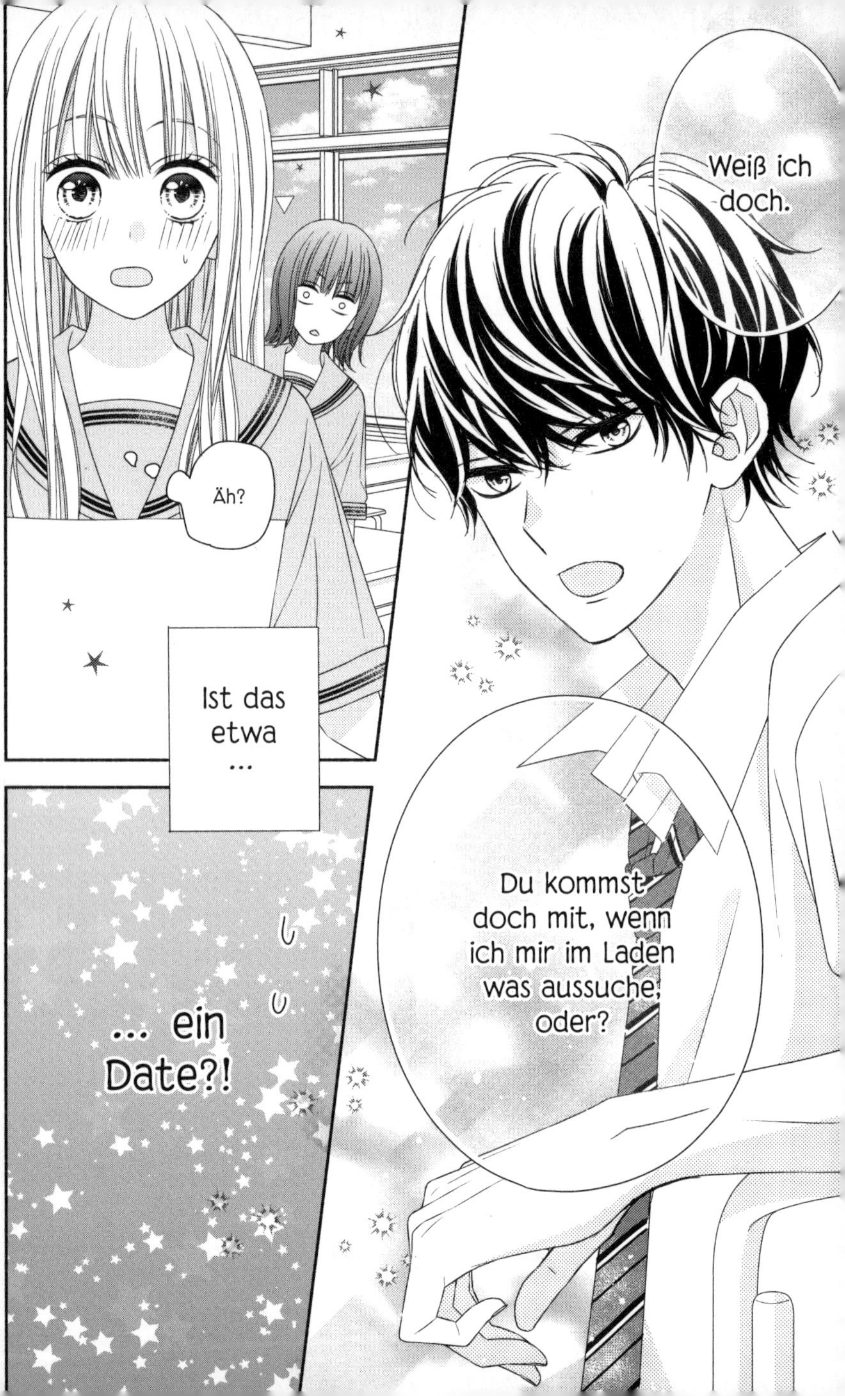
Weiß ich doch.
Du kommst doch mit, wenn ich mir im Laden was aussuche, oder?
Äh?
Ist das etwa ...
... ein Date?!

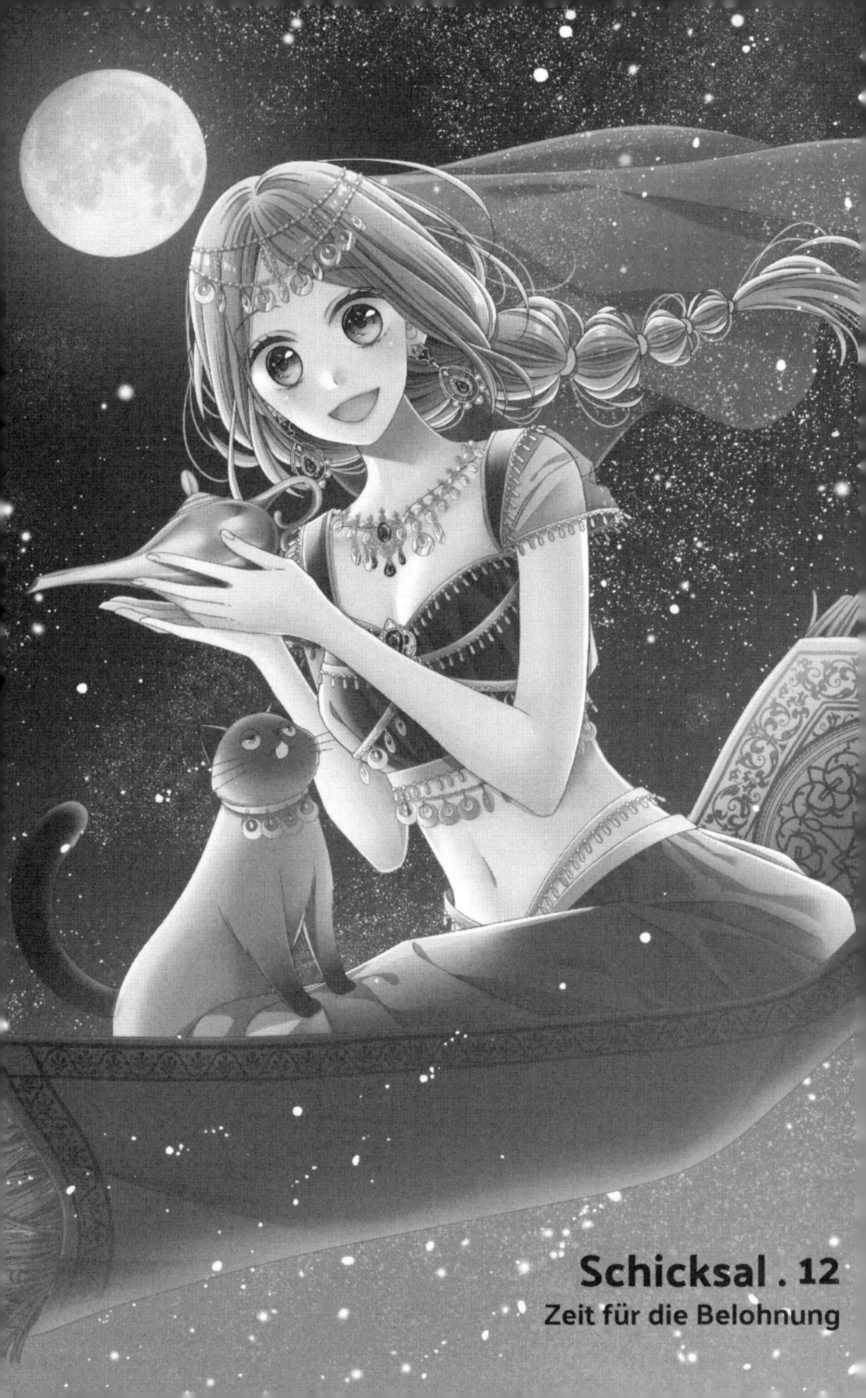

Schicksal . 12

Zeit für die Belohnung

AUFGEWECKT MIT EINEM KUSS

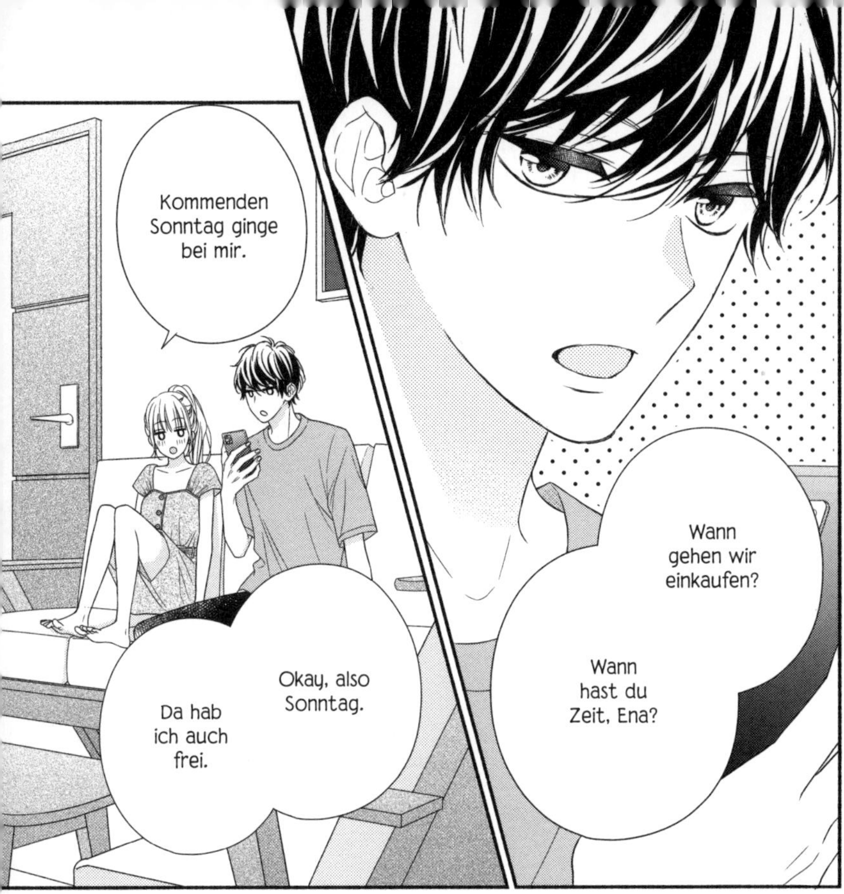

AUFGEWECKT MIT EINEM KUSS

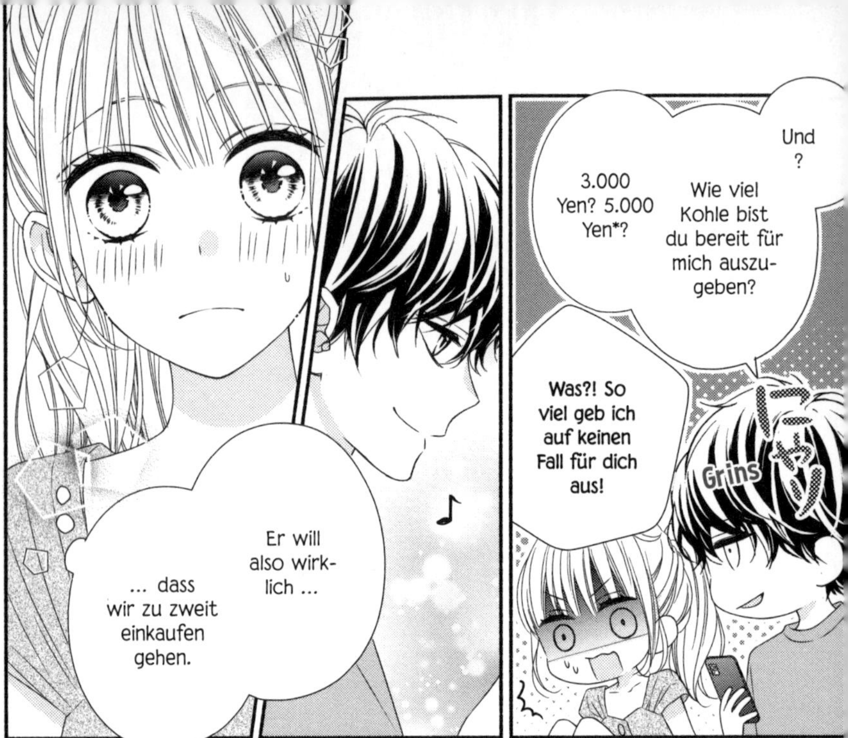

* Ca. 23 Euro bzw. 38 Euro.

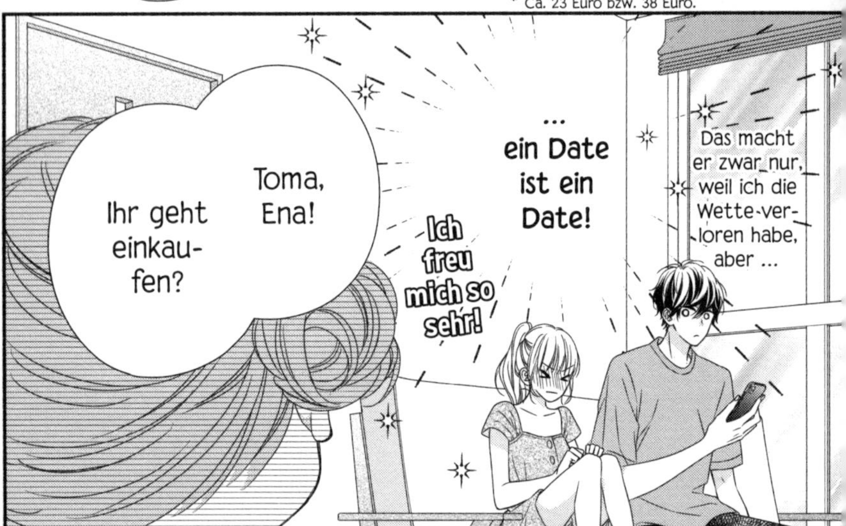

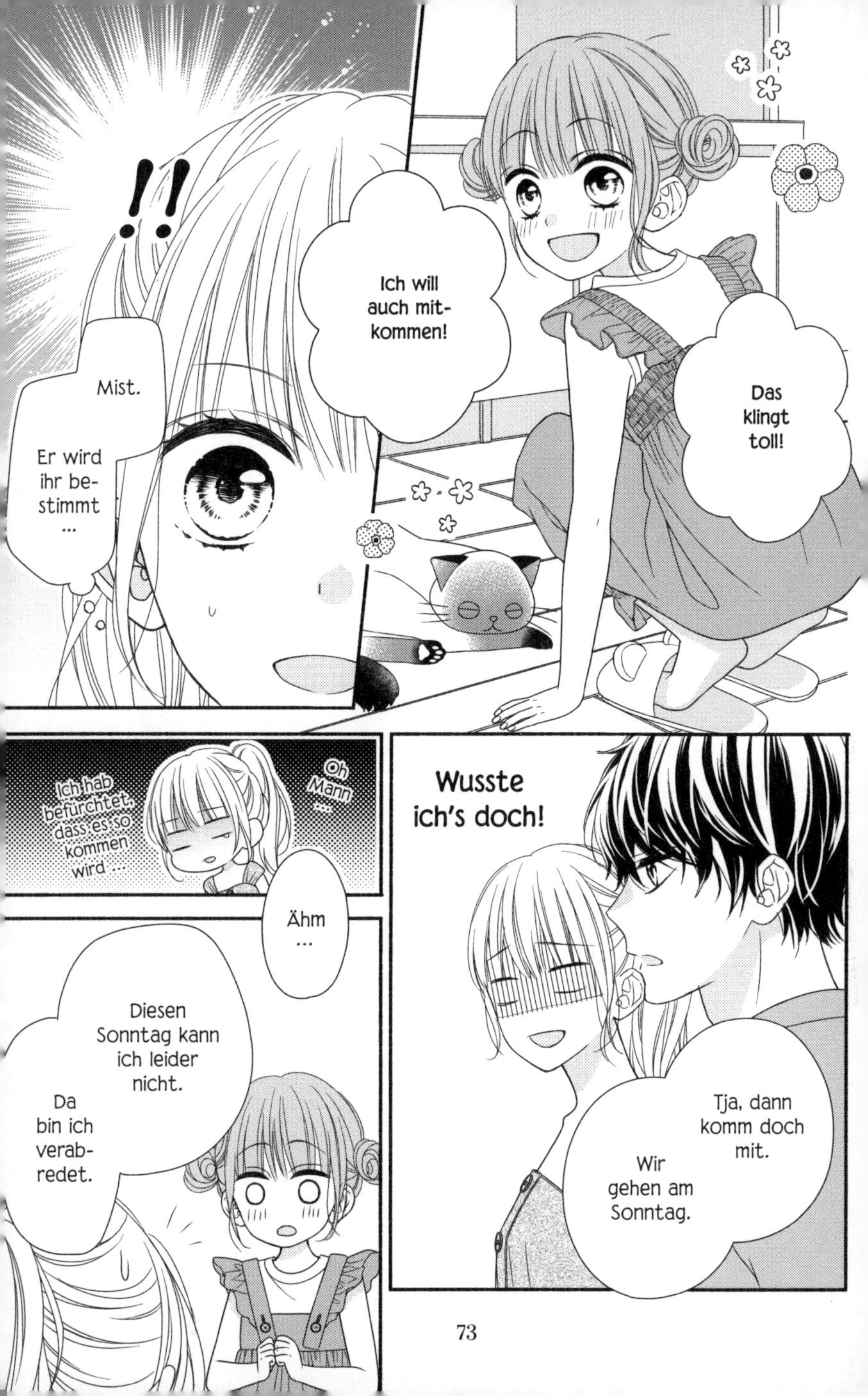
Das klingt toll!
Ich will auch mitkommen!
!!
Mist.
Er wird ihr bestimmt …
Wusste ich's doch!
Tja, dann komm doch mit.
Wir gehen am Sonntag.
Oh Mann …
Ich hab befürchtet, dass es so kommen wird …
Ähm …
Diesen Sonntag kann ich leider nicht.
Da bin ich verabredet.

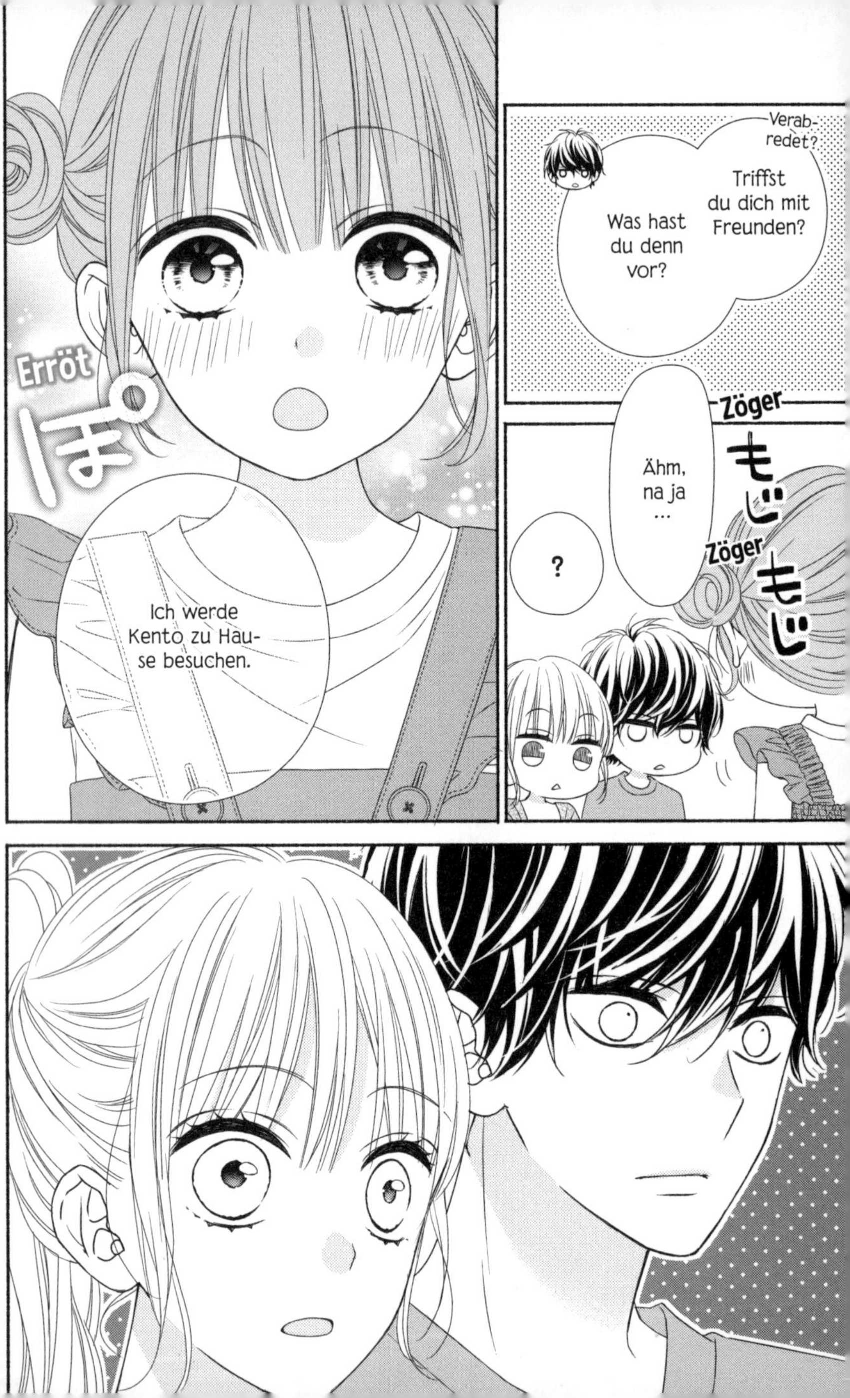
Verab-
redet?
Triffst du dich mit Freunden?
Was hast du denn vor?
Zöger
Ähm, na ja …
Zöger
?
Erröt
Ich werde Kento zu Hause besuchen.

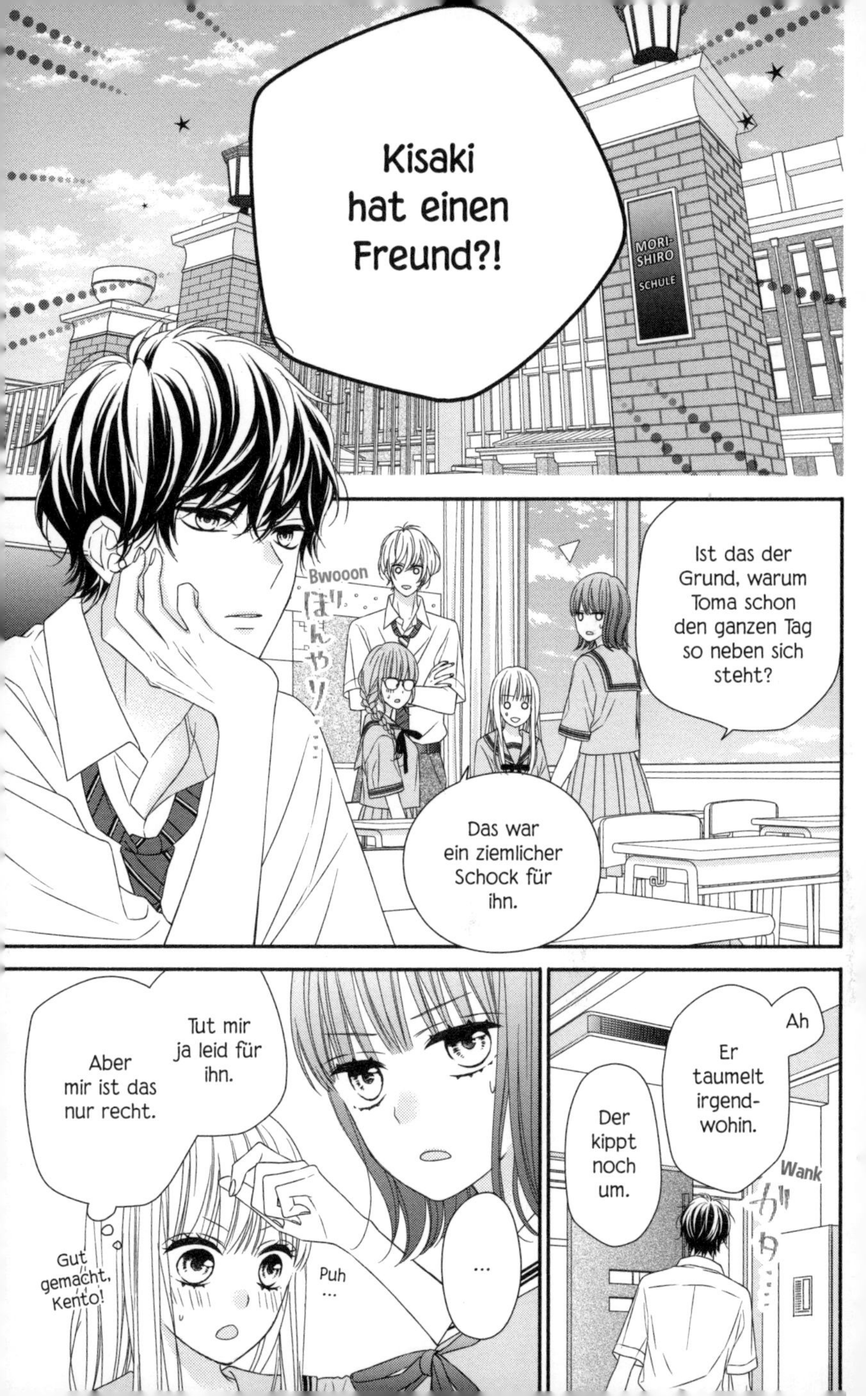
Kisaki hat einen Freund?!
MORI-SHIRO SCHULE
Ist das der Grund, warum Toma schon den ganzen Tag so neben sich steht?
Bwooon
Das war ein ziemlicher Schock für ihn.
Ah
Er taumelt irgend-wohin.
Der kippt noch um.
Wank
Tut mir ja leid für ihn.
Aber mir ist das nur recht.
...
Puh ...
Gut gemacht, Kento!

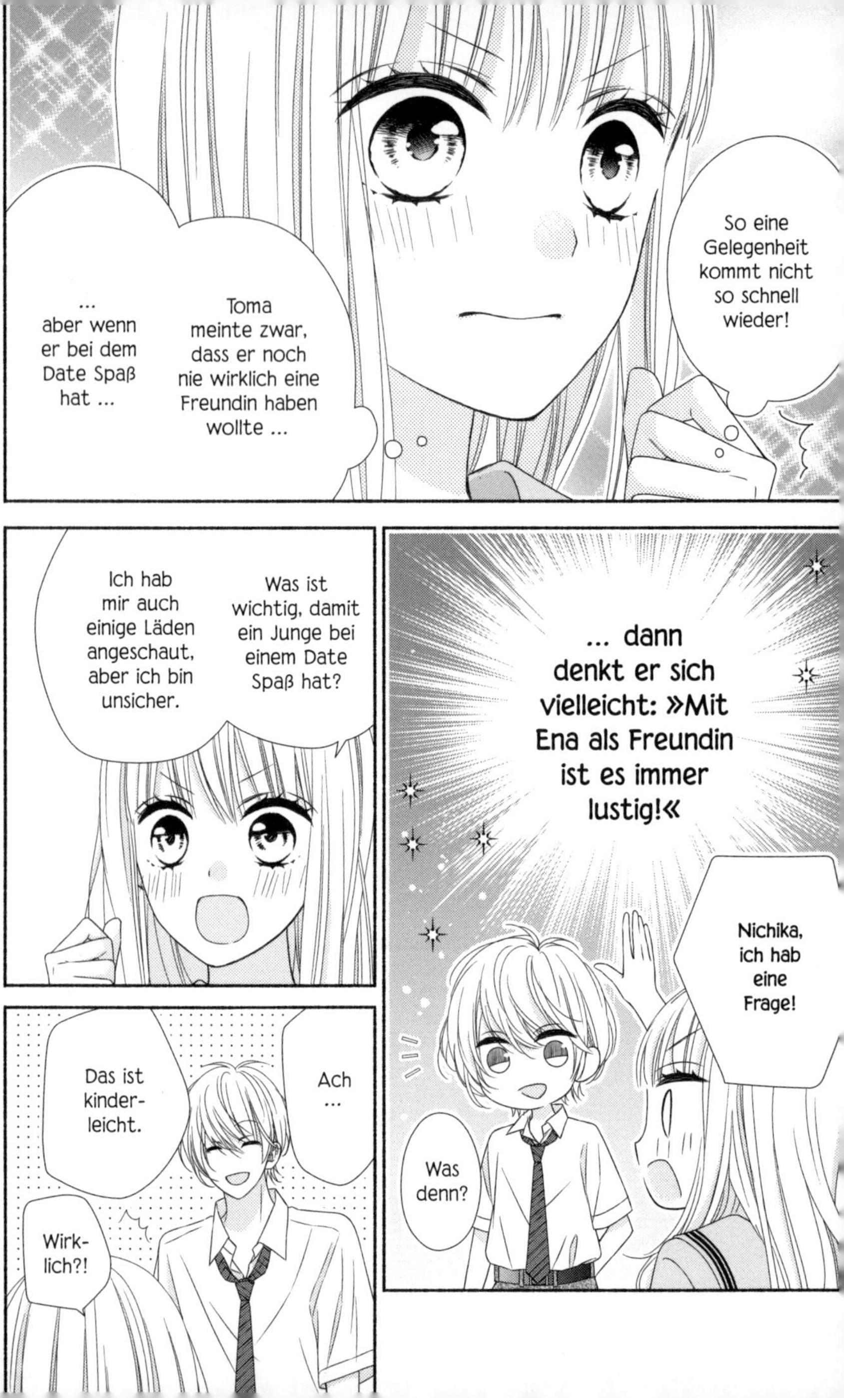
So eine Gelegenheit kommt nicht so schnell wieder!
Toma meinte zwar, dass er noch nie wirklich eine Freundin haben wollte ...
... aber wenn er bei dem Date Spaß hat ...
... dann denkt er sich vielleicht: »Mit Ena als Freundin ist es immer lustig!«
Nichika, ich hab eine Frage!
Was denn?
Was ist wichtig, damit ein Junge bei einem Date Spaß hat?
Ich hab mir auch einige Läden angeschaut, aber ich bin unsicher.
Ach ...
Das ist kinder-leicht.
Wirk-lich?!

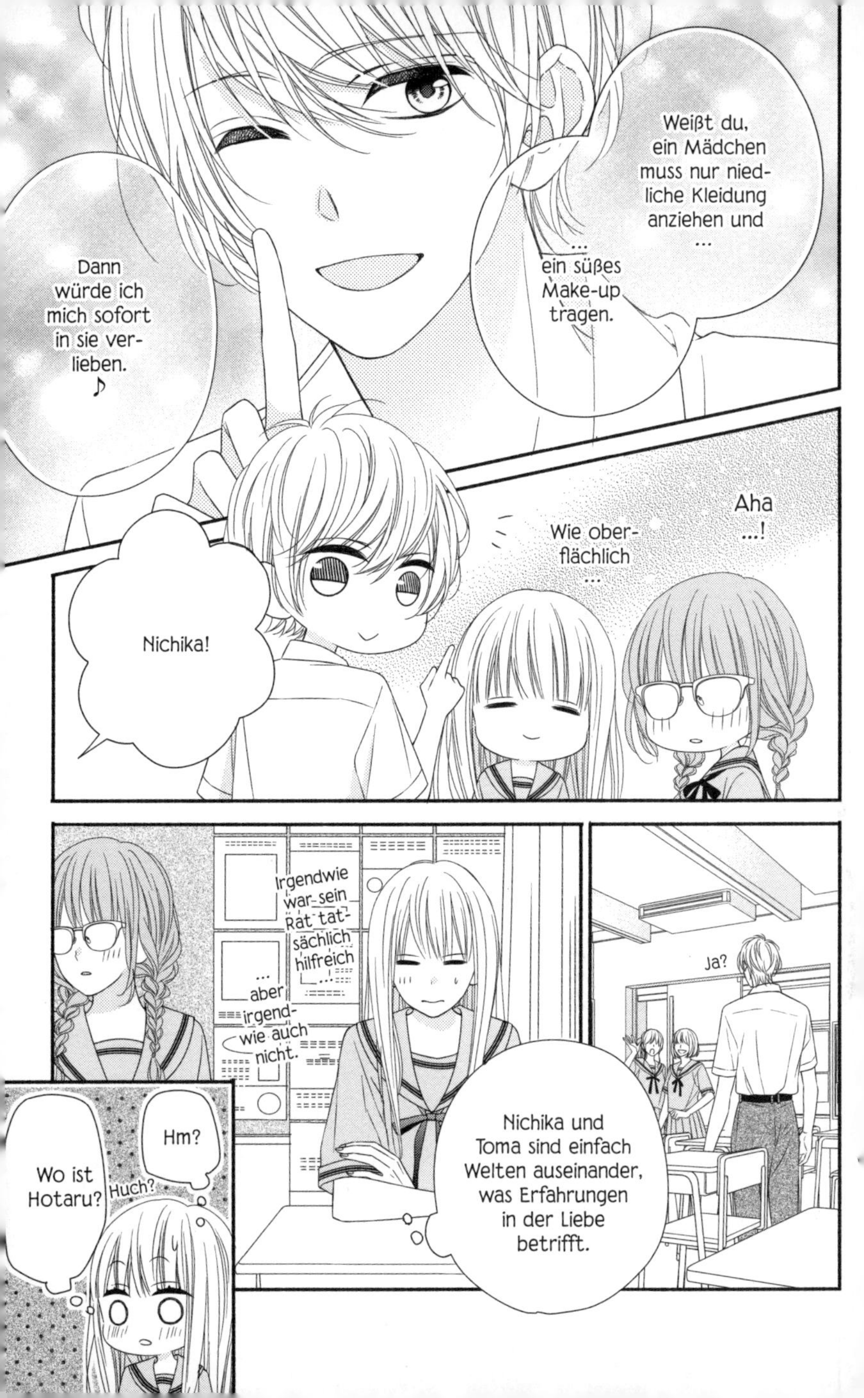

Weißt du, ein Mädchen muss nur niedliche Kleidung anziehen und …
… ein süßes Make-up tragen.
Dann würde ich mich sofort in sie verlieben. ♪
Aha …!
Wie oberflächlich …
Nichika!
Ja?
Irgendwie war sein Rat tatsächlich hilfreich …!
… aber irgendwie auch nicht.
Nichika und Toma sind einfach Welten auseinander, was Erfahrungen in der Liebe betrifft.
Hm?
Huch?
Wo ist Hotaru?

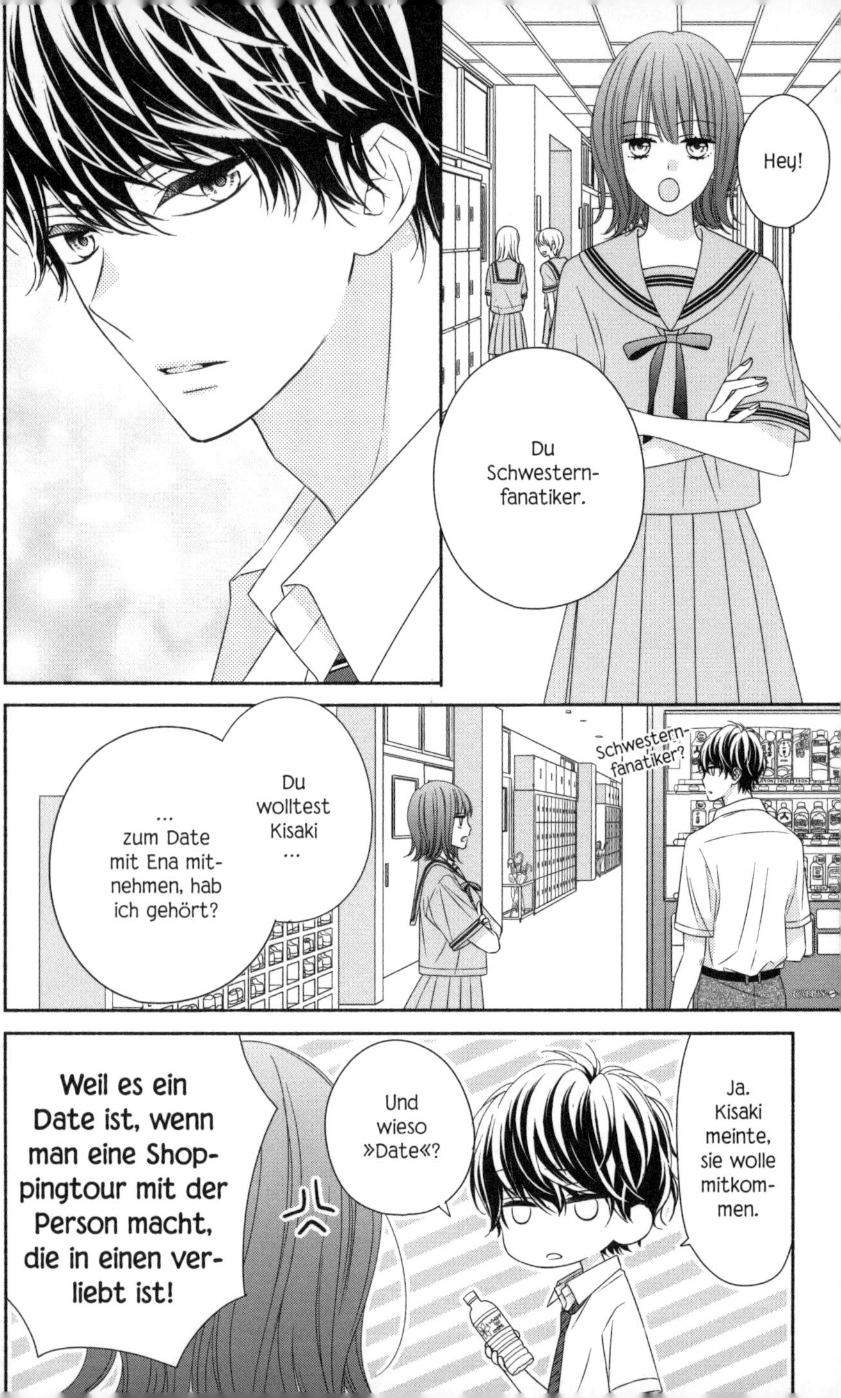
Hey!
Du Schwesternfanatiker.
Schwesternfanatiker?
Du wolltest Kisaki ...
... zum Date mit Ena mitnehmen, hab ich gehört?
Ja. Kisaki meinte, sie wolle mitkommen.
Und wieso »Date«?
Weil es ein Date ist, wenn man eine Shoppingtour mit der Person macht, die in einen verliebt ist!

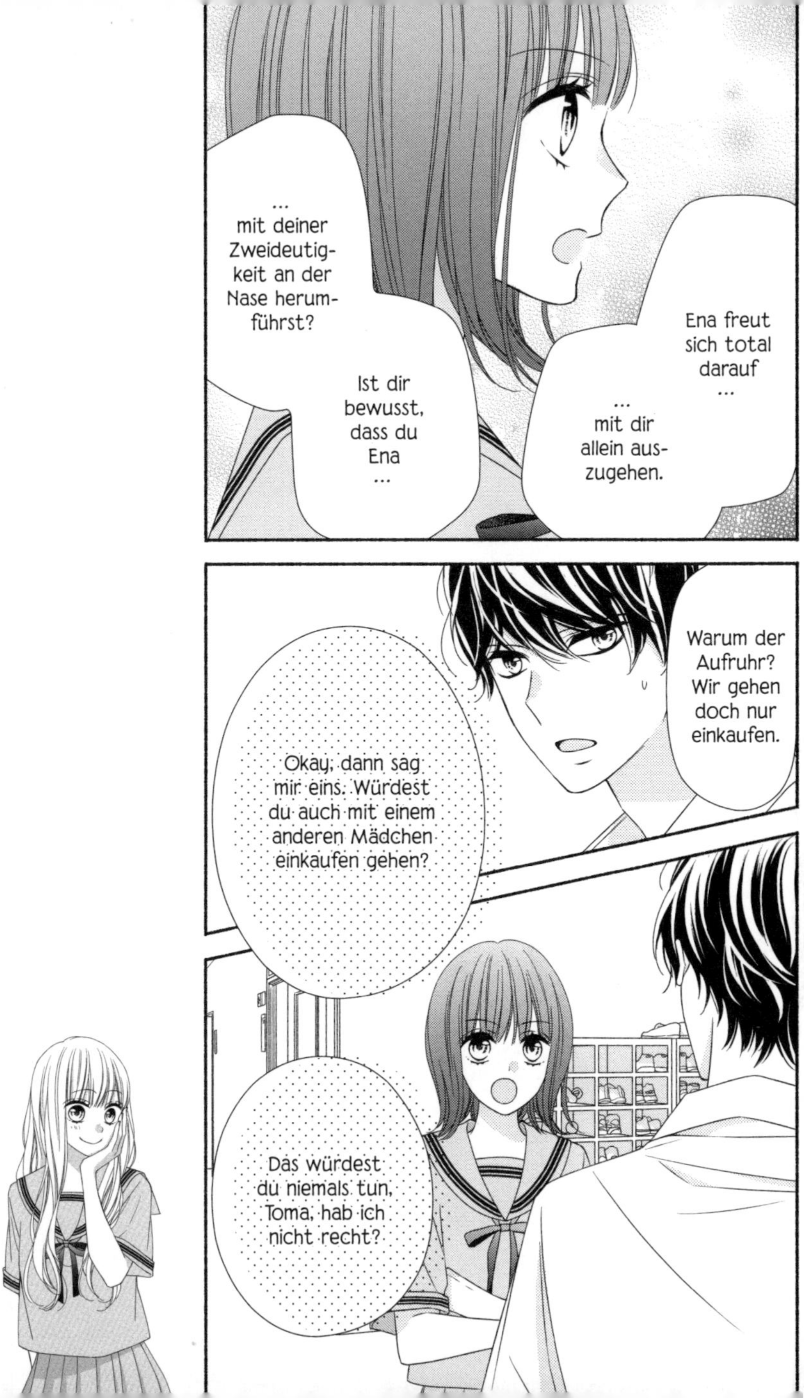
Ena freut sich total darauf ...
... mit dir allein auszugehen.
Ist dir bewusst, dass du Ena ...
... mit deiner Zweideutigkeit an der Nase herumführst?
Warum der Aufruhr? Wir gehen doch nur einkaufen.
Okay, dann sag mir eins. Würdest du auch mit einem anderen Mädchen einkaufen gehen?
Das würdest du niemals tun, Toma, hab ich nicht recht?

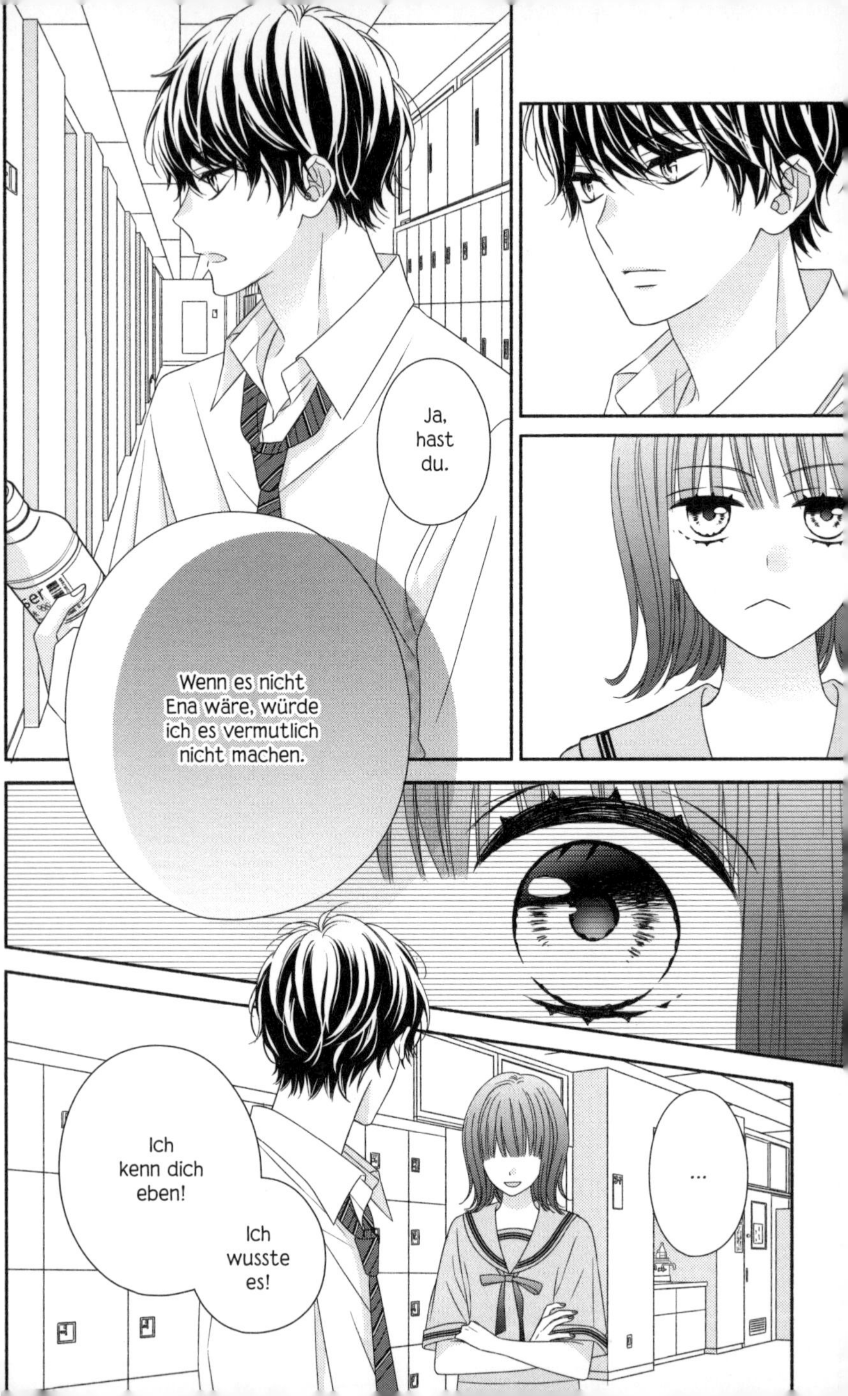
Ja, hast du.
Wenn es nicht Ena wäre, würde ich es vermutlich nicht machen.
...
Ich kenn dich eben!
Ich wusste es!

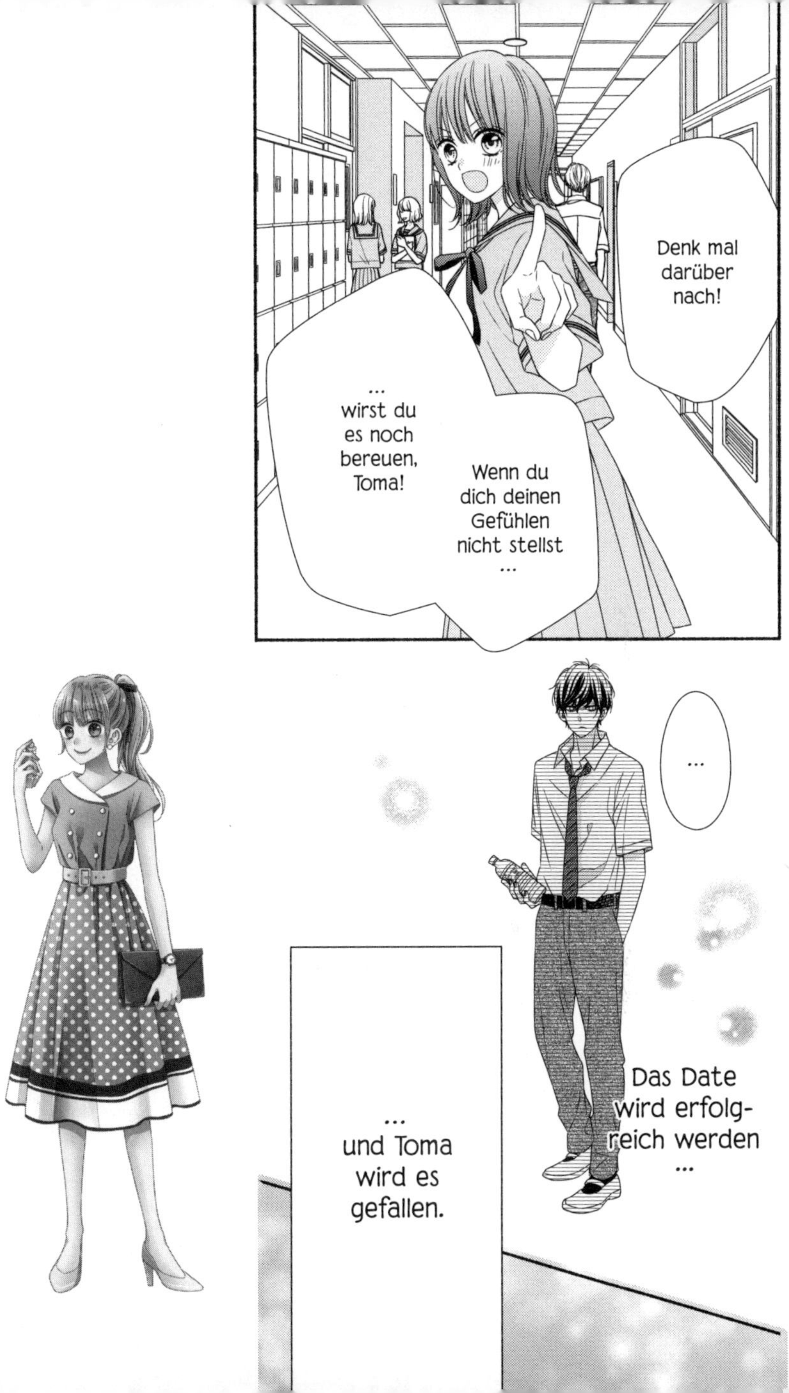
Denk mal darüber nach!
Wenn du dich deinen Gefühlen nicht stellst ...
... wirst du es noch bereuen, Toma!
...
Das Date wird erfolg-reich werden ...
... und Toma wird es gefallen.

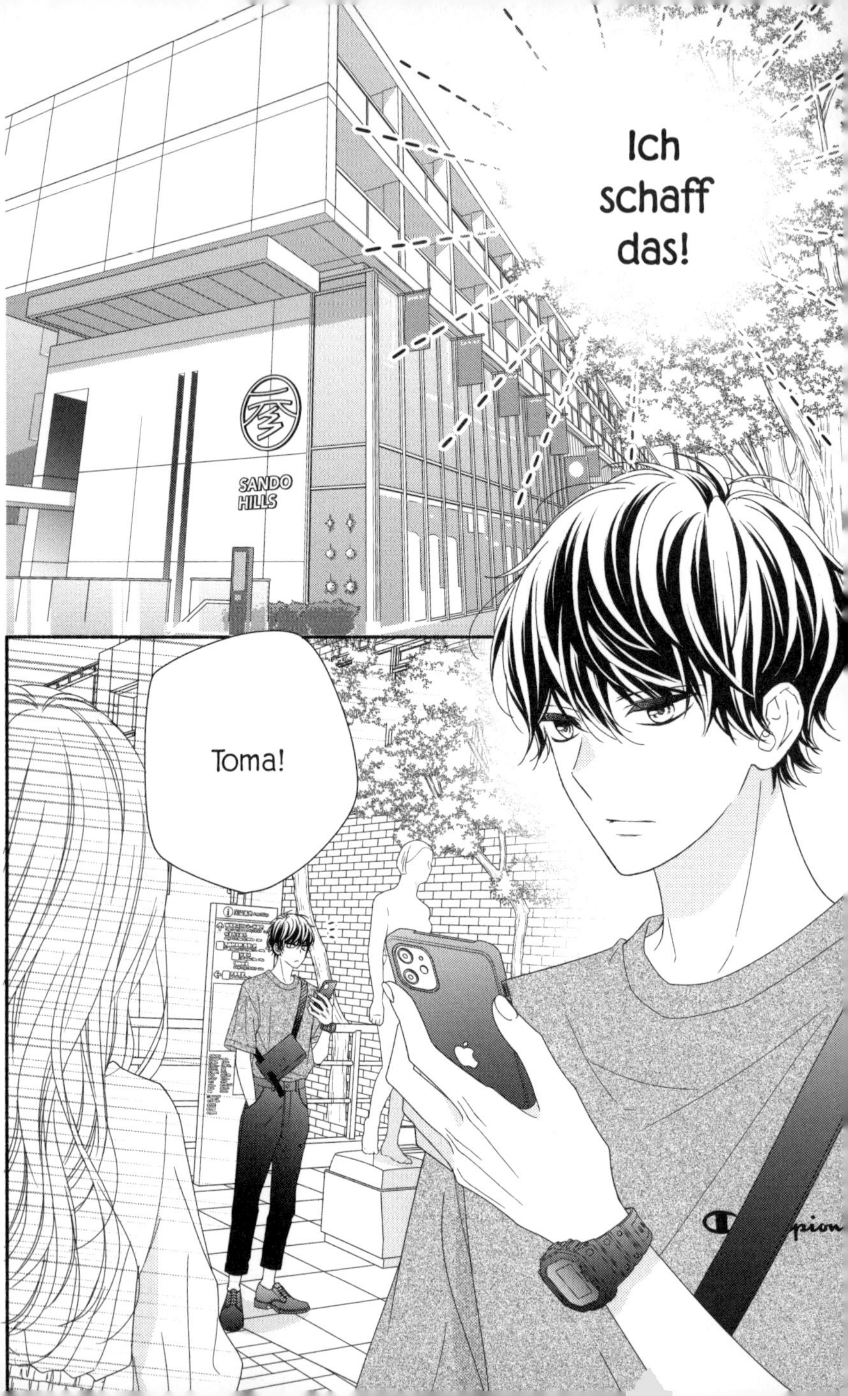
Ich schaff das!
Toma!
SANDO HILLS

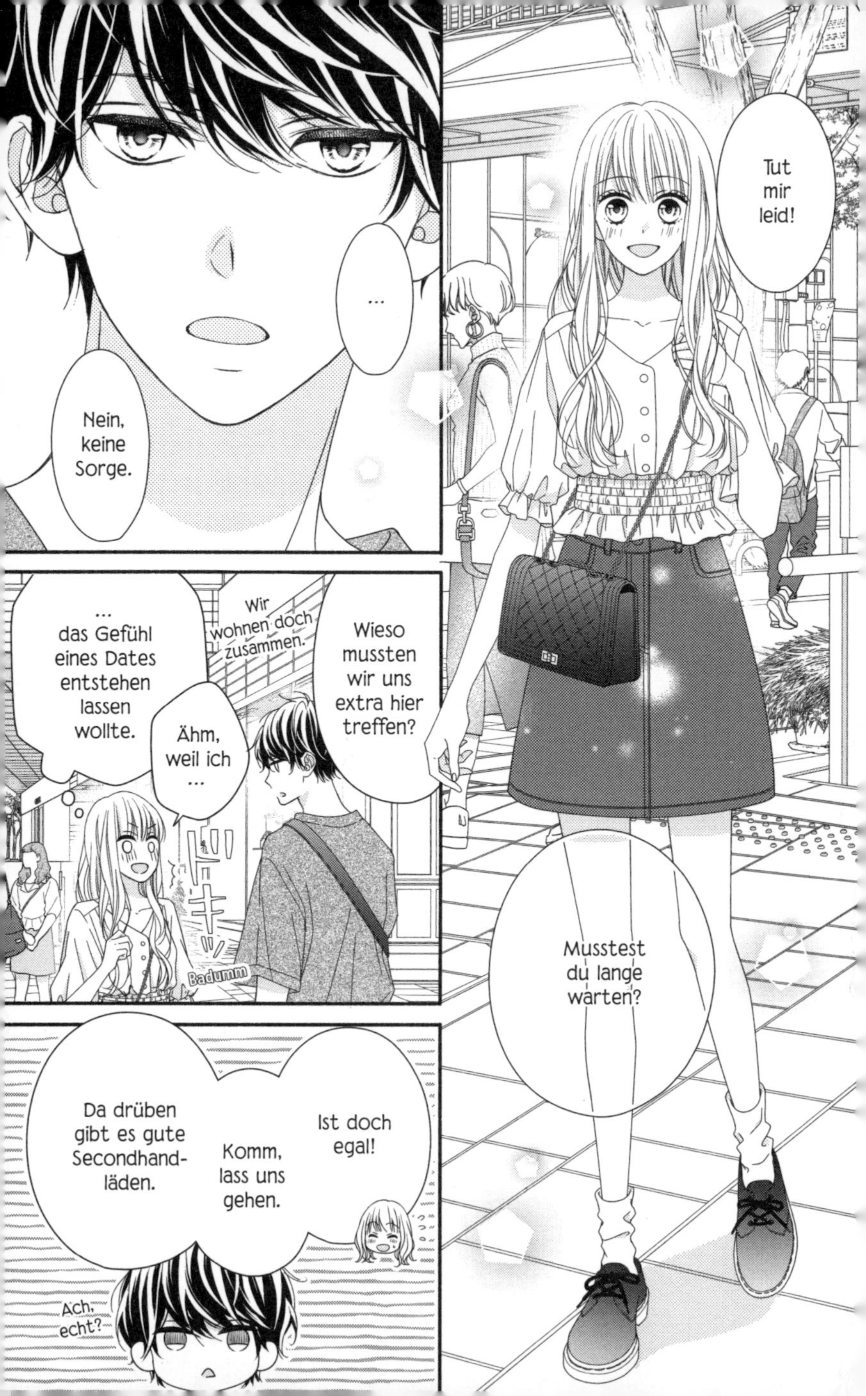
Tut mir leid!
Musstest du lange warten?
...
Nein, keine Sorge.
Wieso mussten wir uns extra hier treffen?
Wir wohnen doch zusammen.
Ähm, weil ich ...
... das Gefühl eines Dates entstehen lassen wollte.
Badumm
Ist doch egal!
Komm, lass uns gehen.
Da drüben gibt es gute Secondhand-läden.
Ach, echt?

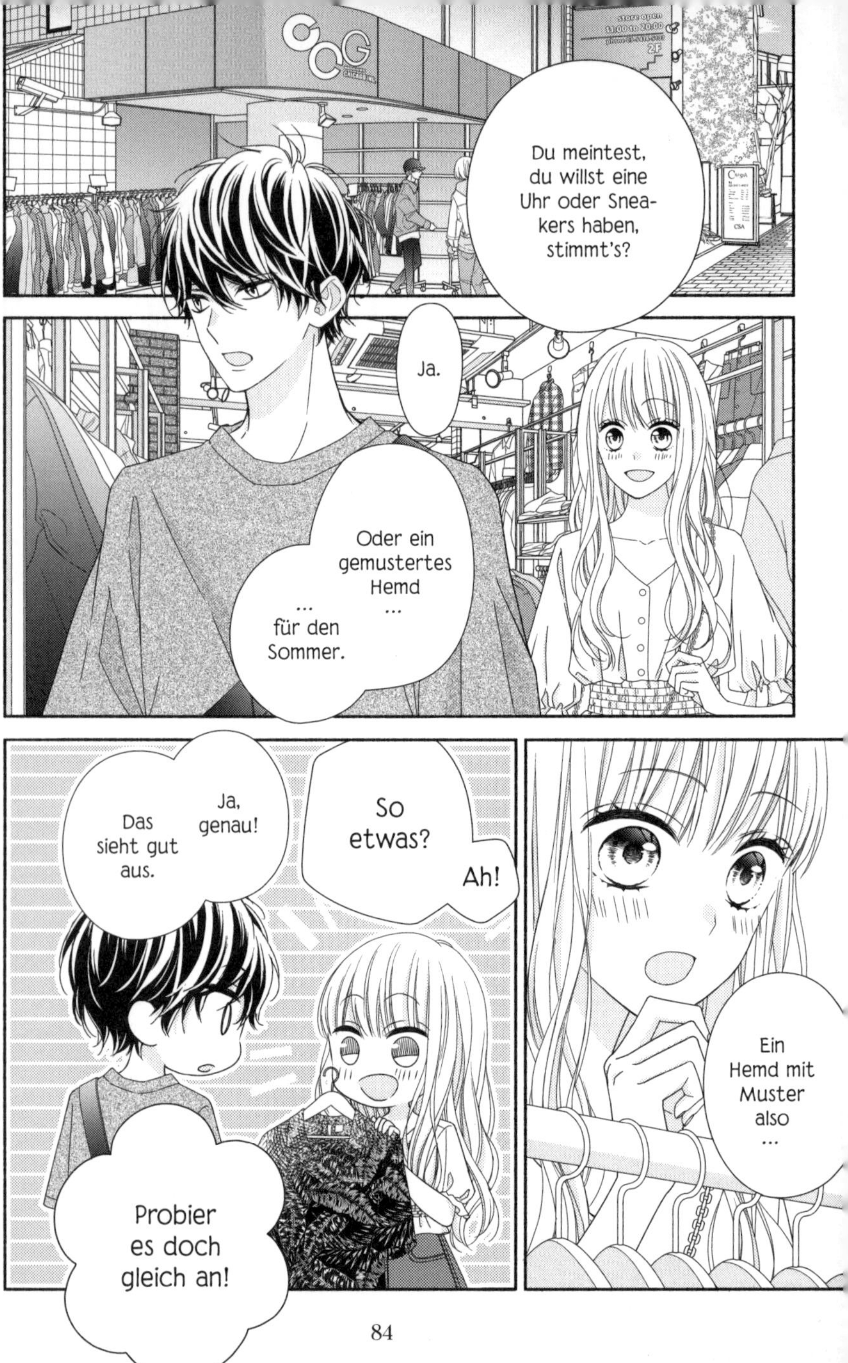
Du meintest, du willst eine Uhr oder Sneakers haben, stimmt's?
Ja.
Oder ein gemustertes Hemd … … für den Sommer.
Ein Hemd mit Muster also …
So etwas?
Ah!
Ja, genau!
Das sieht gut aus.
Probier es doch gleich an!

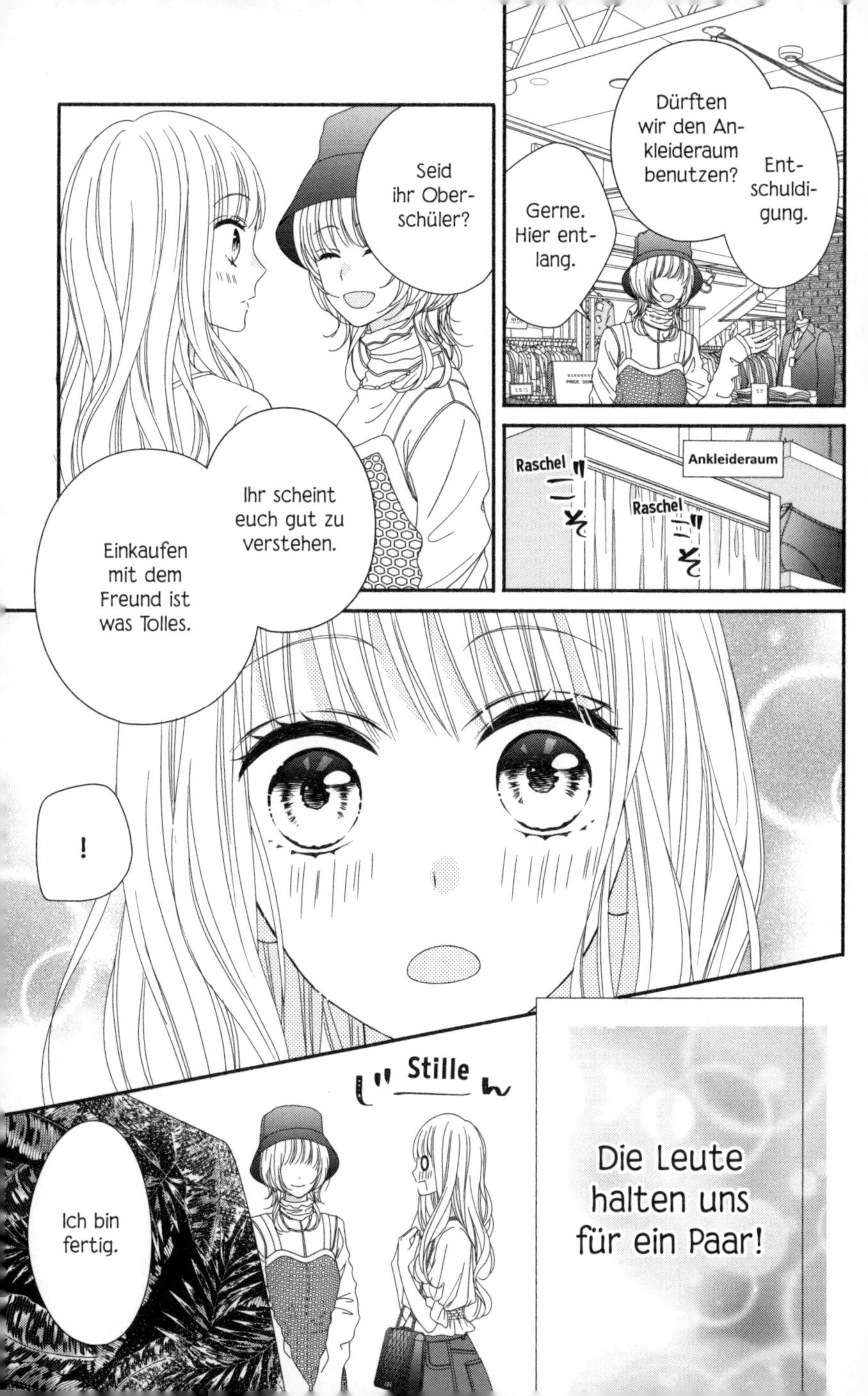
Entschuldigung.
Dürften wir den Ankleideraum benutzen?
Gerne. Hier entlang.
Seid ihr Oberschüler?
Ihr scheint euch gut zu verstehen.
Einkaufen mit dem Freund ist was Tolles.
Ankleideraum
Raschel
Raschel
!
Die Leute halten uns für ein Paar!
Stille
Ich bin fertig.

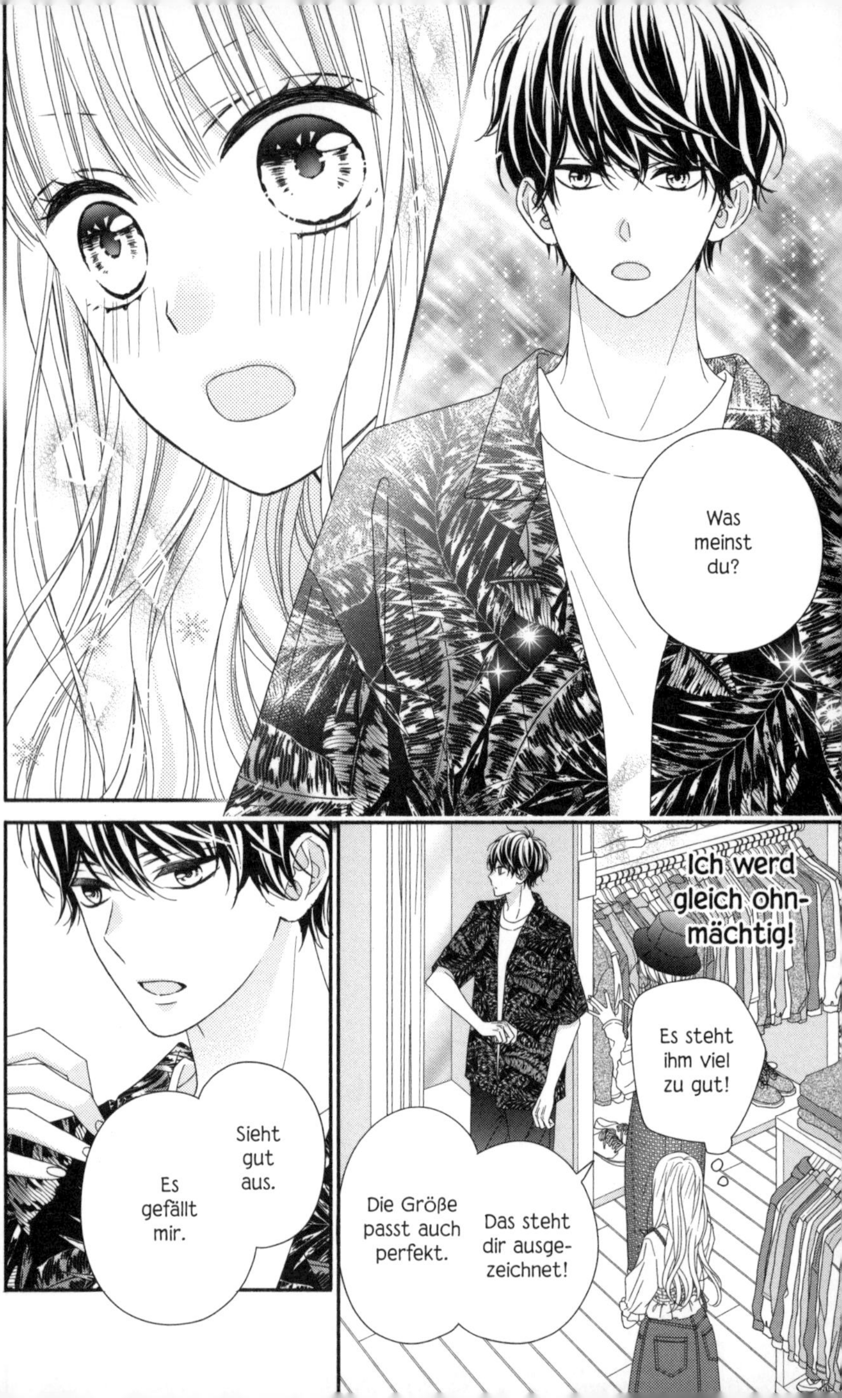
Was meinst du?
Ich werd gleich ohnmächtig!
Es steht ihm viel zu gut!
Das steht dir ausgezeichnet!
Die Größe passt auch perfekt.
Sieht gut aus.
Es gefällt mir.

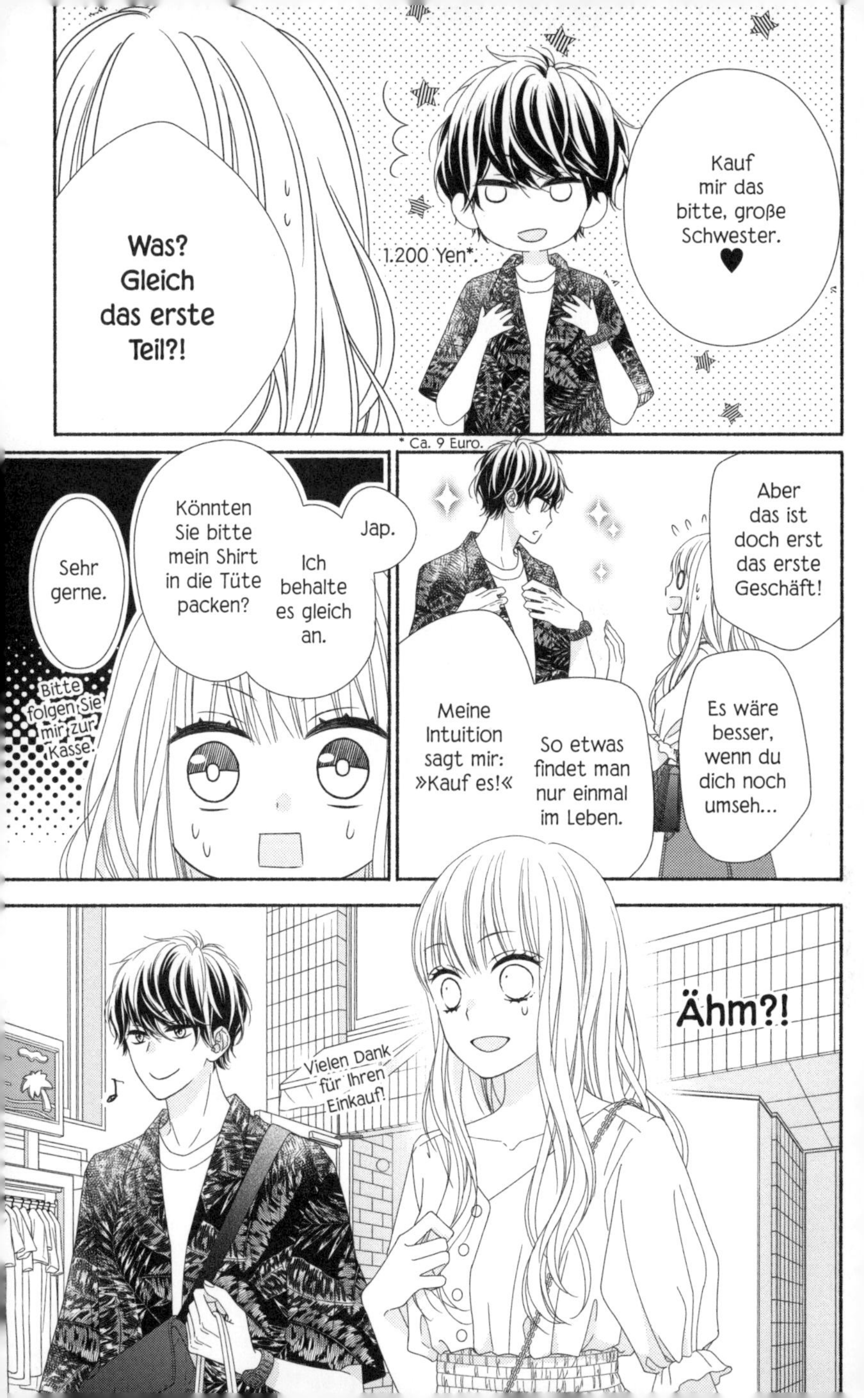
Kauf mir das bitte, große Schwester. ♥
1.200 Yen*.
Was? Gleich das erste Teil?!
Aber das ist doch erst das erste Geschäft!
Es wäre besser, wenn du dich noch umseh...
So etwas findet man nur einmal im Leben.
Meine Intuition sagt mir: »Kauf es!«
Jap.
Ich behalte es gleich an.
Könnten Sie bitte mein Shirt in die Tüte packen?
Sehr gerne.
Bitte folgen Sie mir zur Kasse.
Ähm?!
Vielen Dank für Ihren Einkauf!

* Ca. 9 Euro.

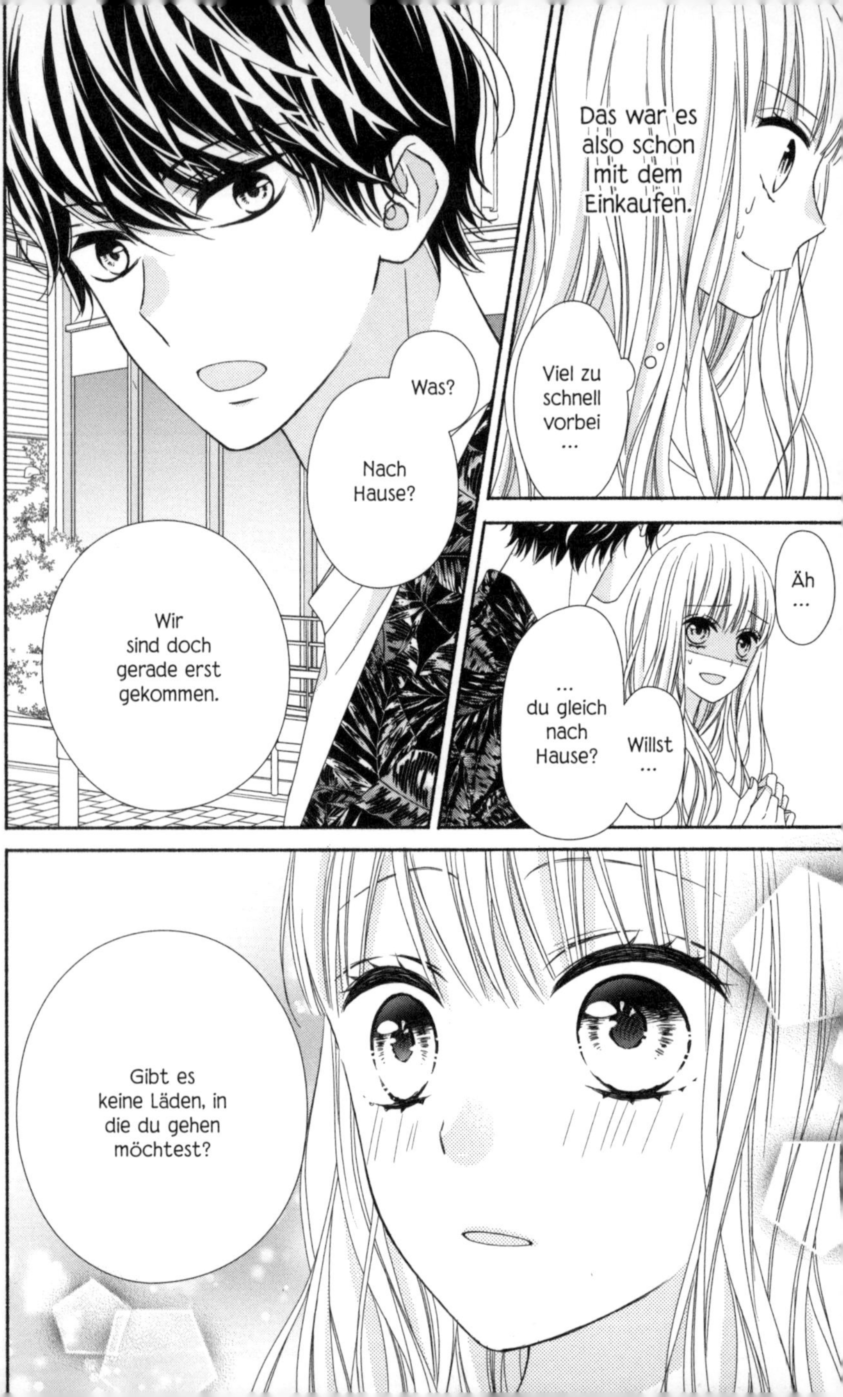
Das war es also schon mit dem Einkaufen.
Viel zu schnell vorbei ...
Äh ...
Willst ...
... du gleich nach Hause?
Was?
Nach Hause?
Wir sind doch gerade erst gekommen.
Gibt es keine Läden, in die du gehen möchtest?

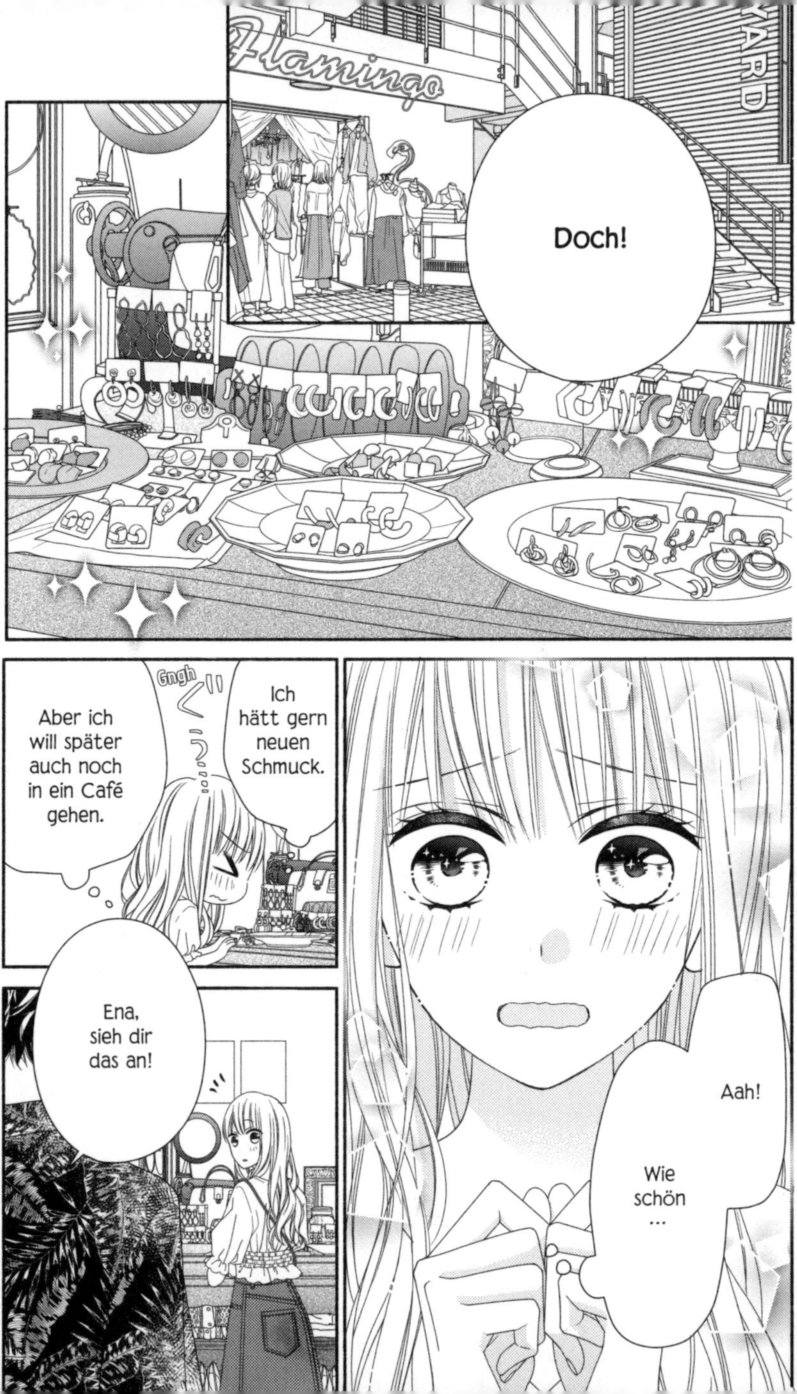

Flamingo
YARD
Doch!
Ich hätt gern neuen Schmuck.
Gngh
Aber ich will später auch noch in ein Café gehen.
Aah!
Wie schön ...
Ena, sieh dir das an!

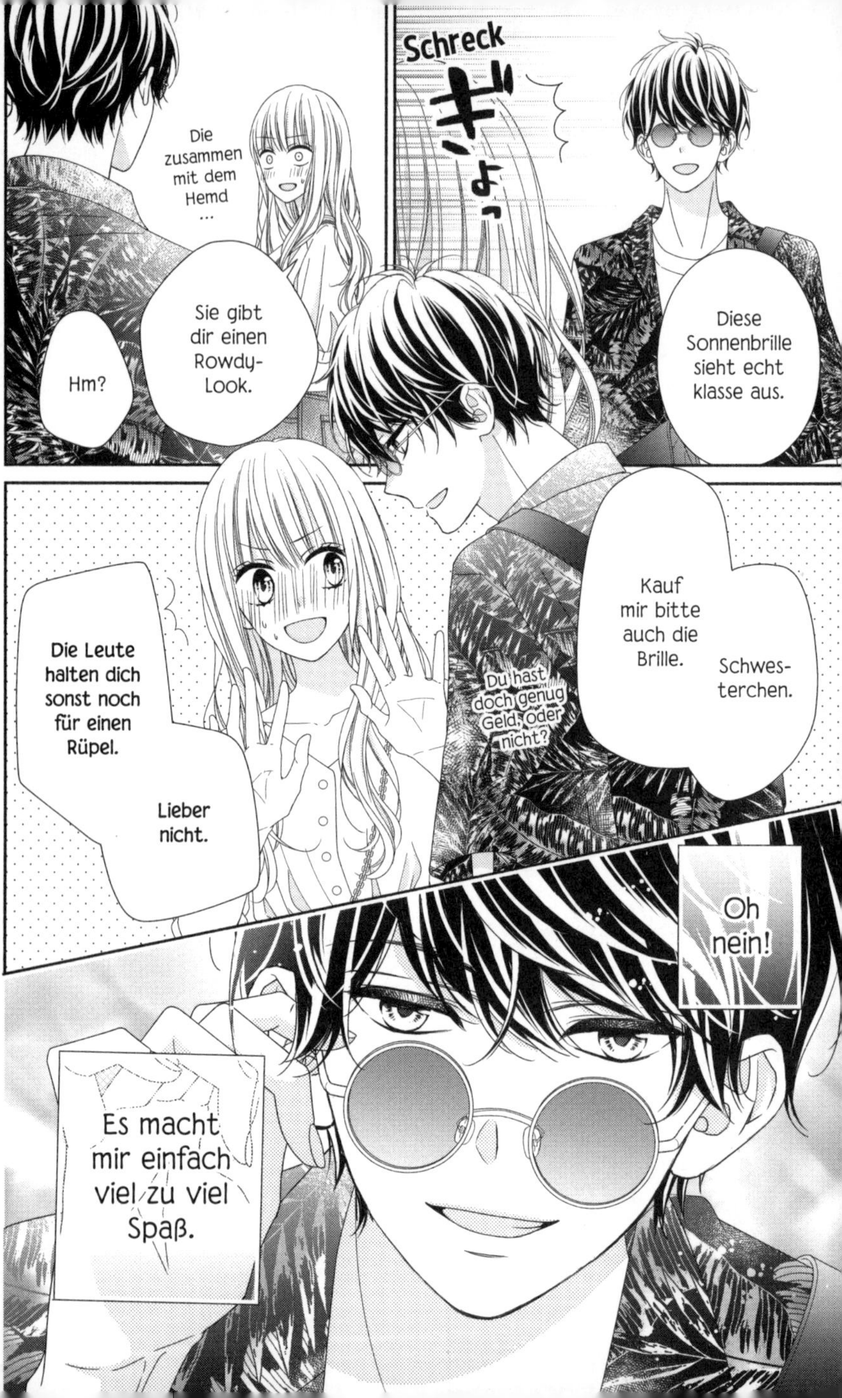
Schreck
ぎょっ
Diese Sonnenbrille sieht echt klasse aus.
Die zusammen mit dem Hemd ...
Sie gibt dir einen Rowdy-Look.
Hm?
Kauf mir bitte auch die Brille.
Schwesterchen.
Du hast doch genug Geld, oder nicht?
Die Leute halten dich sonst noch für einen Rüpel.
Lieber nicht.
Oh nein!
Es macht mir einfach viel zu viel Spaß.

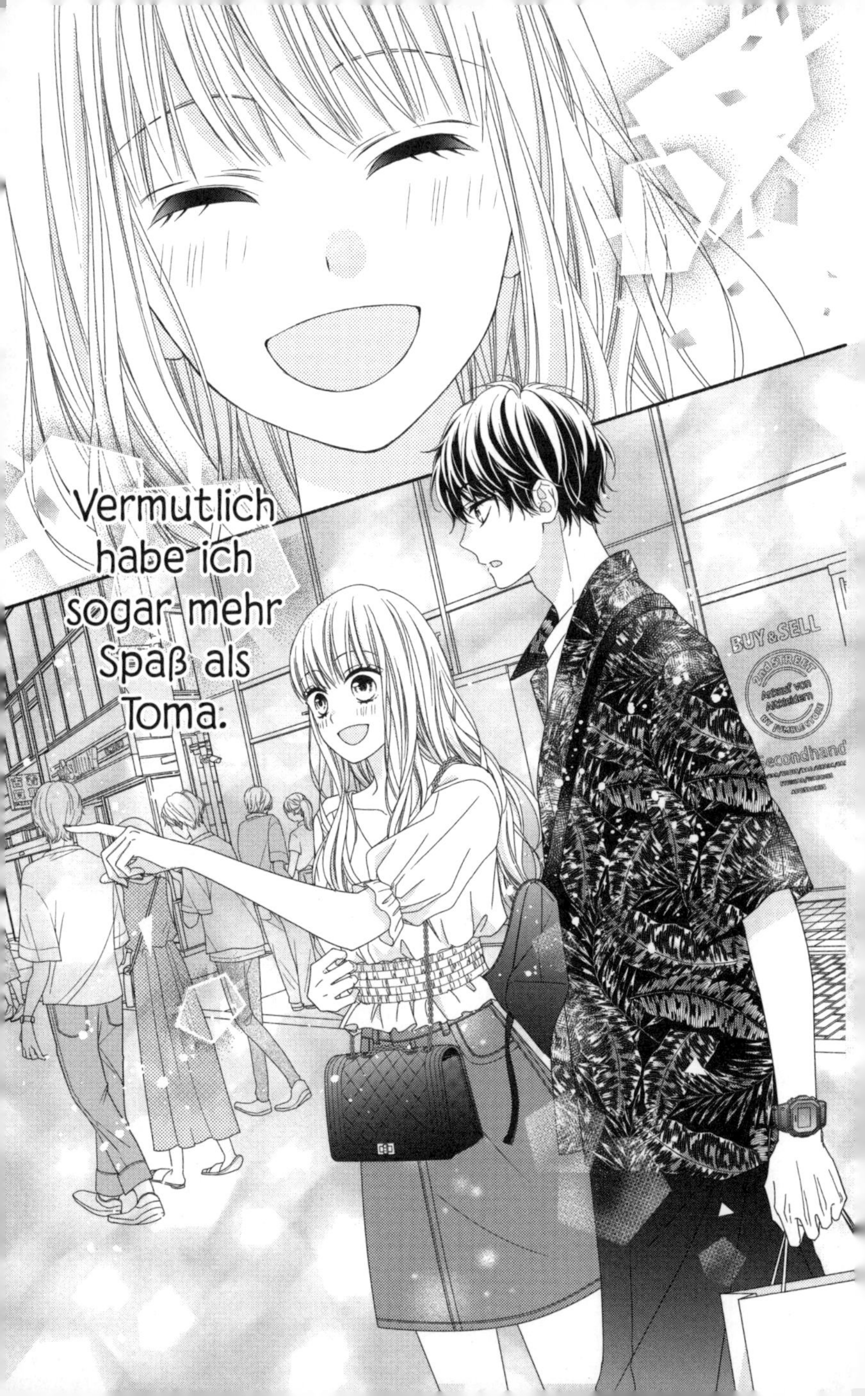
Vermutlich habe ich sogar mehr Spaß als Toma.
BUY & SELL
2nd STREET
Ankauf von Altkleidern
Secondhand

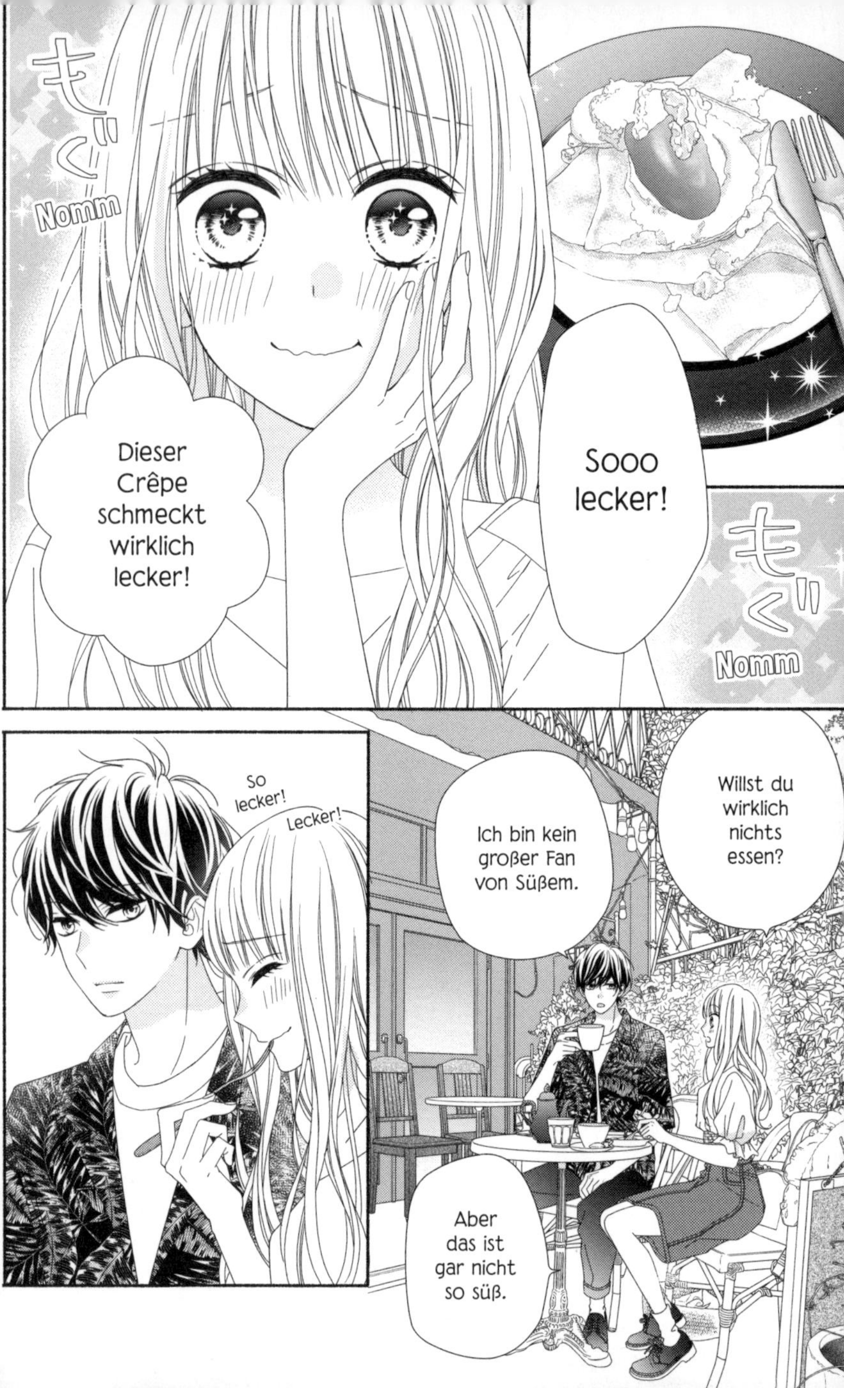
Sooo lecker!
もぐ
Nomm
Dieser Crêpe schmeckt wirklich lecker!
もぐ
Nomm
Willst du wirklich nichts essen?
Ich bin kein großer Fan von Süßem.
Aber das ist gar nicht so süß.
So lecker!
Lecker!

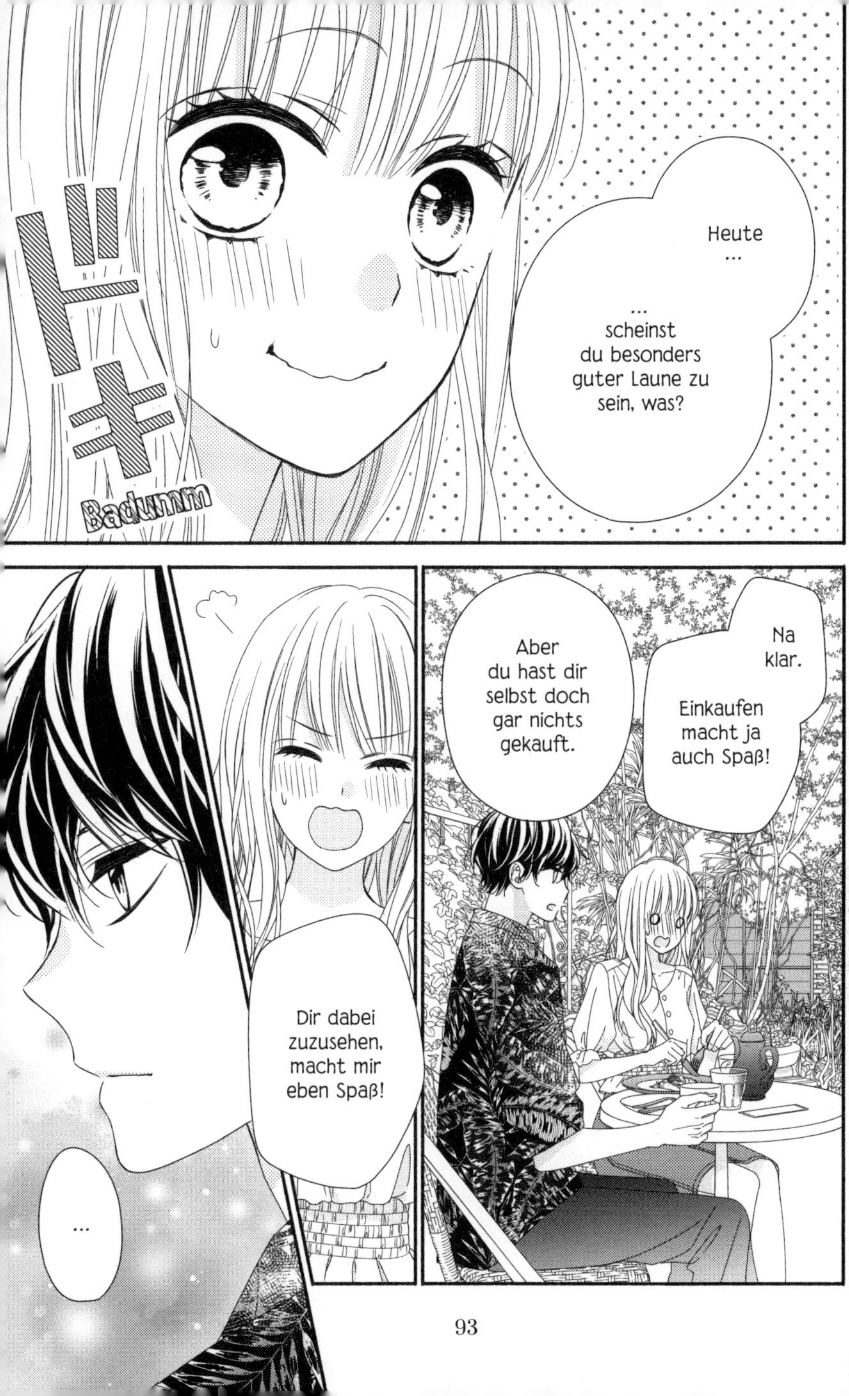
Heute …
… scheinst du besonders guter Laune zu sein, was?
ドキ
Badumm
Na klar.
Einkaufen macht ja auch Spaß!
Aber du hast dir selbst doch gar nichts gekauft.
Dir dabei zuzusehen, macht mir eben Spaß!
…

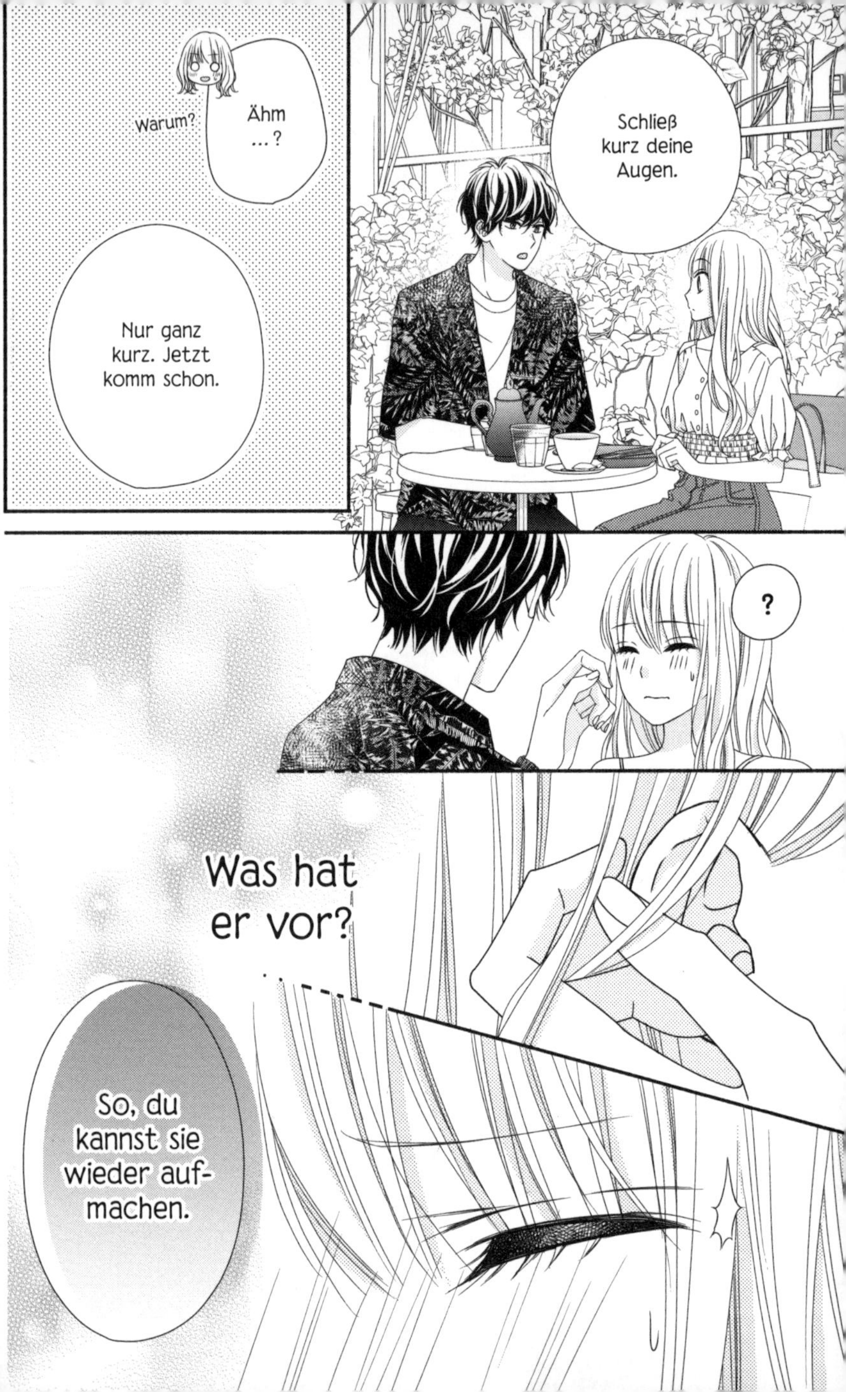
Schließ kurz deine Augen.
Ähm ...?
Warum?
Nur ganz kurz. Jetzt komm schon.
?
Was hat er vor?
So, du kannst sie wieder auf-machen.

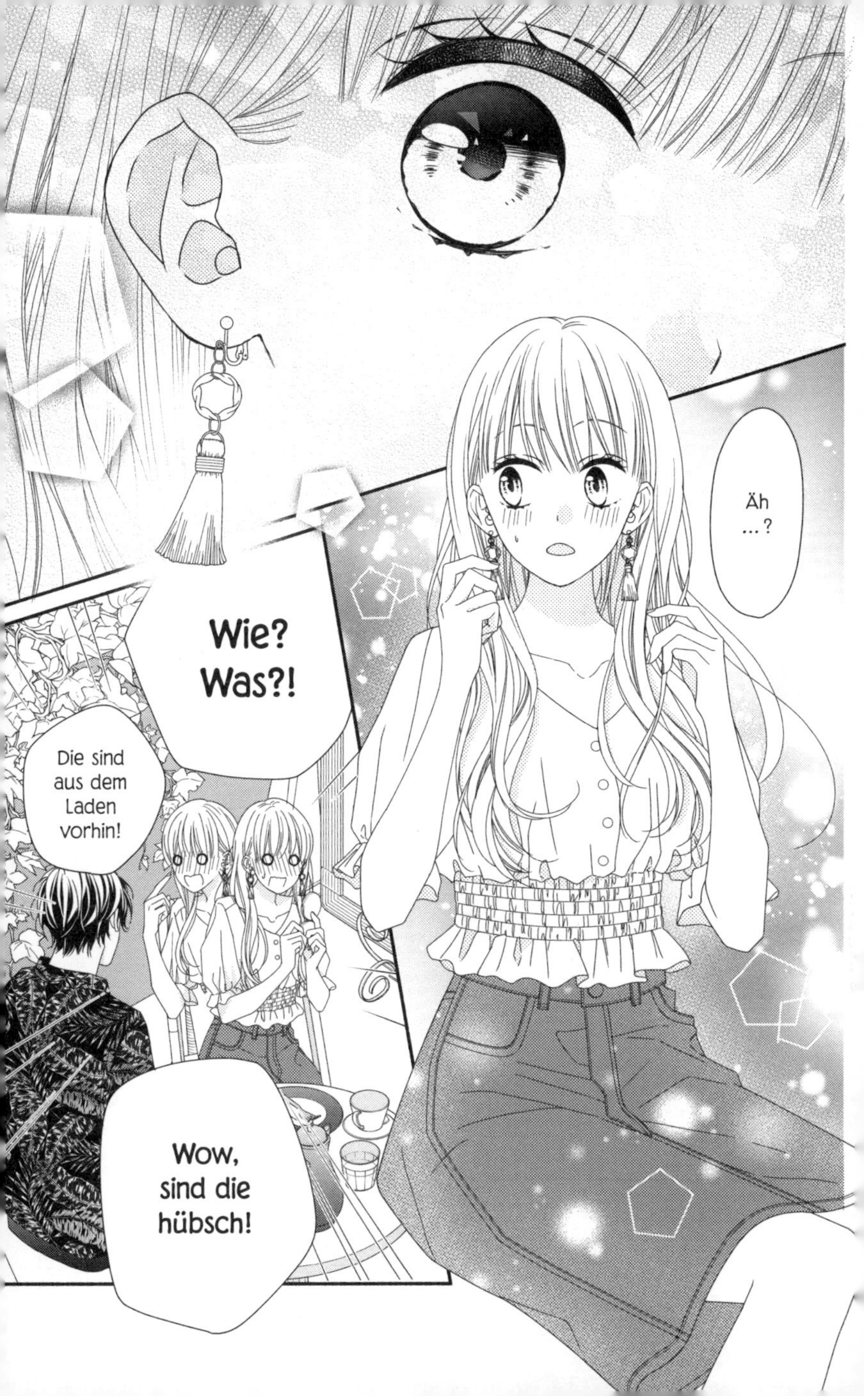
Äh ...?
Wie? Was?!
Die sind aus dem Laden vorhin!
Wow, sind die hübsch!

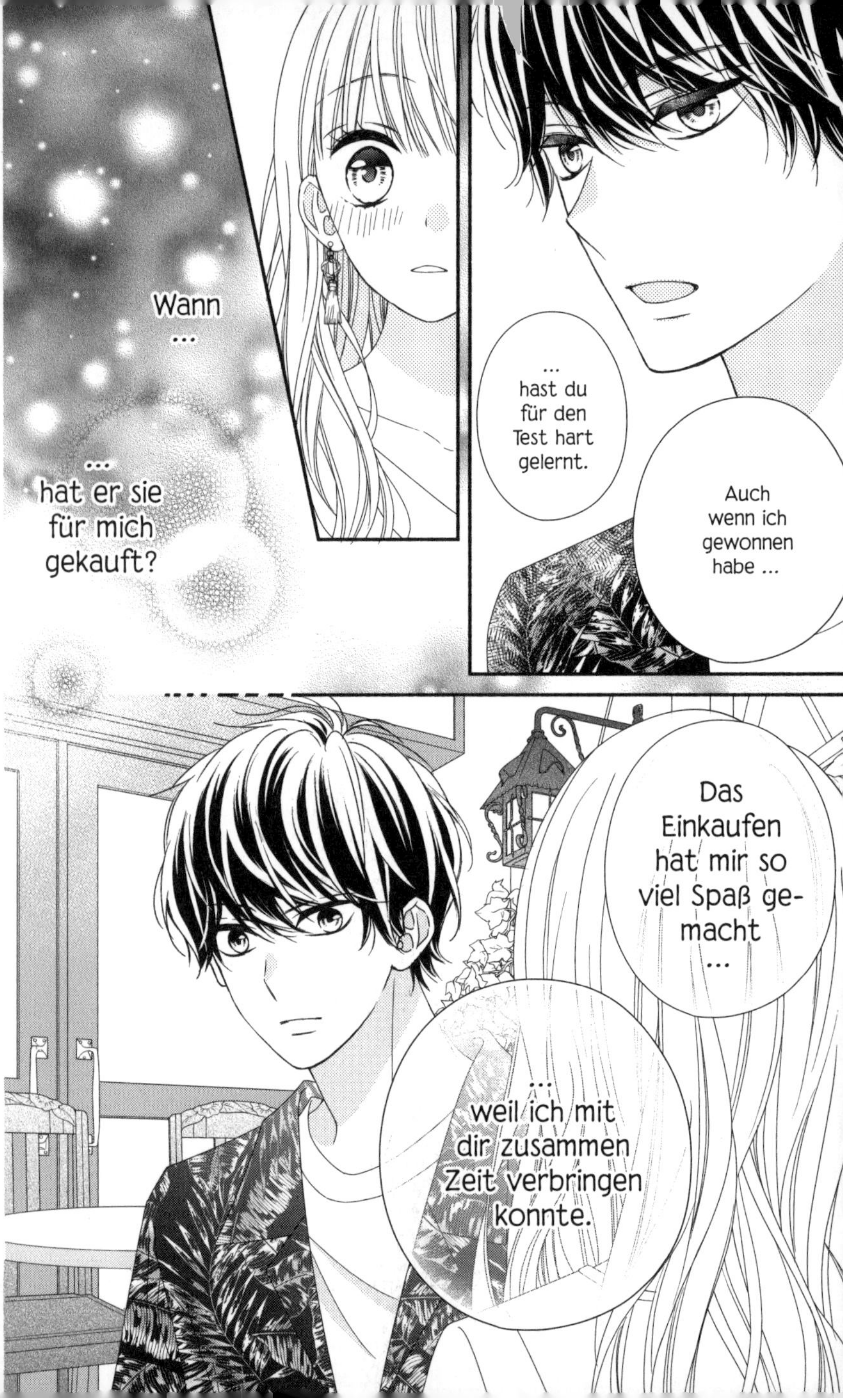
Auch wenn ich gewonnen habe ...
... hast du für den Test hart gelernt.
Wann ...
... hat er sie für mich gekauft?
Das Einkaufen hat mir so viel Spaß gemacht ...
... weil ich mit dir zusammen Zeit verbringen konnte.

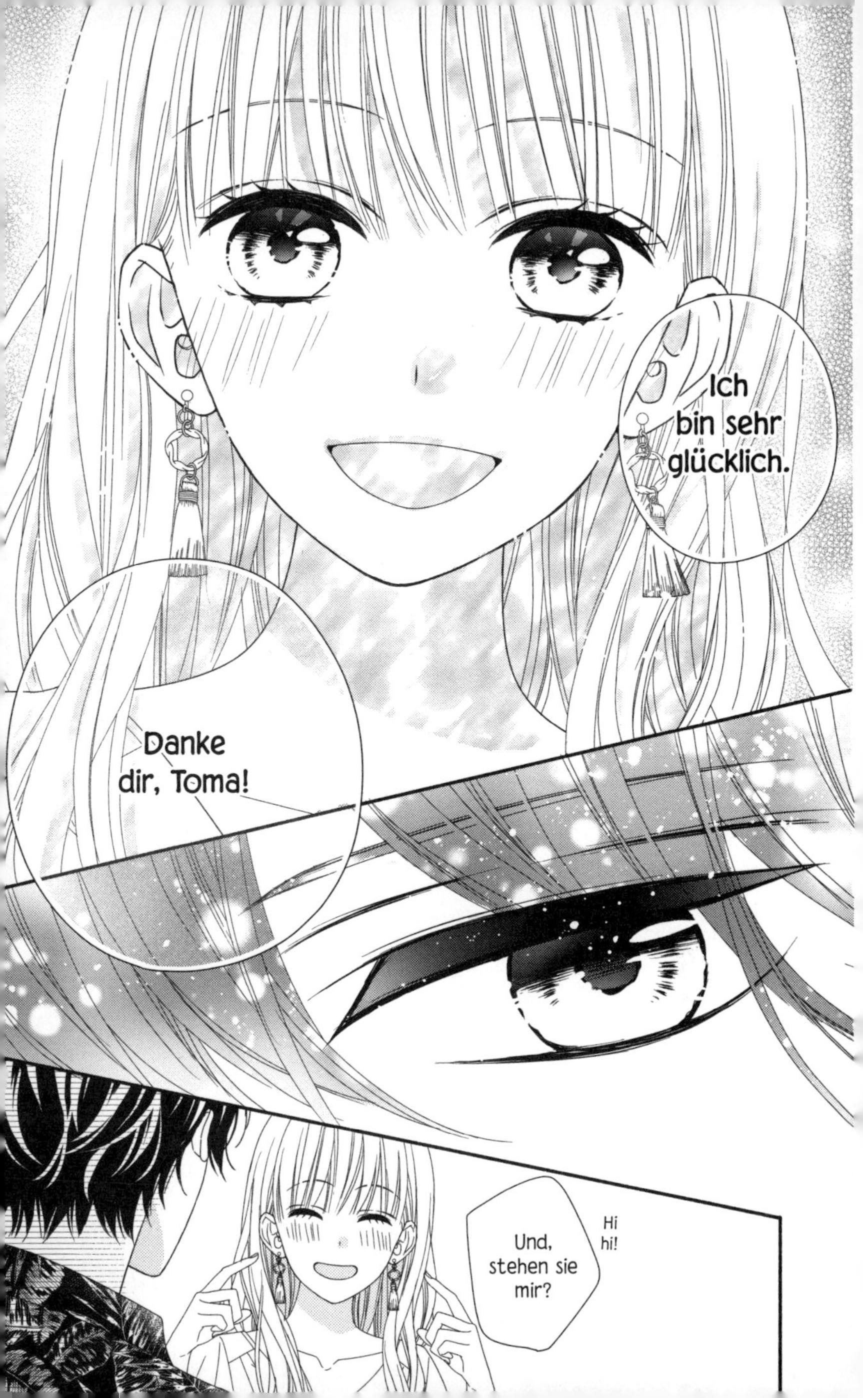
Ich bin sehr glücklich.
Danke dir, Toma!
Hi hi!
Und, stehen sie mir?

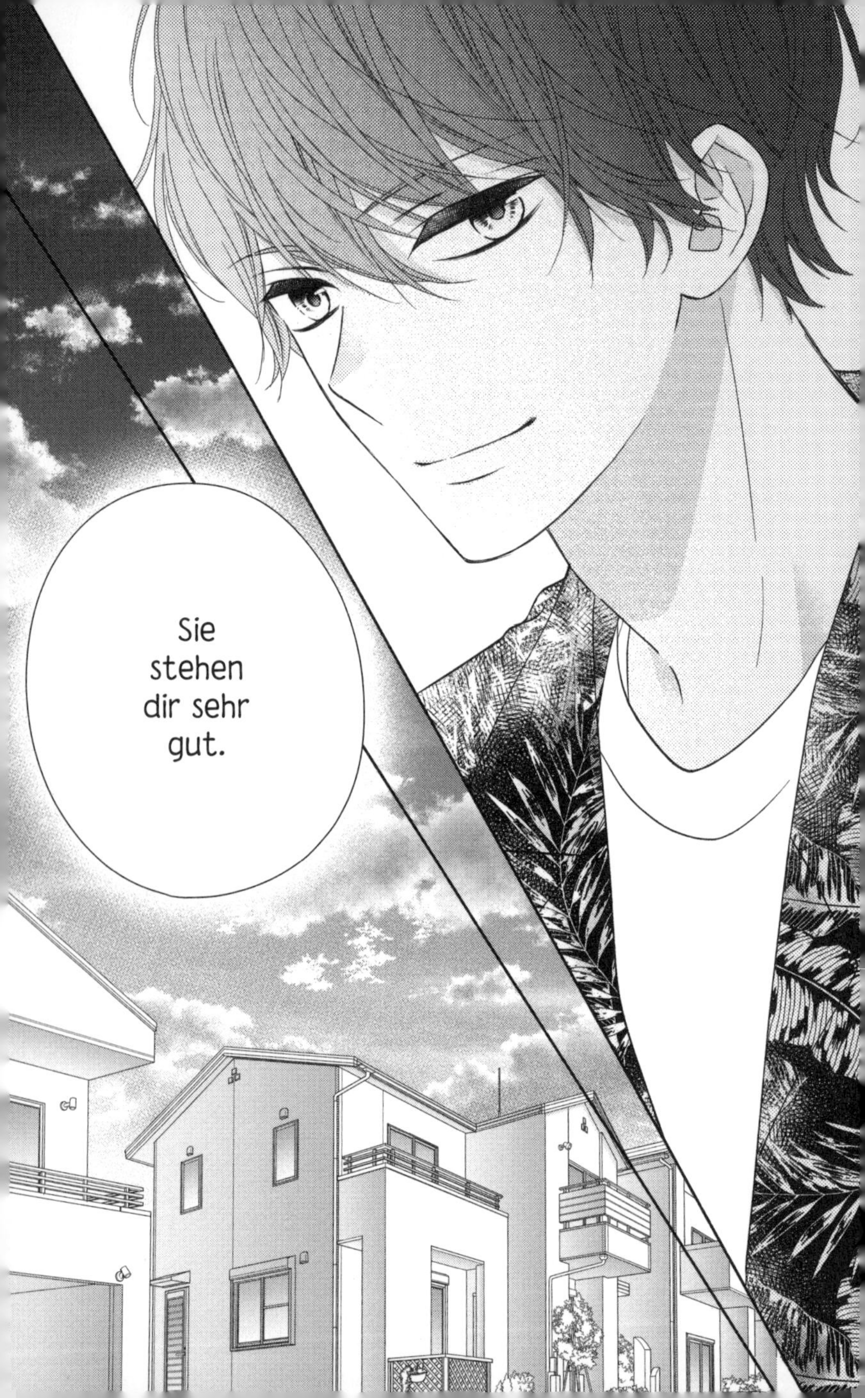
Sie stehen dir sehr gut.

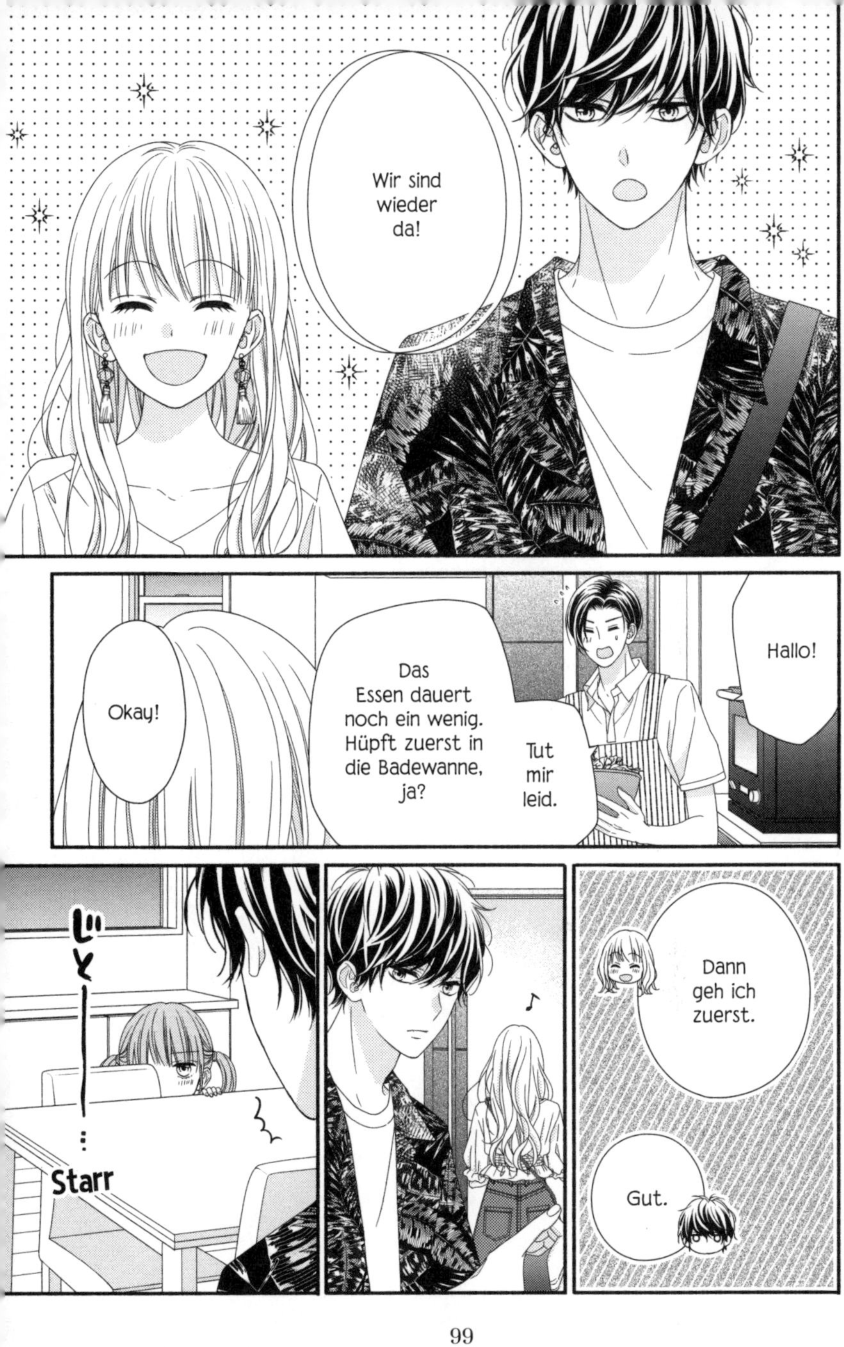
Wir sind wieder da!
Hallo!
Tut mir leid.
Das Essen dauert noch ein wenig. Hüpft zuerst in die Badewanne, ja?
Okay!
Dann geh ich zuerst.
Gut.
じと――…
Starr

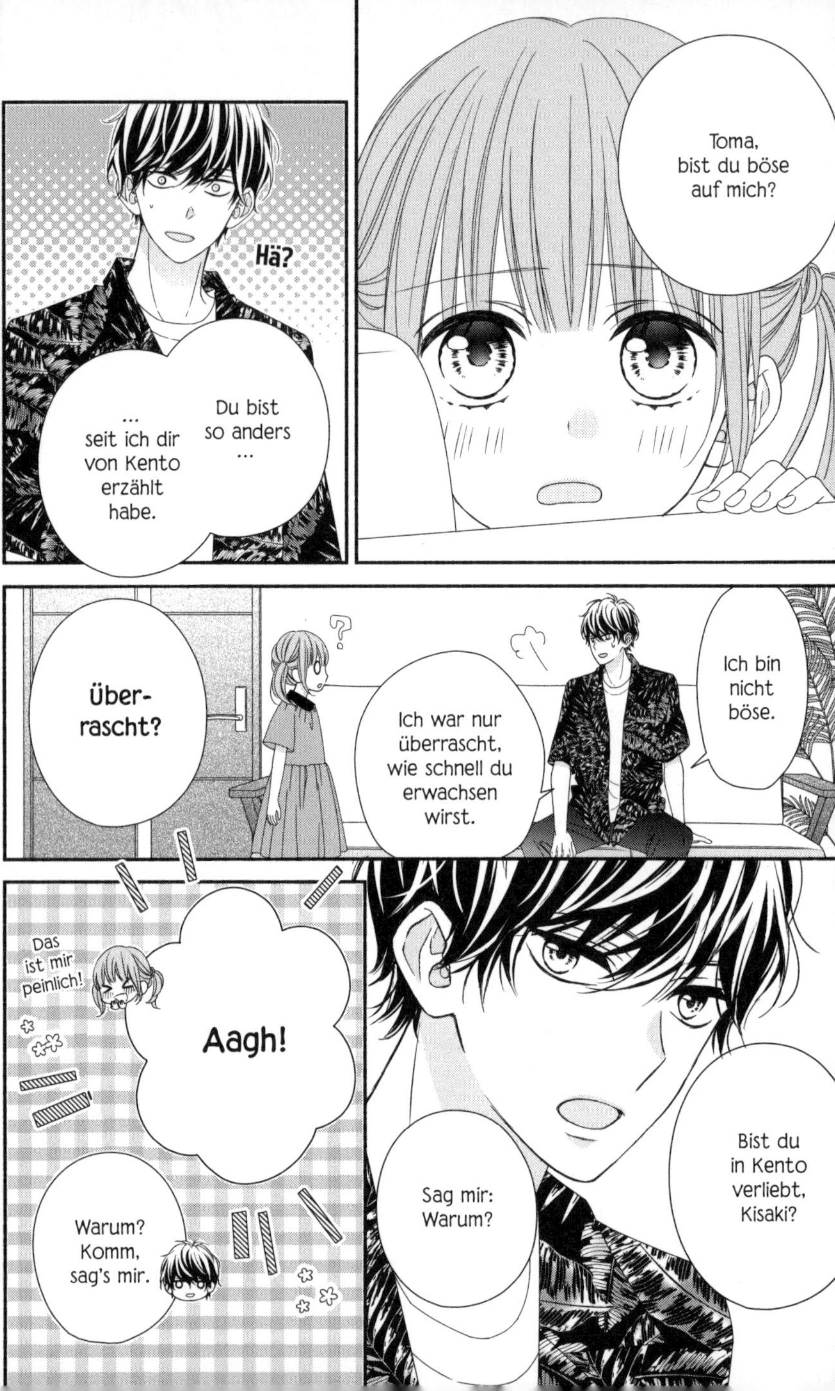
Toma, bist du böse auf mich?
Hä?
Du bist so anders ...
... seit ich dir von Kento erzählt habe.
Ich bin nicht böse.
Ich war nur überrascht, wie schnell du erwachsen wirst.
Über-rascht?
Bist du in Kento verliebt, Kisaki?
Sag mir: Warum?
Aagh!
Das ist mir peinlich!
Warum? Komm, sag's mir.

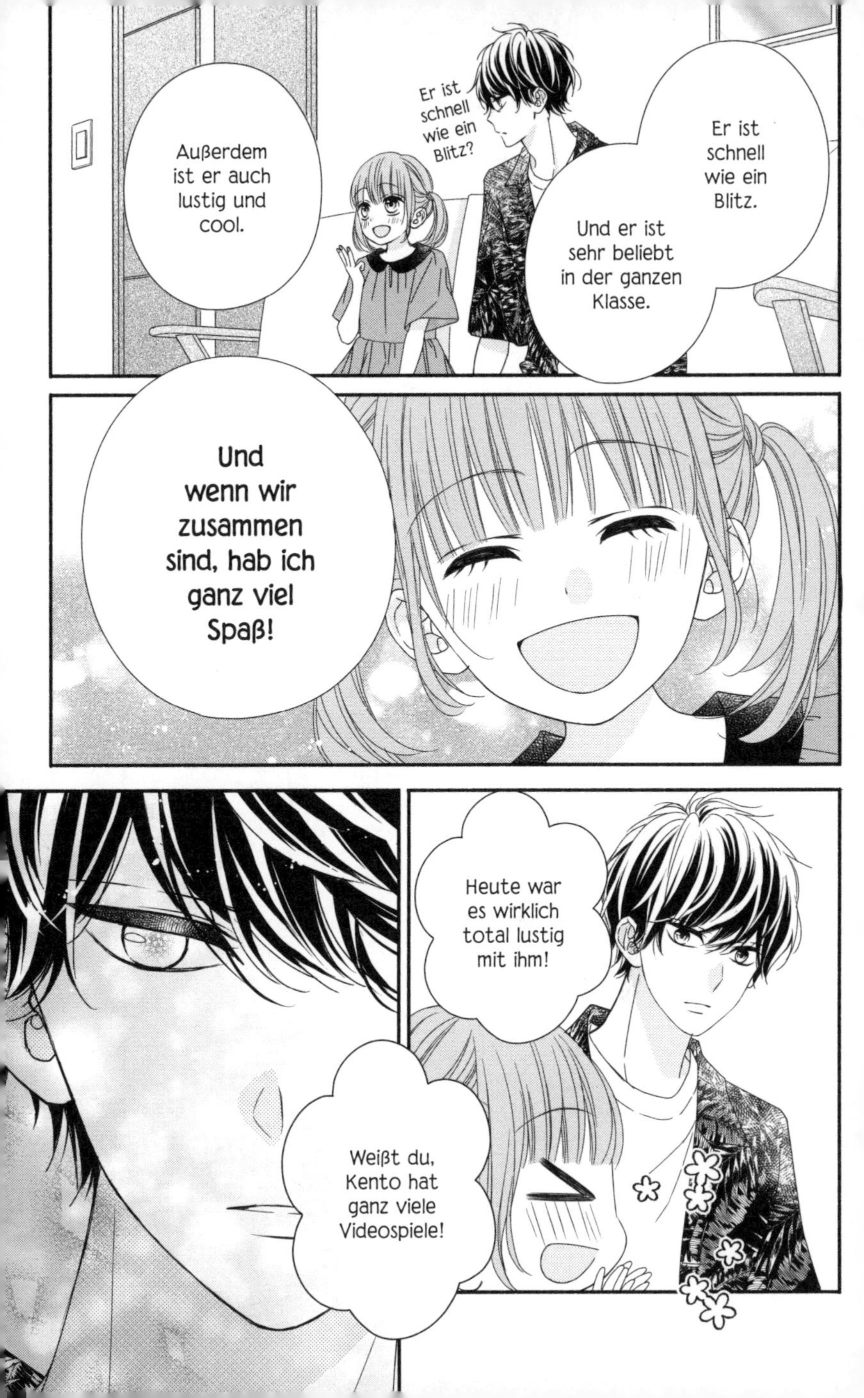

Er ist schnell wie ein Blitz.
Und er ist sehr beliebt in der ganzen Klasse.
Er ist schnell wie ein Blitz?
Außerdem ist er auch lustig und cool.
Und wenn wir zusammen sind, hab ich ganz viel Spaß!
Heute war es wirklich total lustig mit ihm!
Weißt du, Kento hat ganz viele Videospiele!

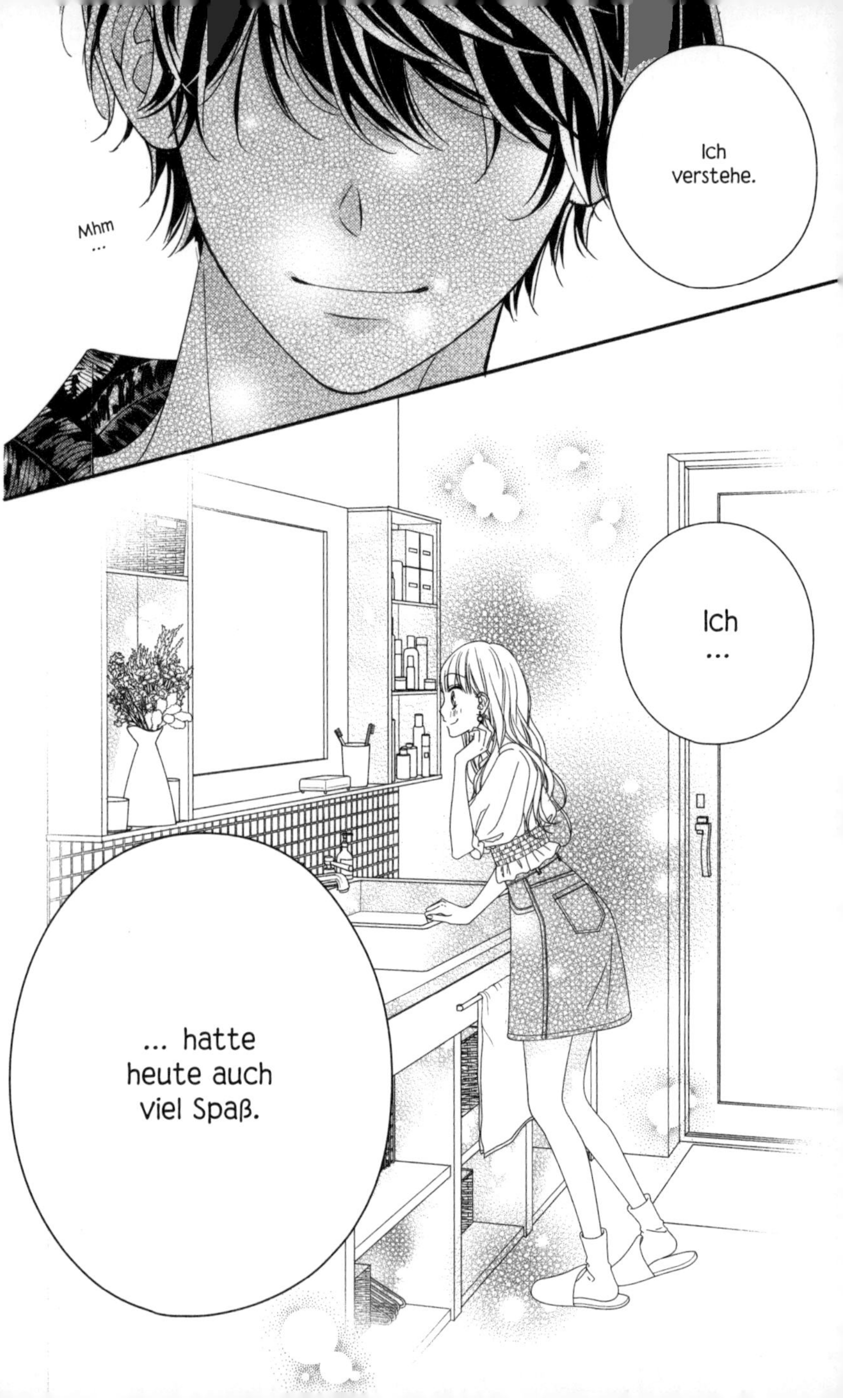
Ich verstehe.
Mhm …
Ich …
… hatte heute auch viel Spaß.

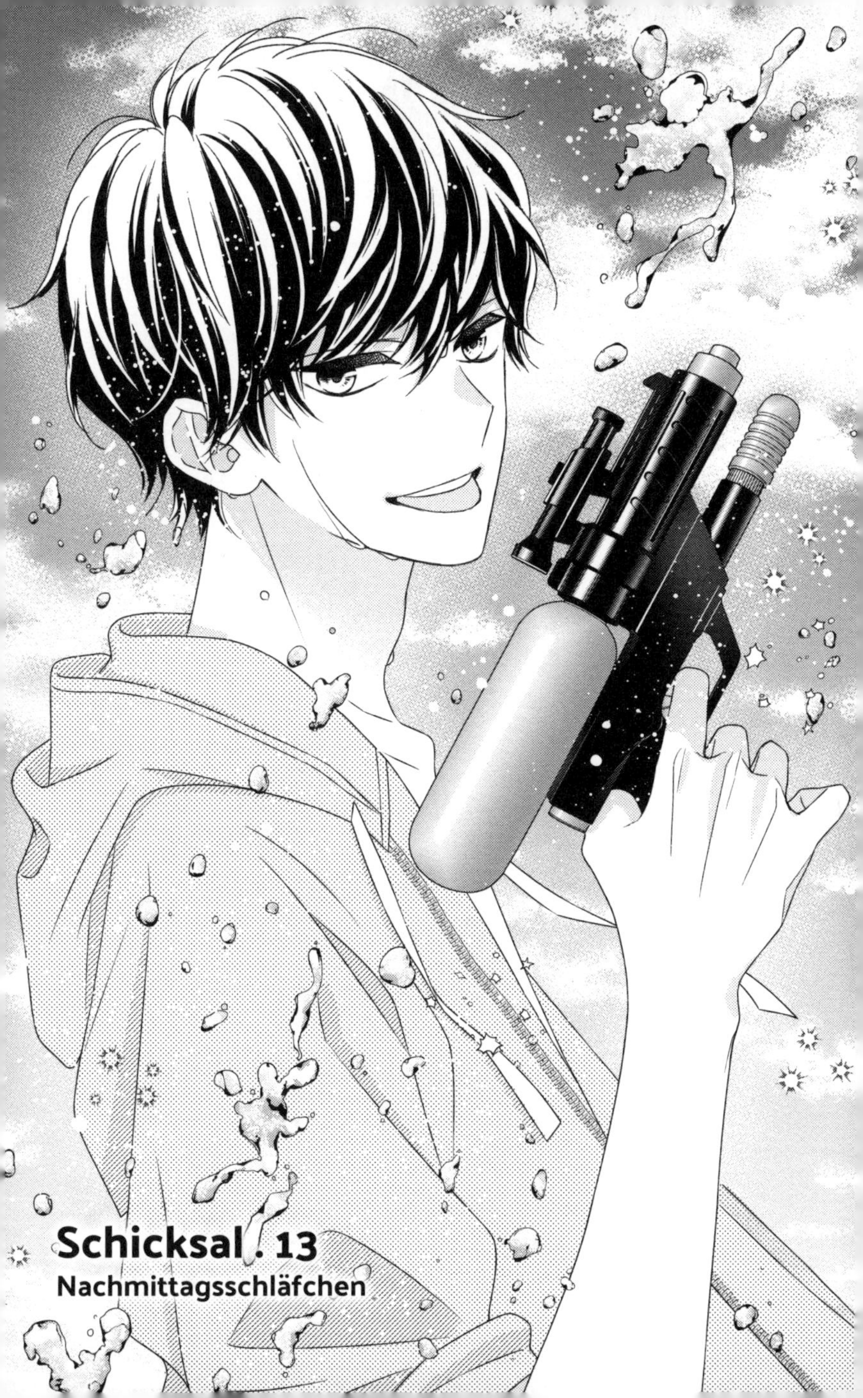

Schicksal . 13
Nachmittagsschläfchen

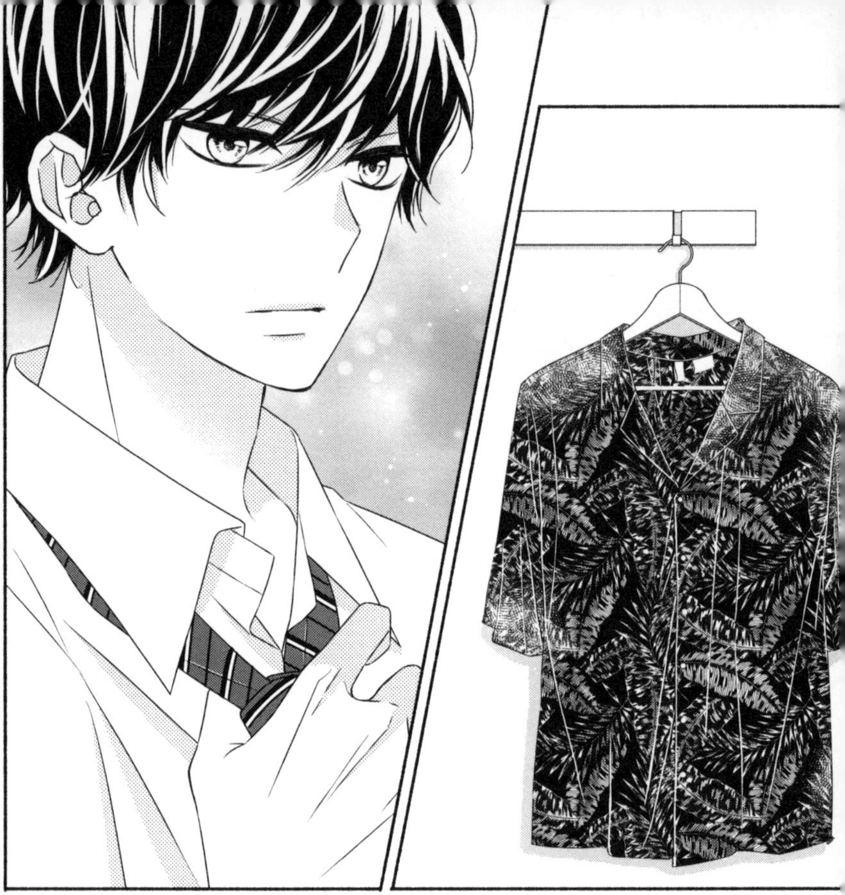

AUFGEWECKT
MIT EINEM KUSS

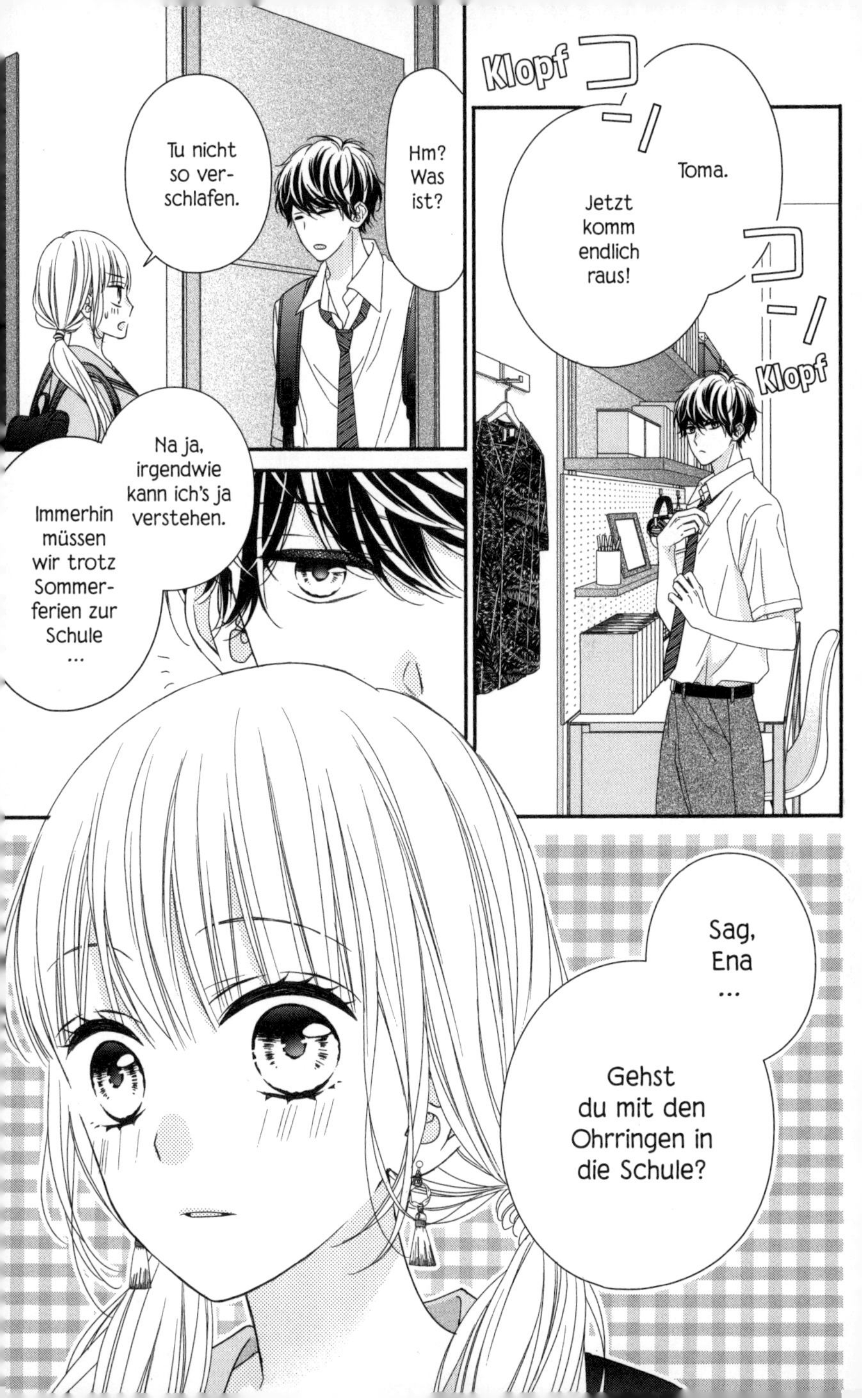
Klopf
Toma.
Jetzt komm endlich raus!
Klopf
Hm? Was ist?
Tu nicht so verschlafen.
Na ja, irgendwie kann ich's ja verstehen.
Immerhin müssen wir trotz Sommerferien zur Schule ...
Sag, Ena ...
Gehst du mit den Ohrringen in die Schule?

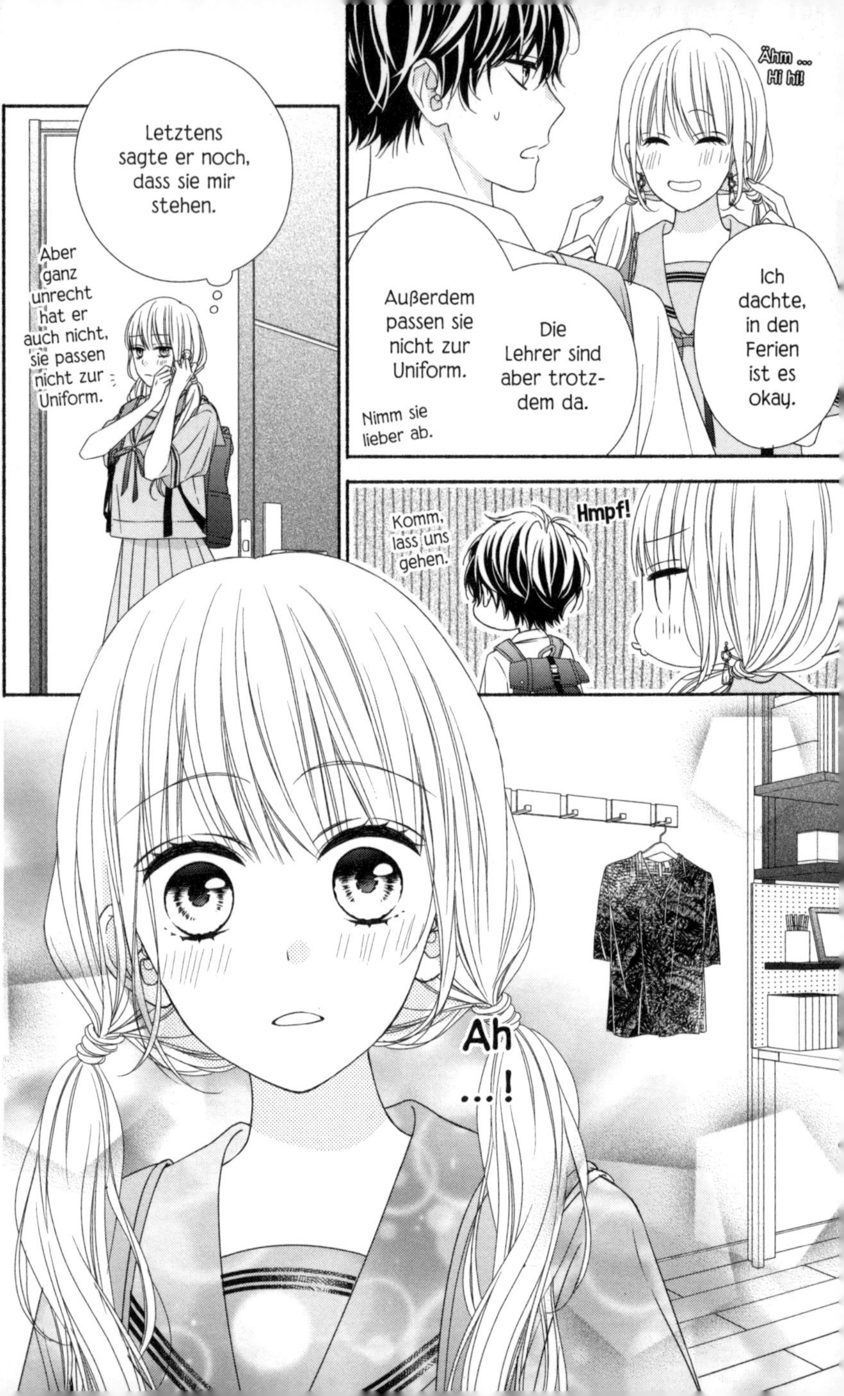

Ähm ... Hi hi!
Ich dachte, in den Ferien ist es okay.
Die Lehrer sind aber trotz-dem da.
Außerdem passen sie nicht zur Uniform.
Nimm sie lieber ab.
Letztens sagte er noch, dass sie mir stehen.
Aber ganz unrecht hat er auch nicht, sie passen nicht zur Uniform.
Hmpf!
Komm, lass uns gehen.
Ah ...!

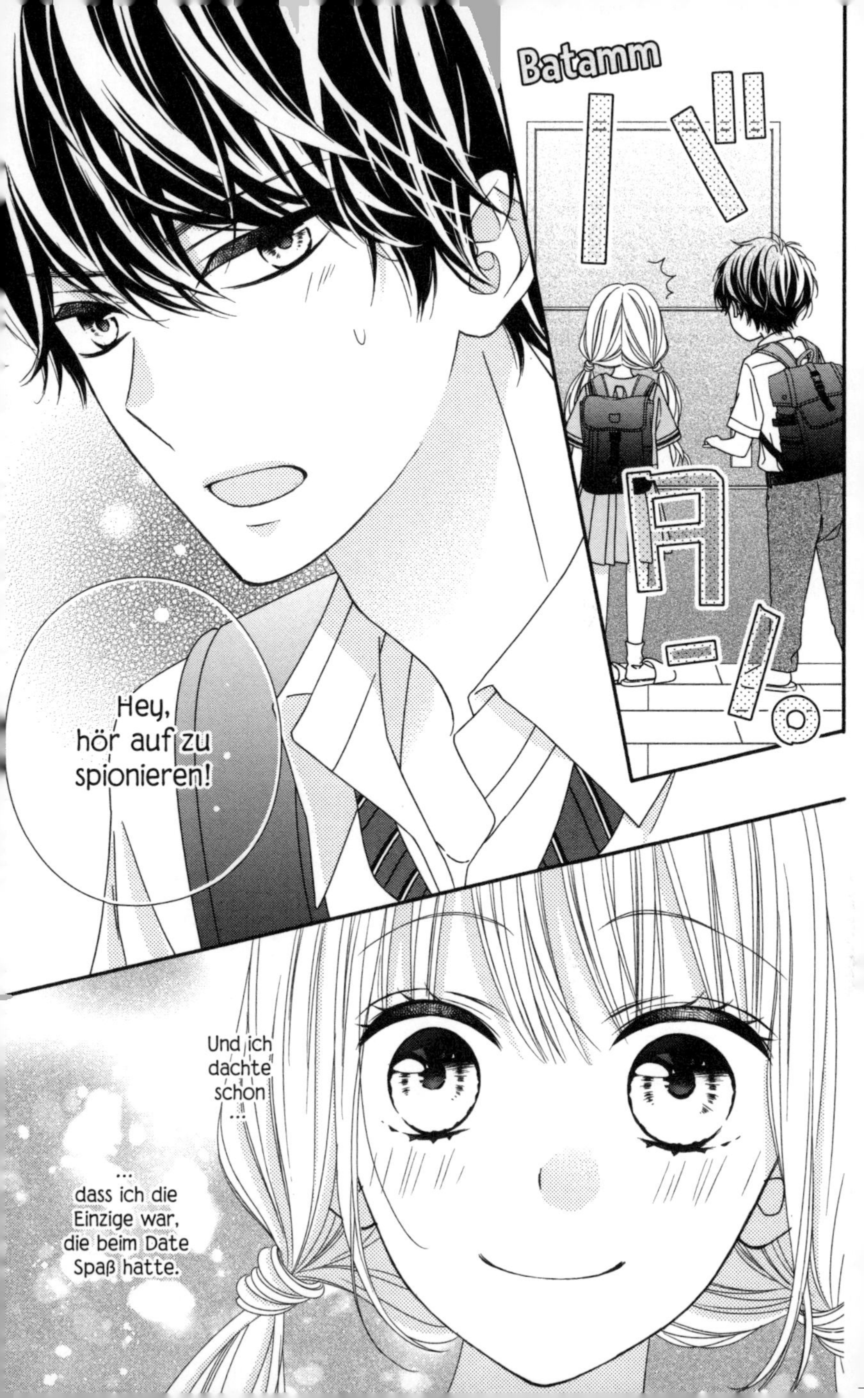
Batamm
Hey, hör auf zu spionieren!
Und ich dachte schon ...
... dass ich die Einzige war, die beim Date Spaß hatte.

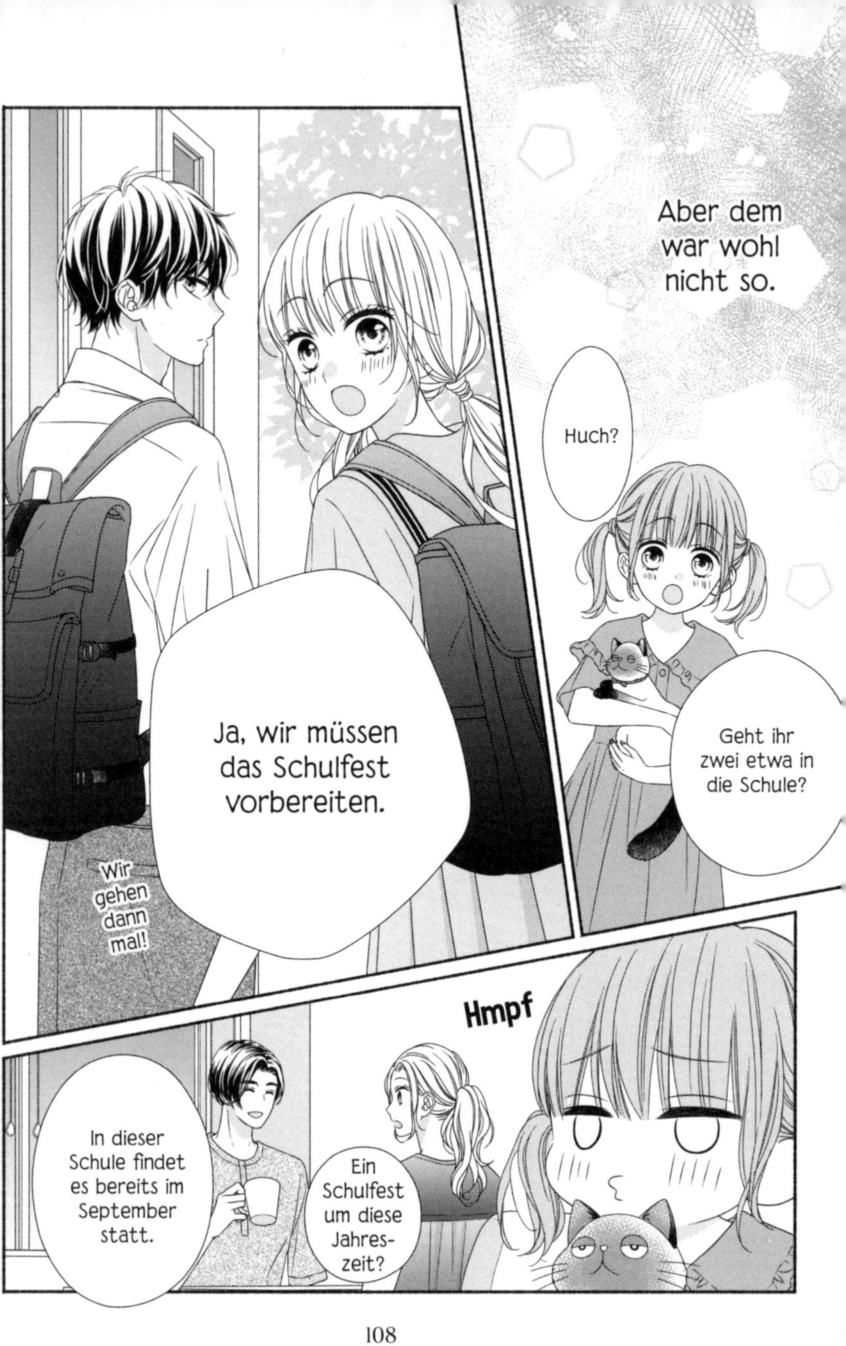
Aber dem war wohl nicht so.
Huch?
Geht ihr zwei etwa in die Schule?
Ja, wir müssen das Schulfest vorbereiten.
Wir gehen dann mal!
Hmpf
Ein Schulfest um diese Jahres-zeit?
In dieser Schule findet es bereits im September statt.

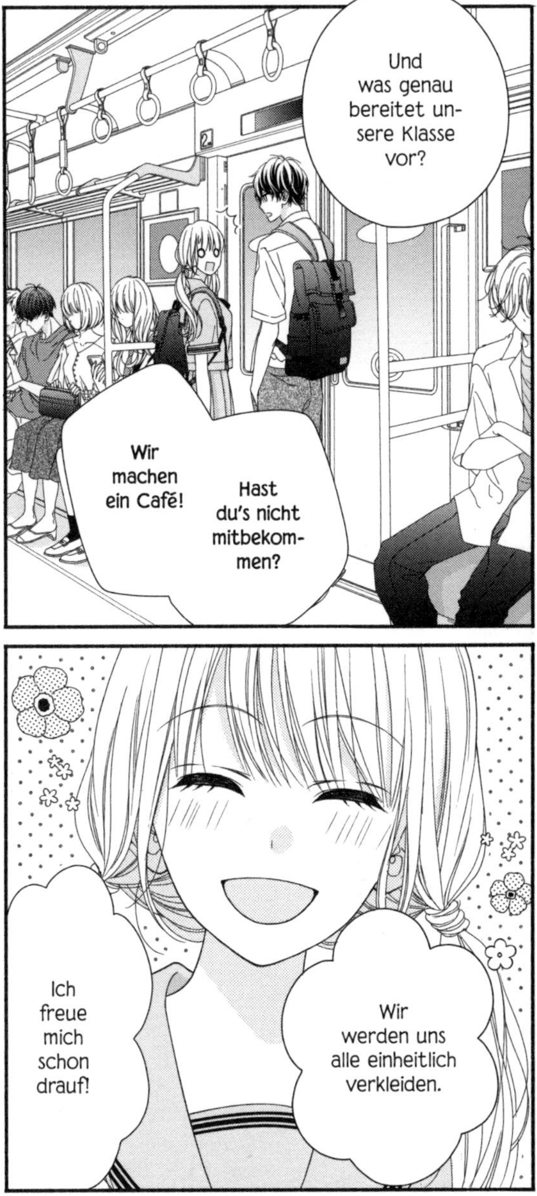
Und was genau bereitet unsere Klasse vor?
Hast du's nicht mitbekommen?
Wir machen ein Café!
Wir werden uns alle einheitlich verkleiden.
Ich freue mich schon drauf!

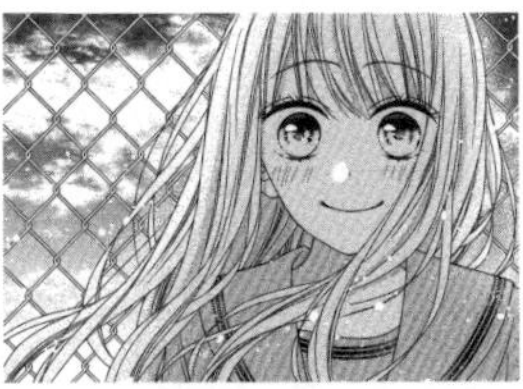

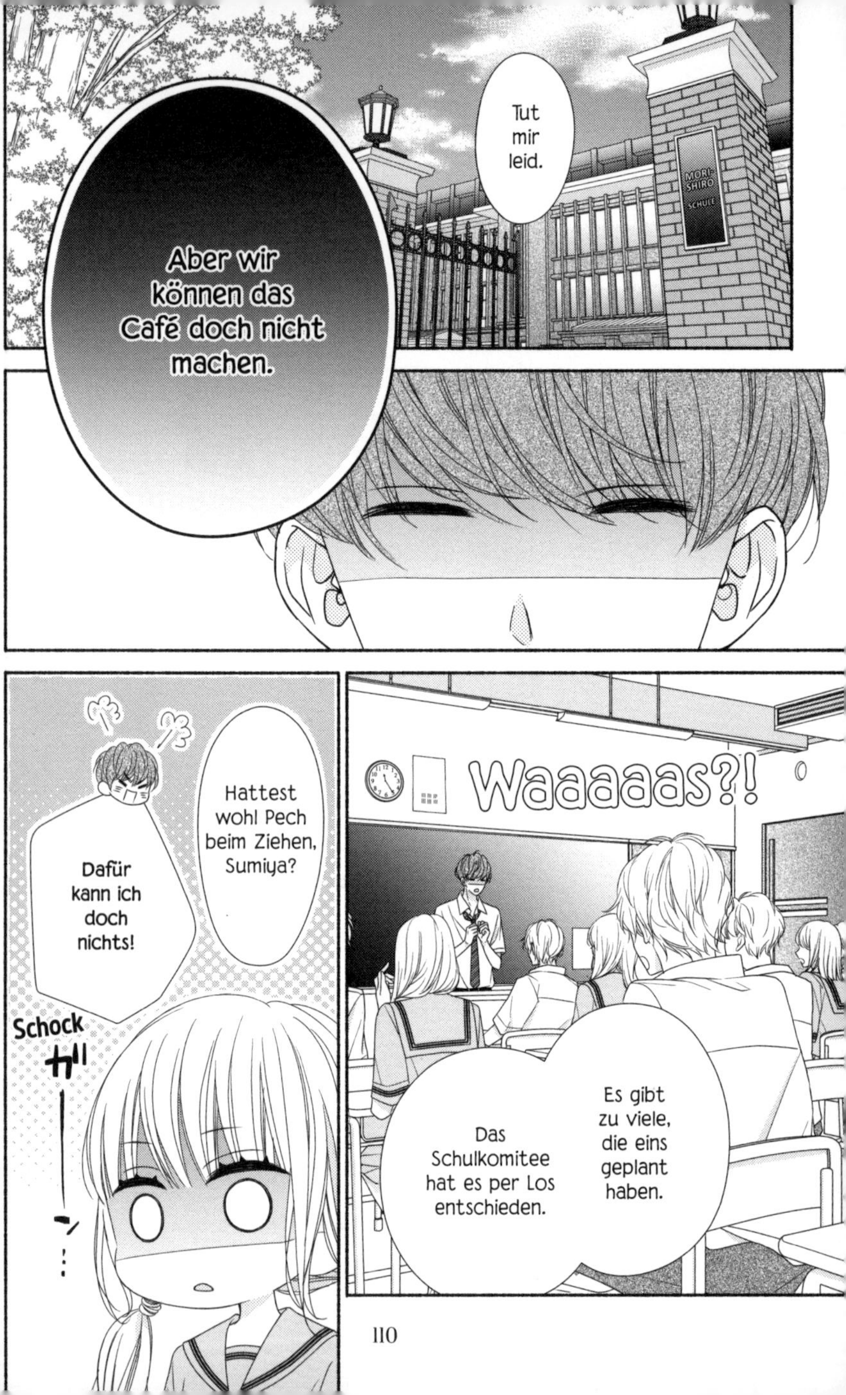
MORI-SHIRO SCHULE
Tut mir leid.
Aber wir können das Café doch nicht machen.
Waaaaas?!
Es gibt zu viele, die eins geplant haben.
Das Schulkomitee hat es per Los entschieden.
Hattest wohl Pech beim Ziehen, Sumiya?
Dafür kann ich doch nichts!
Schock

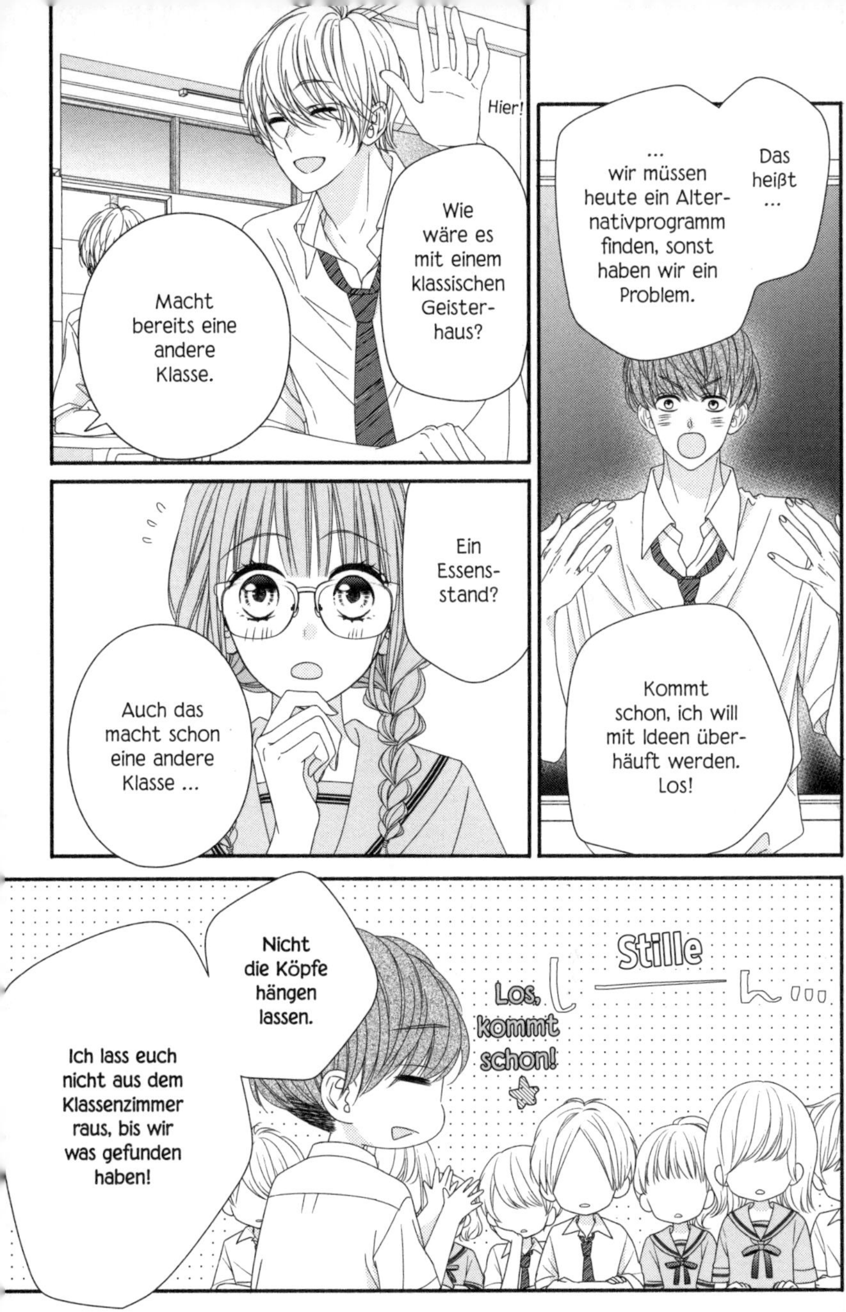
Das heißt ...
... wir müssen heute ein Alternativprogramm finden, sonst haben wir ein Problem.
Kommt schon, ich will mit Ideen überhäuft werden. Los!
Hier!
Wie wäre es mit einem klassischen Geisterhaus?
Macht bereits eine andere Klasse.
Ein Essensstand?
Auch das macht schon eine andere Klasse ...
Stille ...
Los, kommt schon!
Nicht die Köpfe hängen lassen.
Ich lass euch nicht aus dem Klassenzimmer raus, bis wir was gefunden haben!

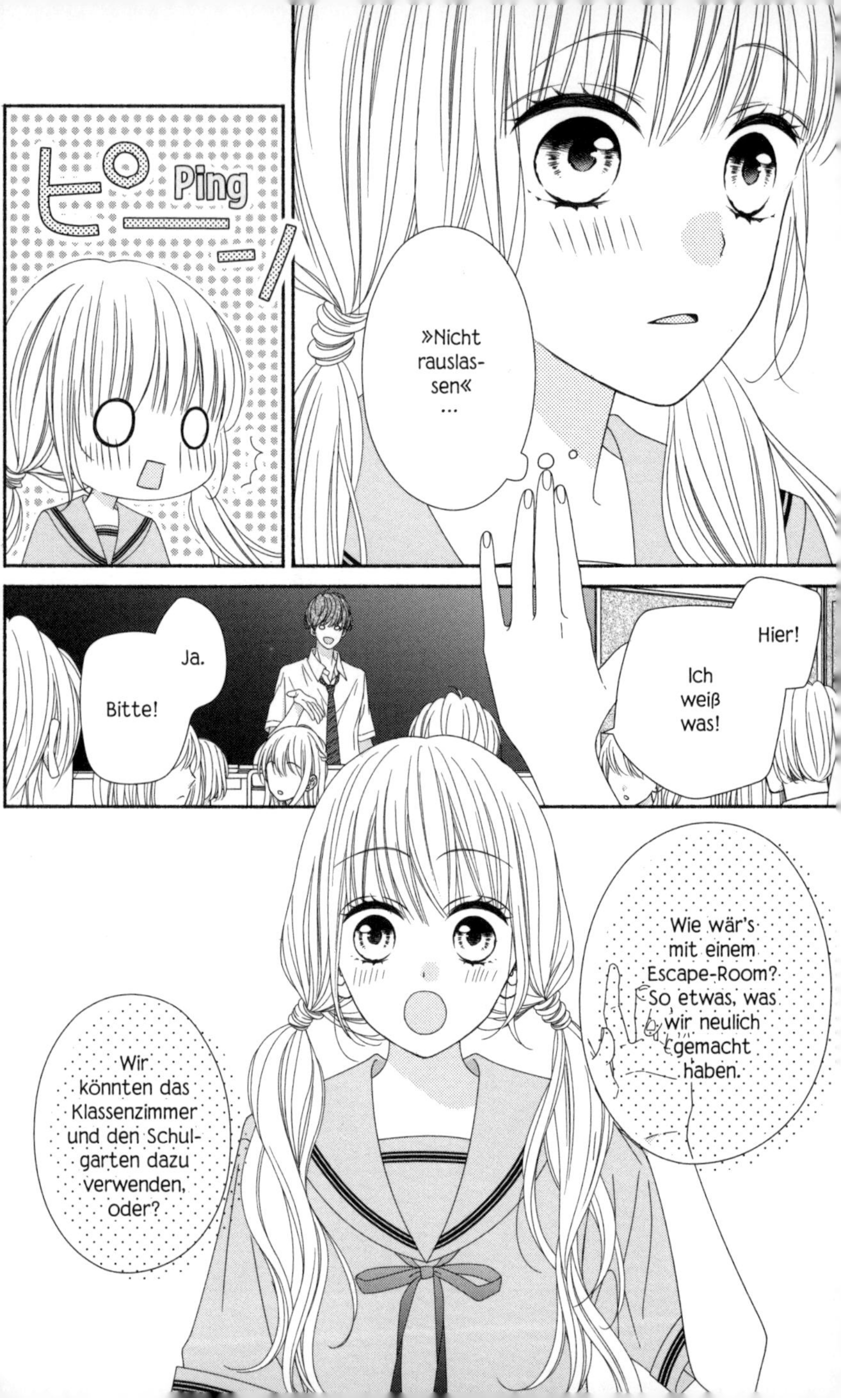
»Nicht rauslassen«…
Ping
Hier!
Ich weiß was!
Ja.
Bitte!
Wie wär's mit einem Escape-Room? So etwas, was wir neulich gemacht haben.
Wir könnten das Klassenzimmer und den Schulgarten dazu verwenden, oder?

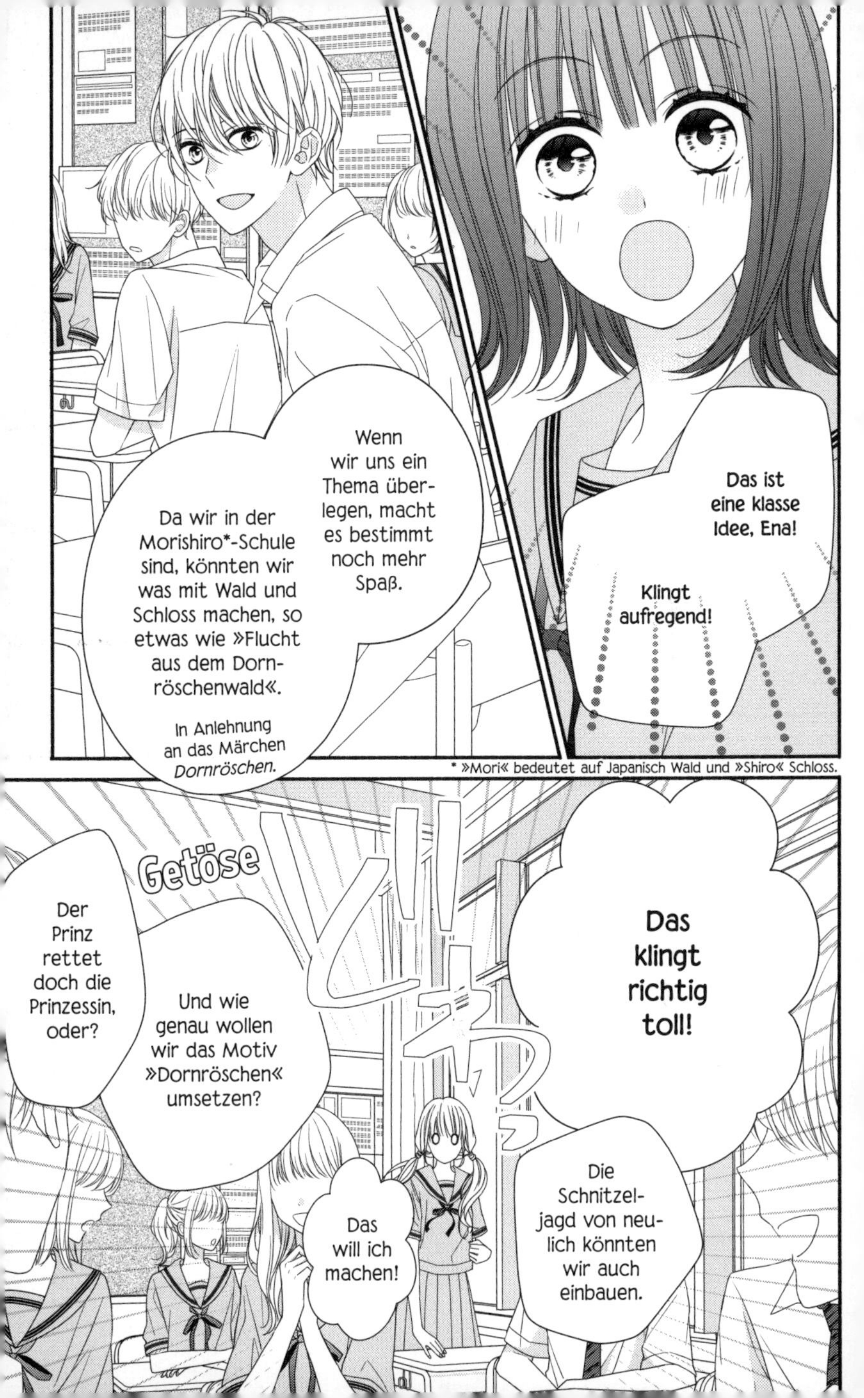

* »Mori« bedeutet auf Japanisch Wald und »Shiro« Schloss.

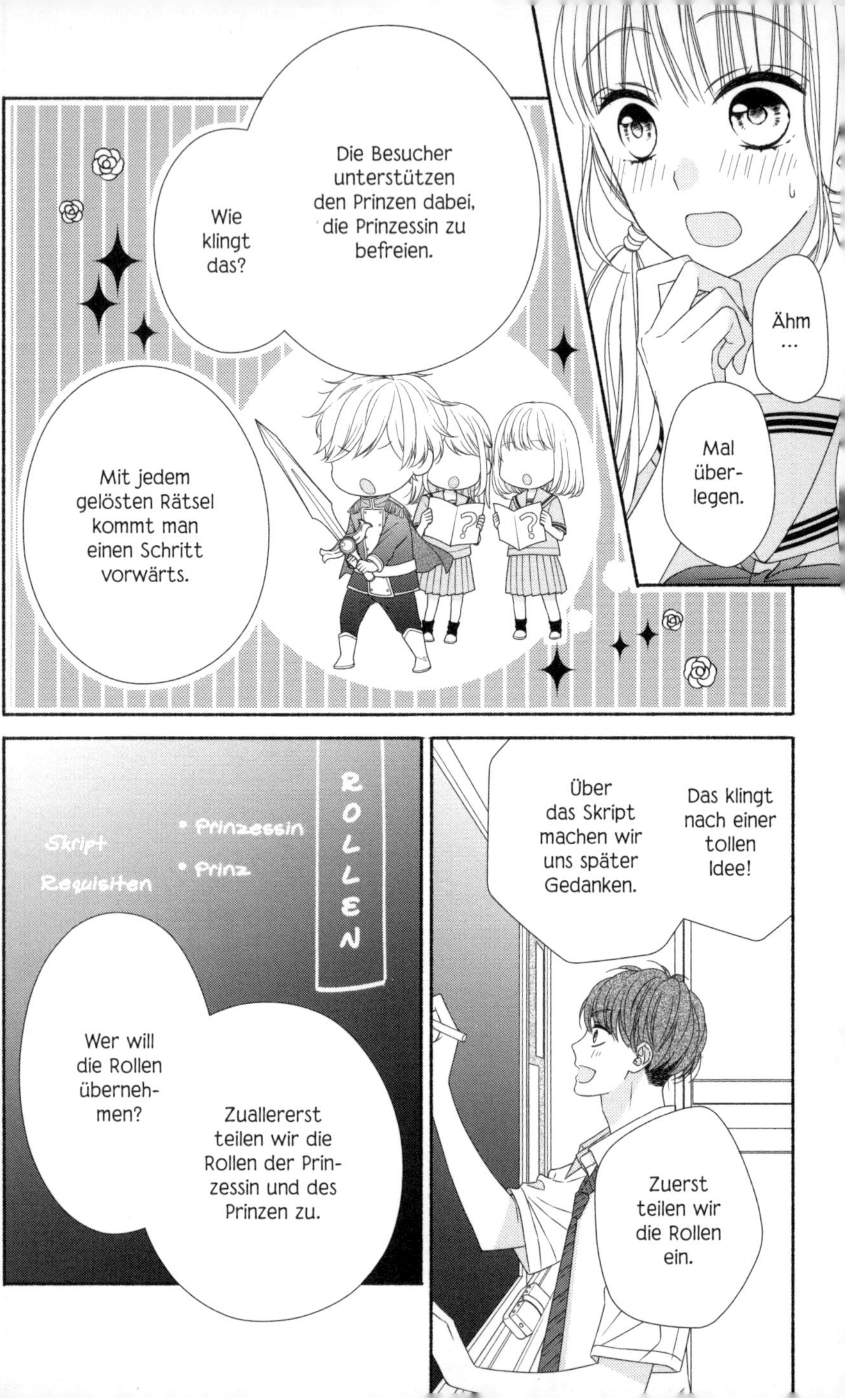
Ähm ...
Mal über-legen.
Die Besucher unterstützen den Prinzen dabei, die Prinzessin zu befreien.
Wie klingt das?
Mit jedem gelösten Rätsel kommt man einen Schritt vorwärts.
Das klingt nach einer tollen Idee!
Über das Skript machen wir uns später Gedanken.
Zuerst teilen wir die Rollen ein.
ROLLEN
• Prinzessin
• Prinz
Skript
Requisiten
Zuallererst teilen wir die Rollen der Prinzessin und des Prinzen zu.
Wer will die Rollen überneh-men?

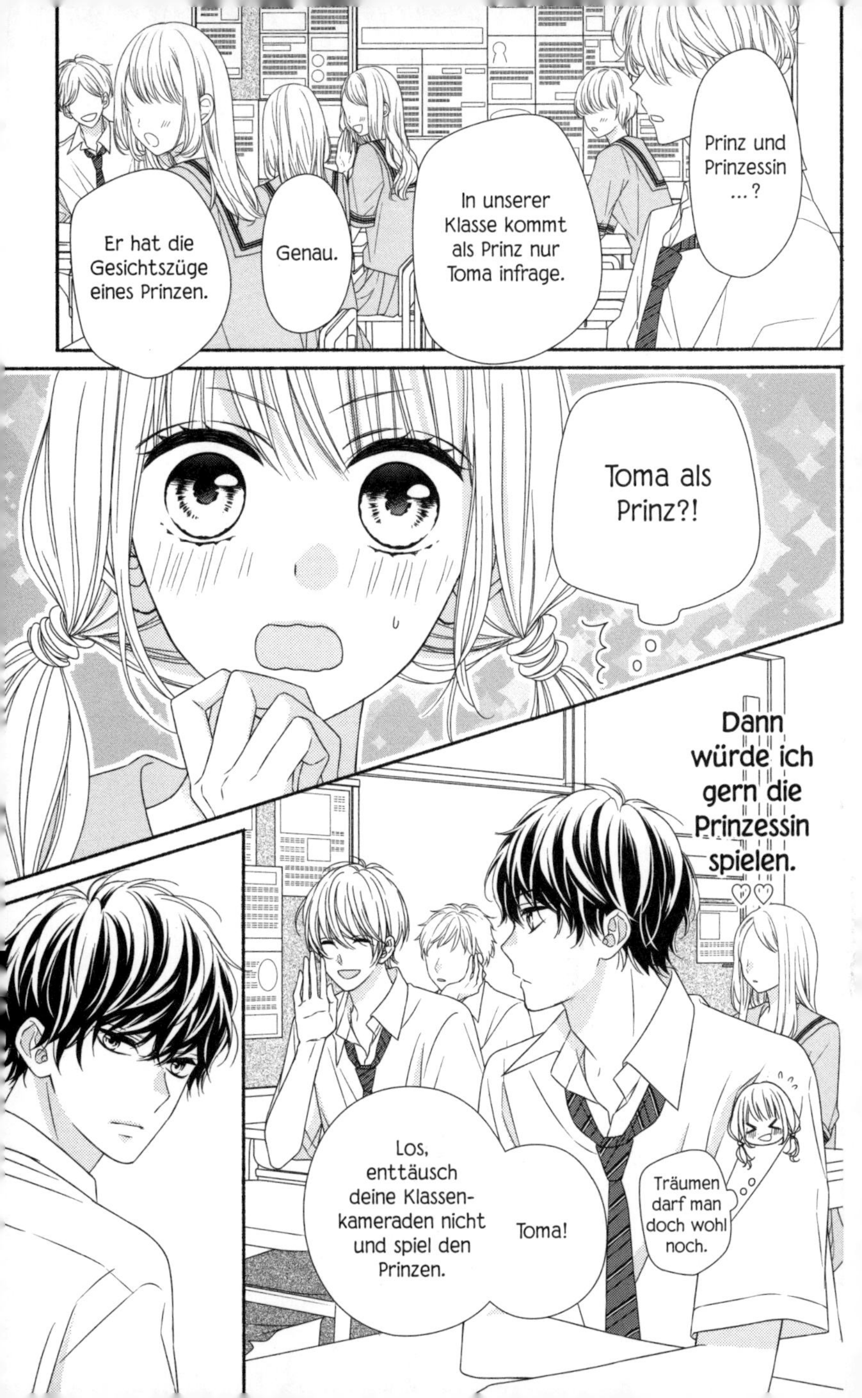

Prinz und Prinzessin ...?
In unserer Klasse kommt als Prinz nur Toma infrage.
Genau.
Er hat die Gesichtszüge eines Prinzen.
Toma als Prinz?!
Dann würde ich gern die Prinzessin spielen.
Träumen darf man doch wohl noch.
Toma!
Los, enttäusch deine Klassenkameraden nicht und spiel den Prinzen.

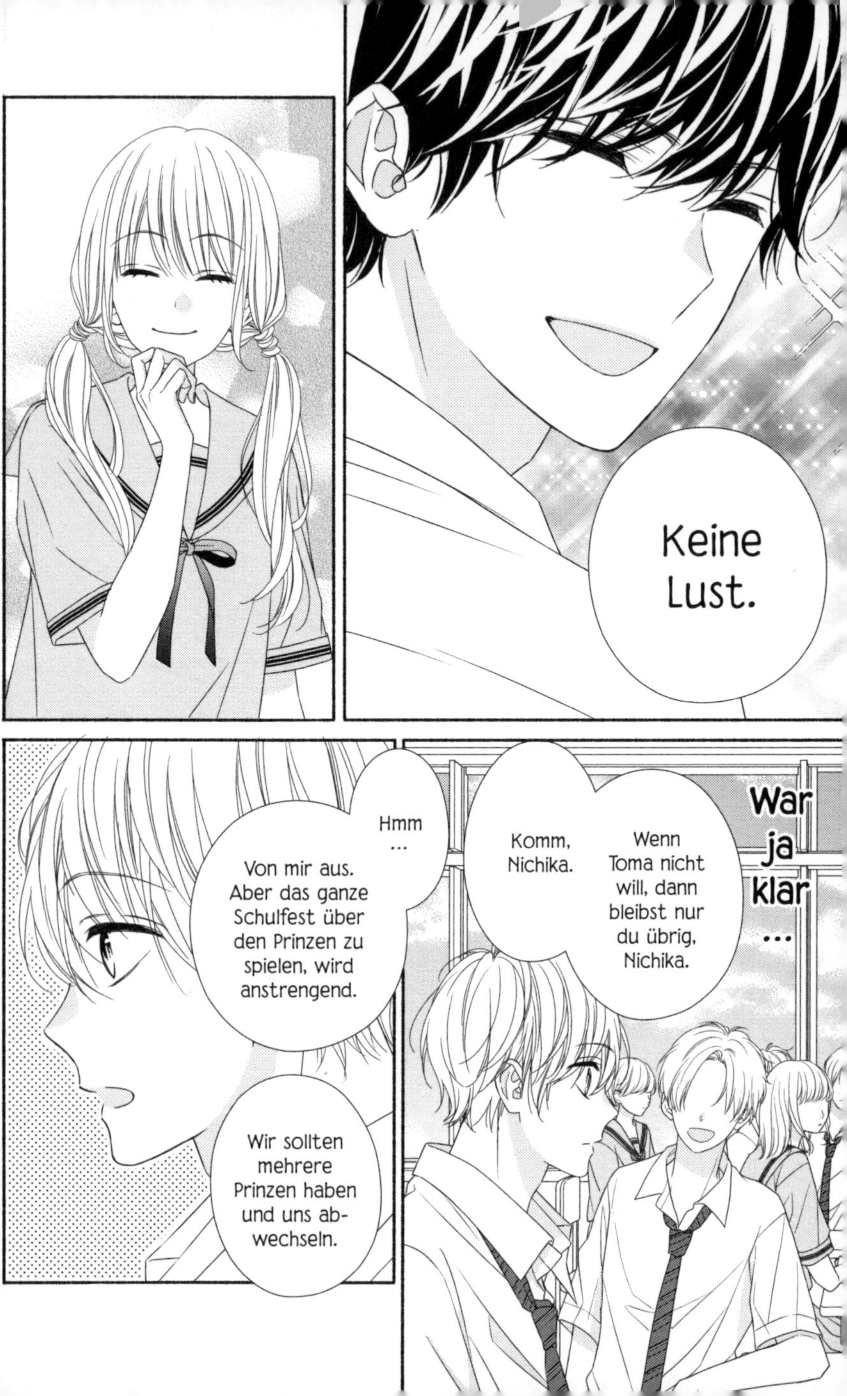
Keine Lust.
War ja klar …
Wenn Toma nicht will, dann bleibst nur du übrig, Nichika.
Komm, Nichika.
Hmm …
Von mir aus. Aber das ganze Schulfest über den Prinzen zu spielen, wird anstrengend.
Wir sollten mehrere Prinzen haben und uns abwechseln.

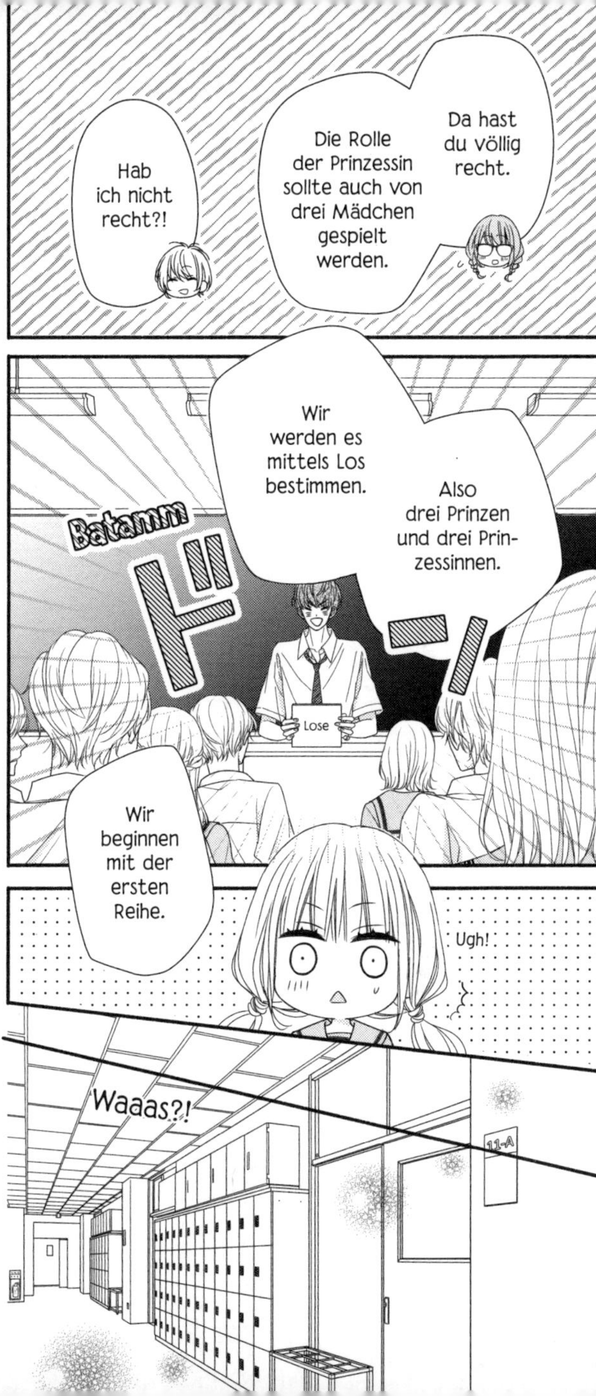
Da hast du völlig recht.
Die Rolle der Prinzessin sollte auch von drei Mädchen gespielt werden.
Hab ich nicht recht?!
Also drei Prinzen und drei Prinzessinnen.
Wir werden es mittels Los bestimmen.
Batamm
Lose
Wir beginnen mit der ersten Reihe.
Ugh!
Waaas?!
11-A

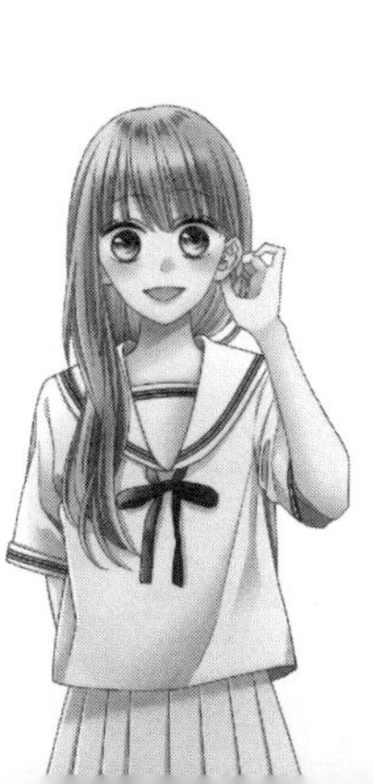

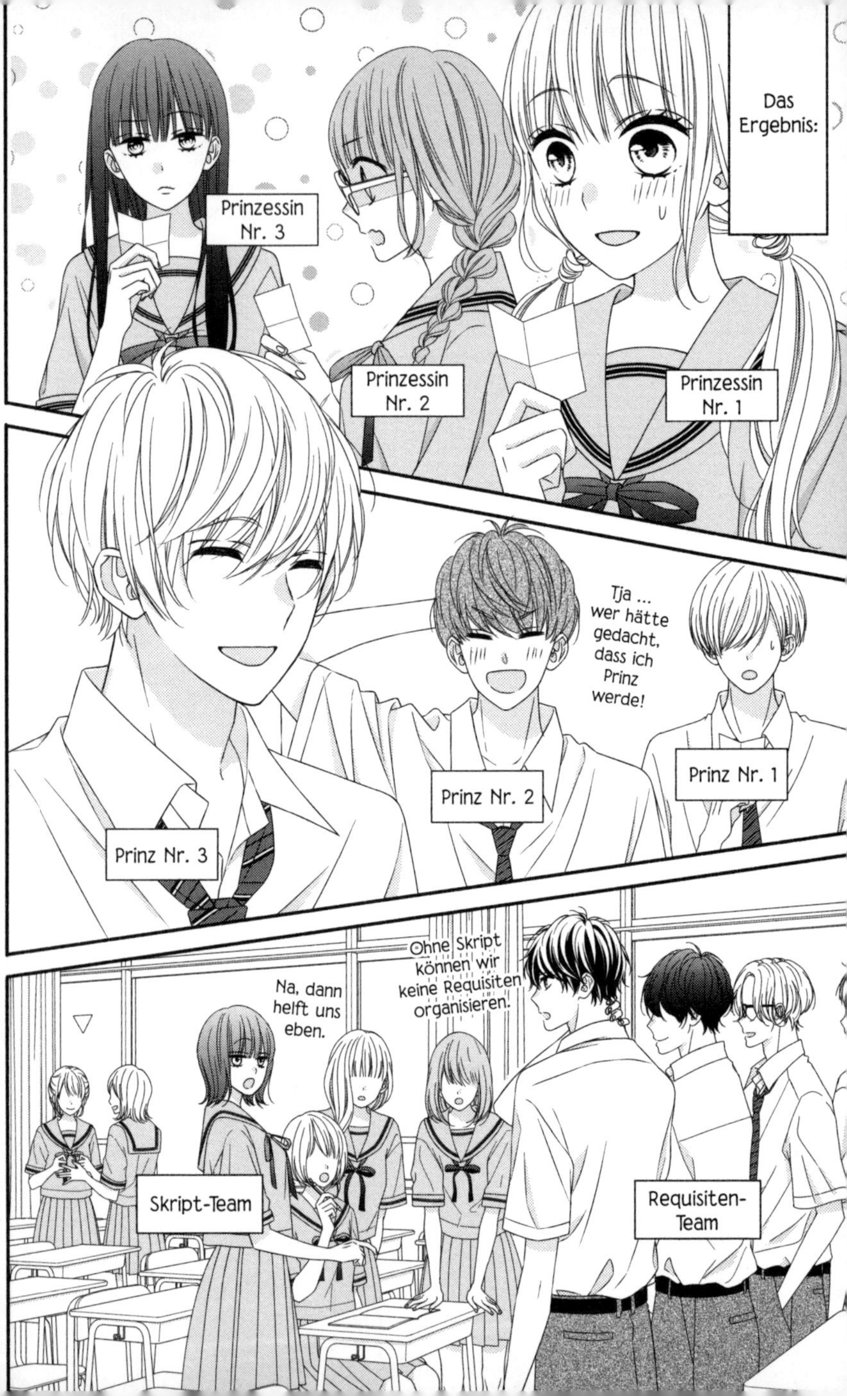

Das Ergebnis:
Prinzessin Nr. 1
Prinzessin Nr. 2
Prinzessin Nr. 3
Tja ... wer hätte gedacht, dass ich Prinz werde!
Prinz Nr. 1
Prinz Nr. 2
Prinz Nr. 3
Ohne Skript können wir keine Requisiten organisieren.
Na, dann helft uns eben.
Requisiten-Team
Skript-Team

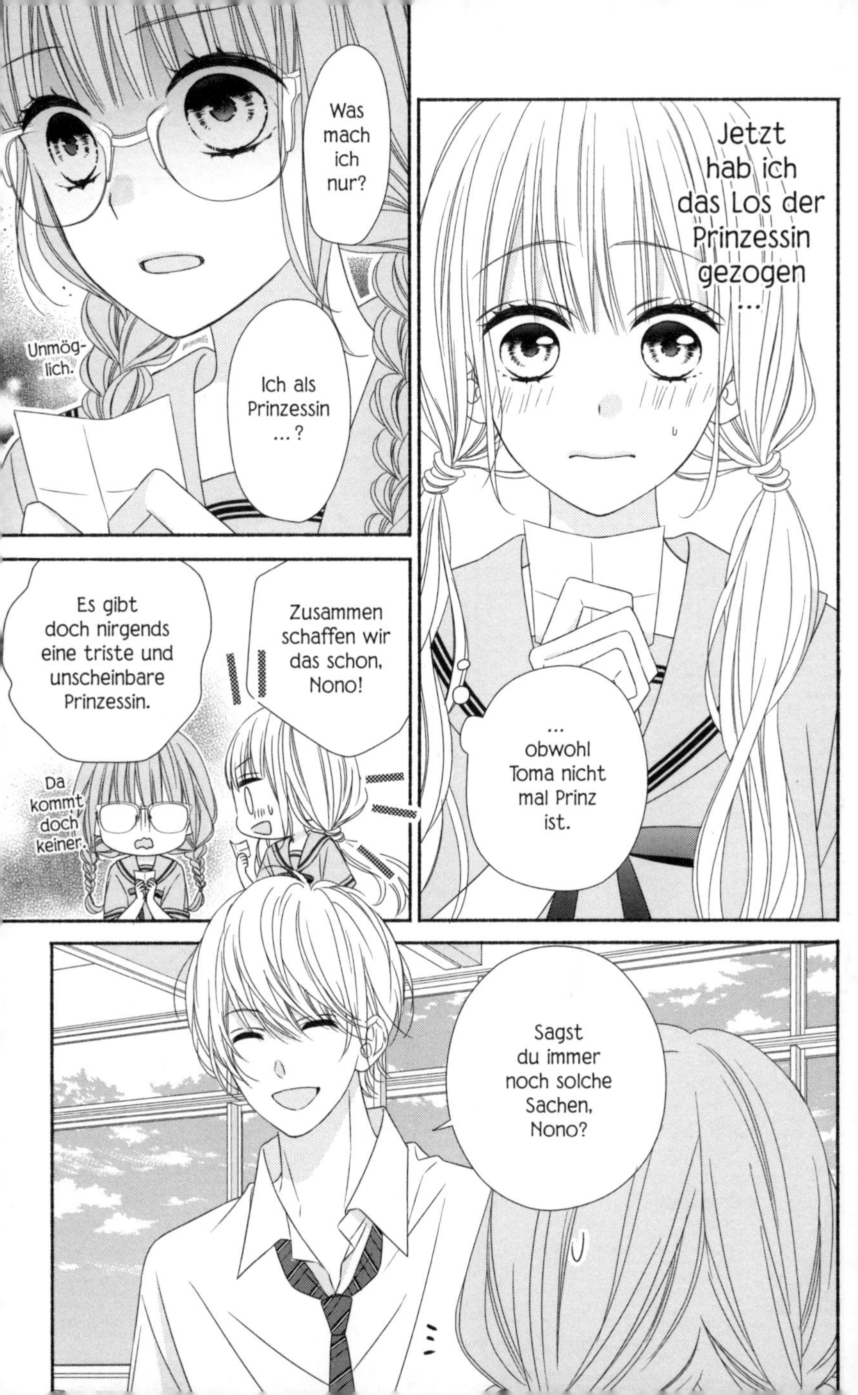
Was mach ich nur?
Ich als Prinzessin ...?
Unmög-lich.
Jetzt hab ich das Los der Prinzessin gezogen ...
... obwohl Toma nicht mal Prinz ist.
Zusammen schaffen wir das schon, Nono!
Es gibt doch nirgends eine triste und unscheinbare Prinzessin.
Da kommt doch keiner.
Sagst du immer noch solche Sachen, Nono?

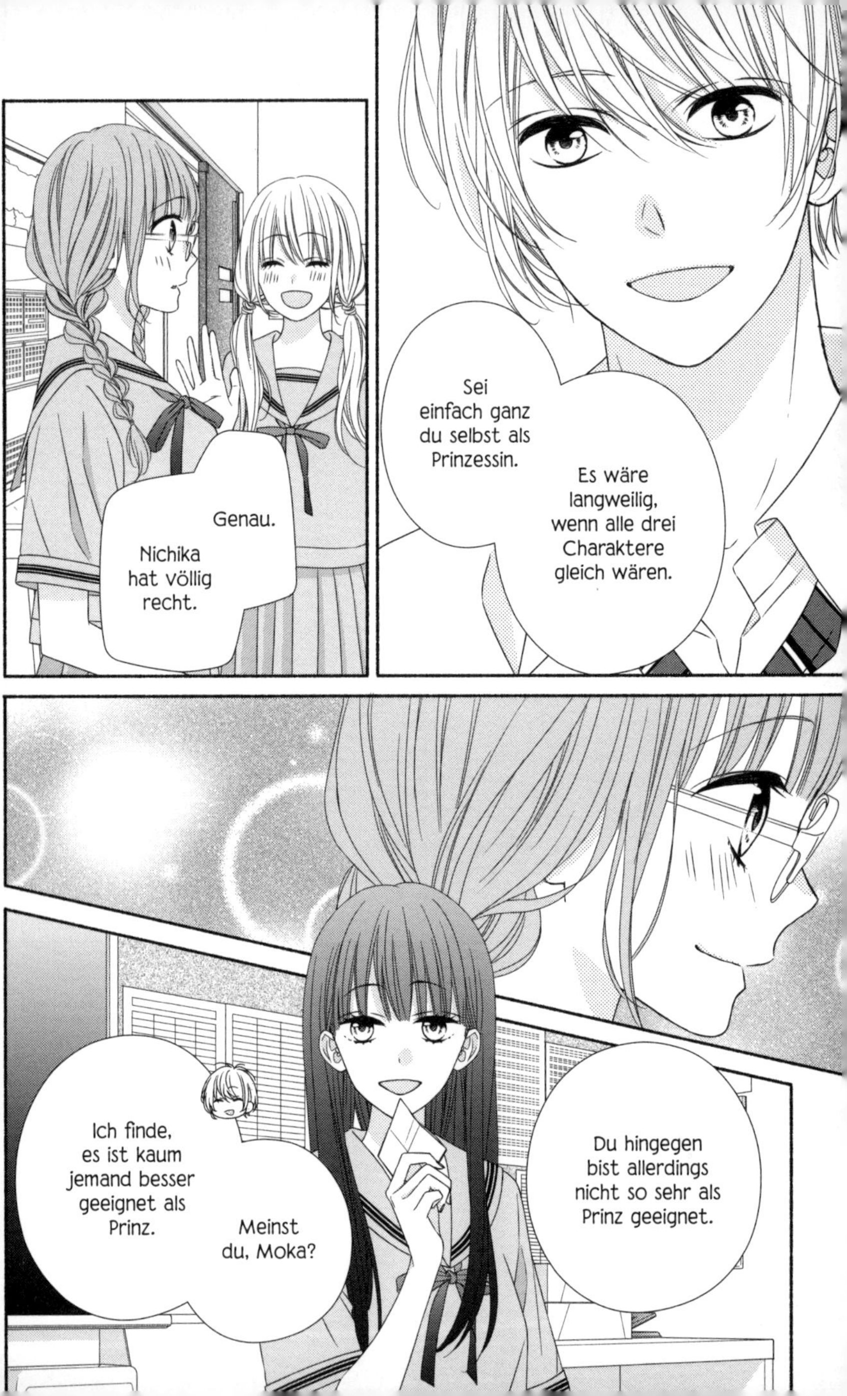
Sei einfach ganz du selbst als Prinzessin.
Es wäre langweilig, wenn alle drei Charaktere gleich wären.
Genau.
Nichika hat völlig recht.
Du hingegen bist allerdings nicht so sehr als Prinz geeignet.
Meinst du, Moka?
Ich finde, es ist kaum jemand besser geeignet als Prinz.

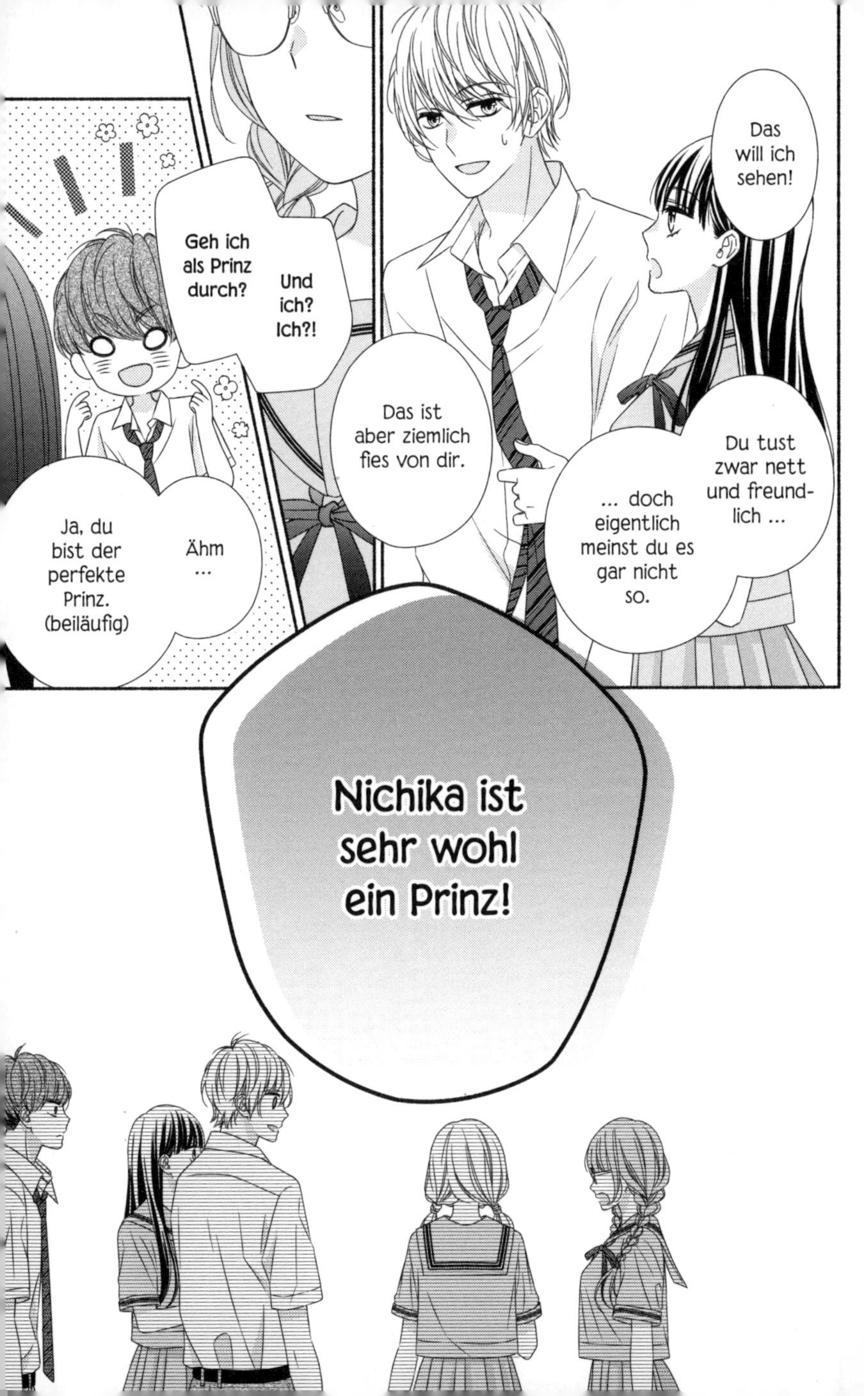
Das will ich sehen!
Du tust zwar nett und freundlich ...
... doch eigentlich meinst du es gar nicht so.
Das ist aber ziemlich fies von dir.
Geh ich als Prinz durch?
Und ich? Ich?!
Ähm ...
Ja, du bist der perfekte Prinz. (beiläufig)
Nichika ist sehr wohl ein Prinz!

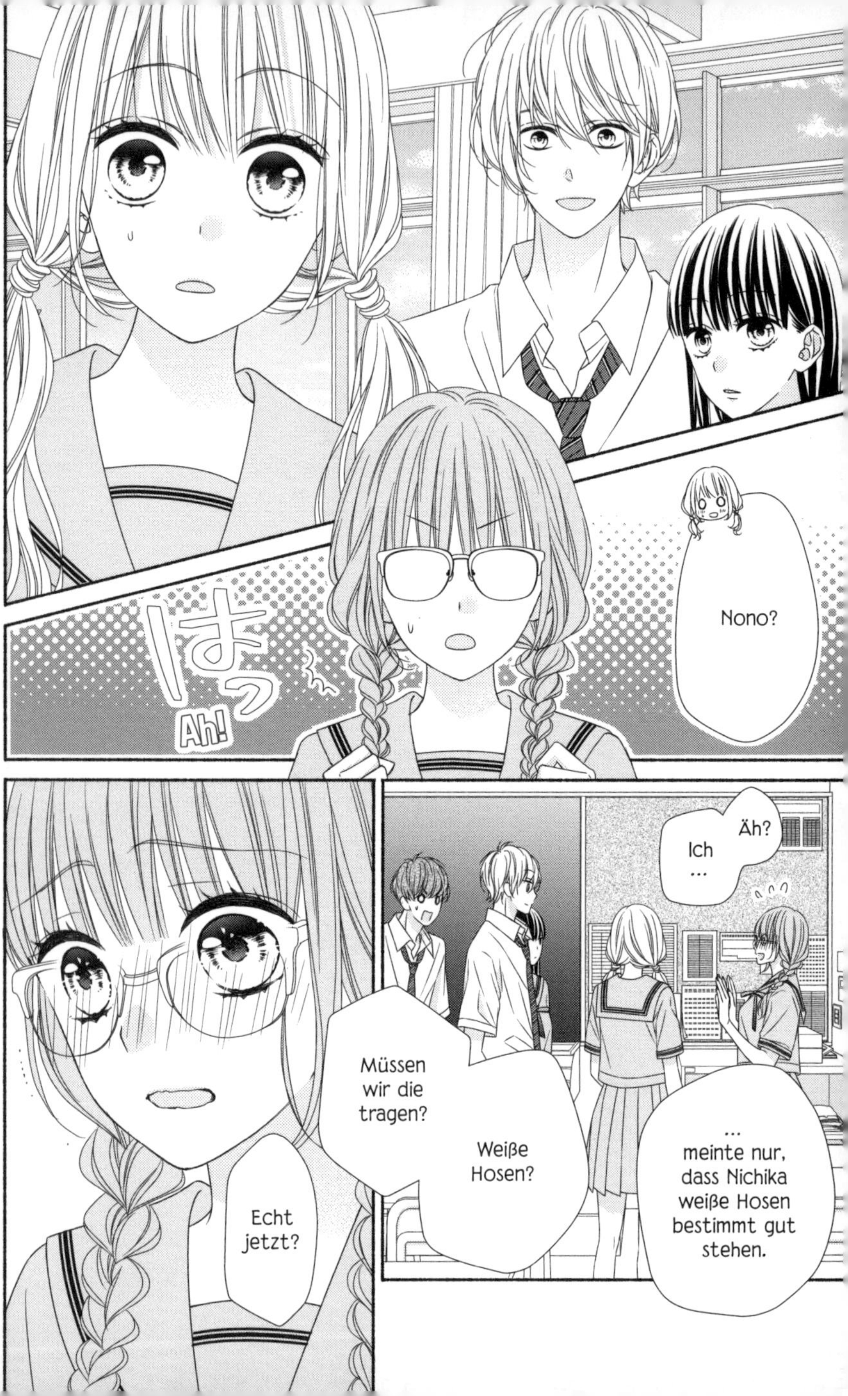

Nono?
はっ
Ah!
Äh?
Ich …
… meinte nur, dass Nichika weiße Hosen bestimmt gut stehen.
Weiße Hosen?
Müssen wir die tragen?
Echt jetzt?

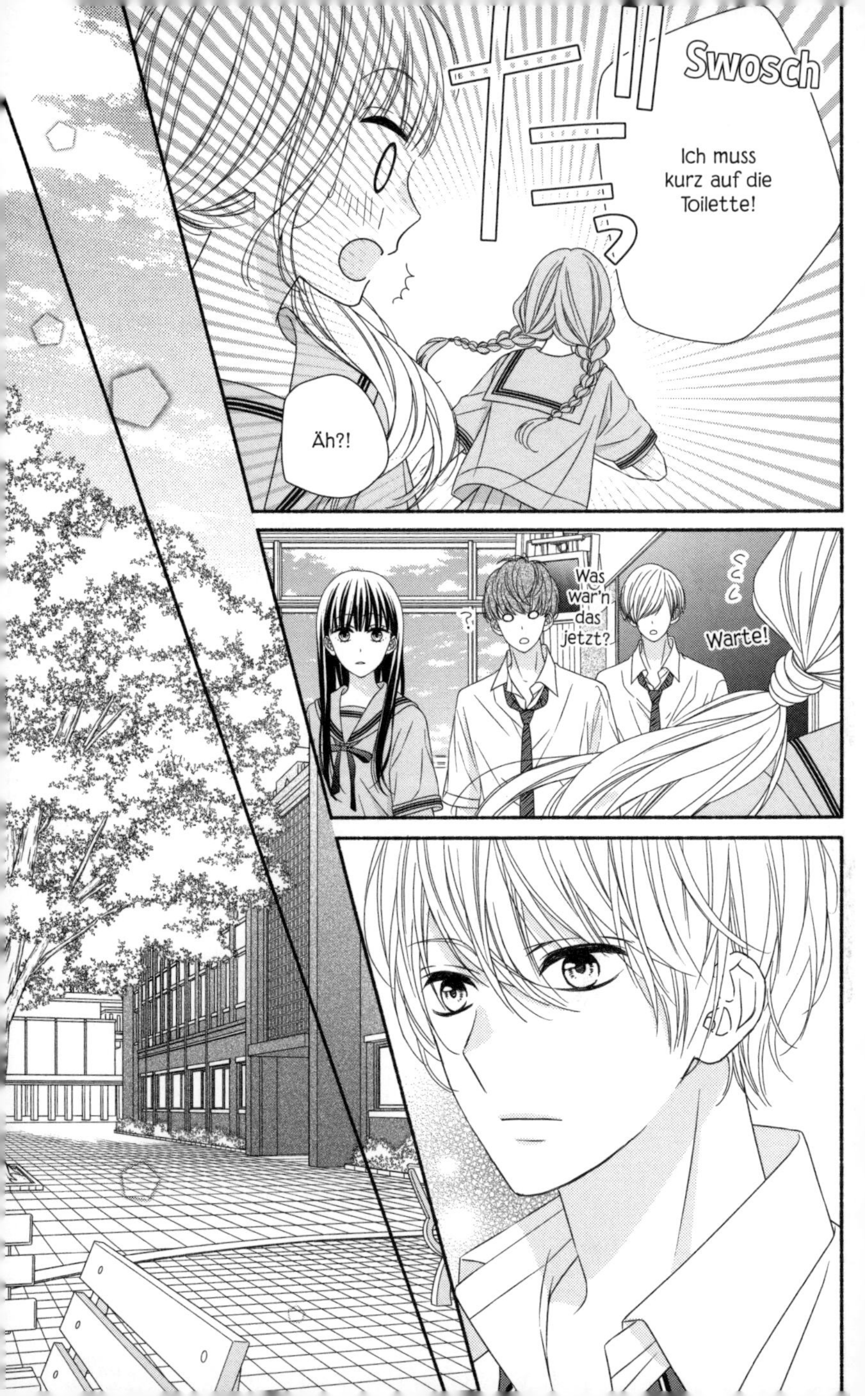
Swosch
Ich muss kurz auf die Toilette!
Äh?!
Warte!
Was war'n das jetzt?
?

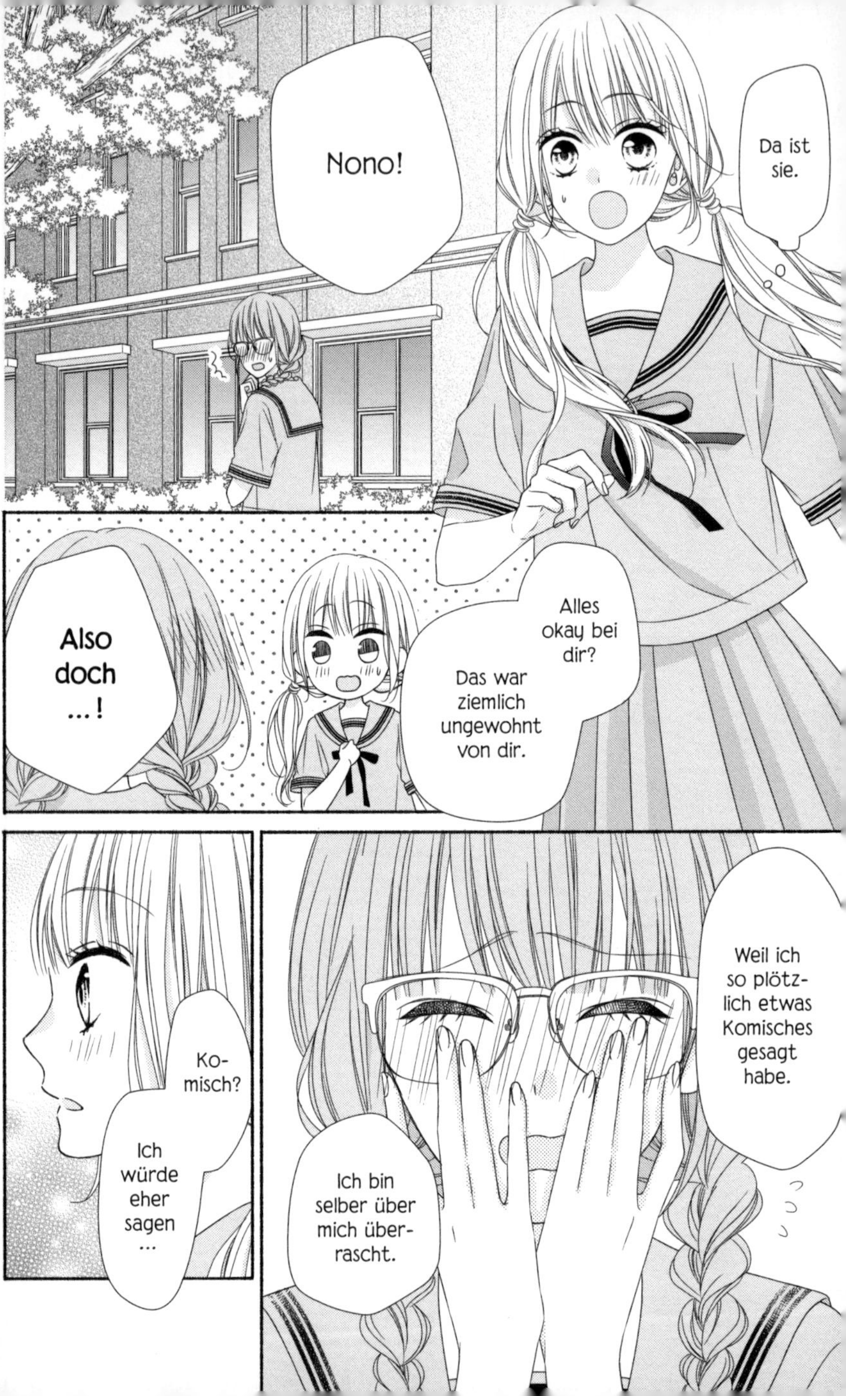
Da ist sie.
Nono!
Alles okay bei dir?
Das war ziemlich ungewohnt von dir.
Also doch ...!
Weil ich so plötzlich etwas Komisches gesagt habe.
Ich bin selber über mich überrascht.
Komisch?
Ich würde eher sagen ...

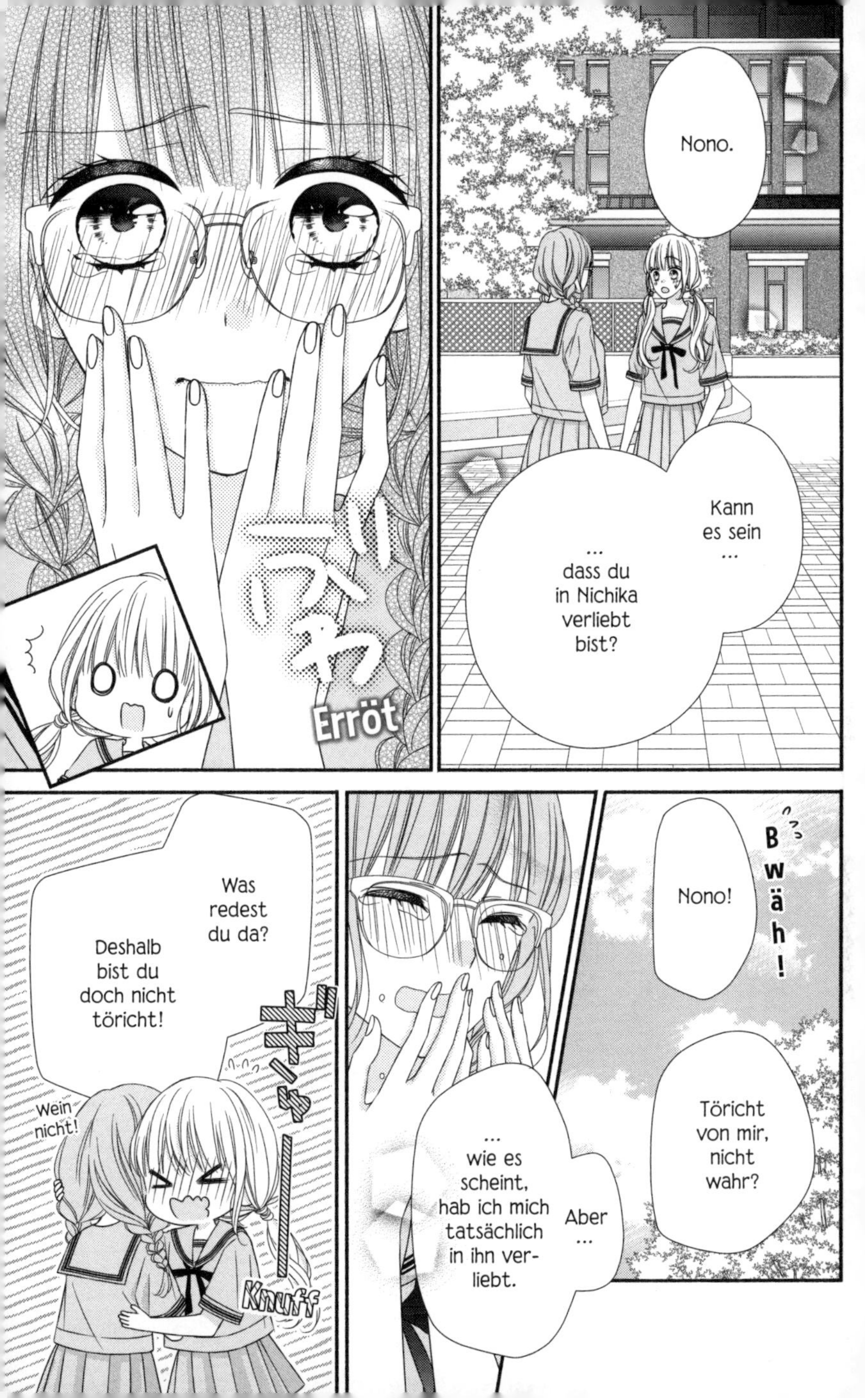
Nono.
Kann es sein ...
... dass du in Nichika verliebt bist?
Erröt
Nono!
Bwäh!
Töricht von mir, nicht wahr?
Aber ...
... wie es scheint, hab ich mich tatsächlich in ihn verliebt.
Was redest du da?
Deshalb bist du doch nicht töricht!
Wein nicht!
Knuff

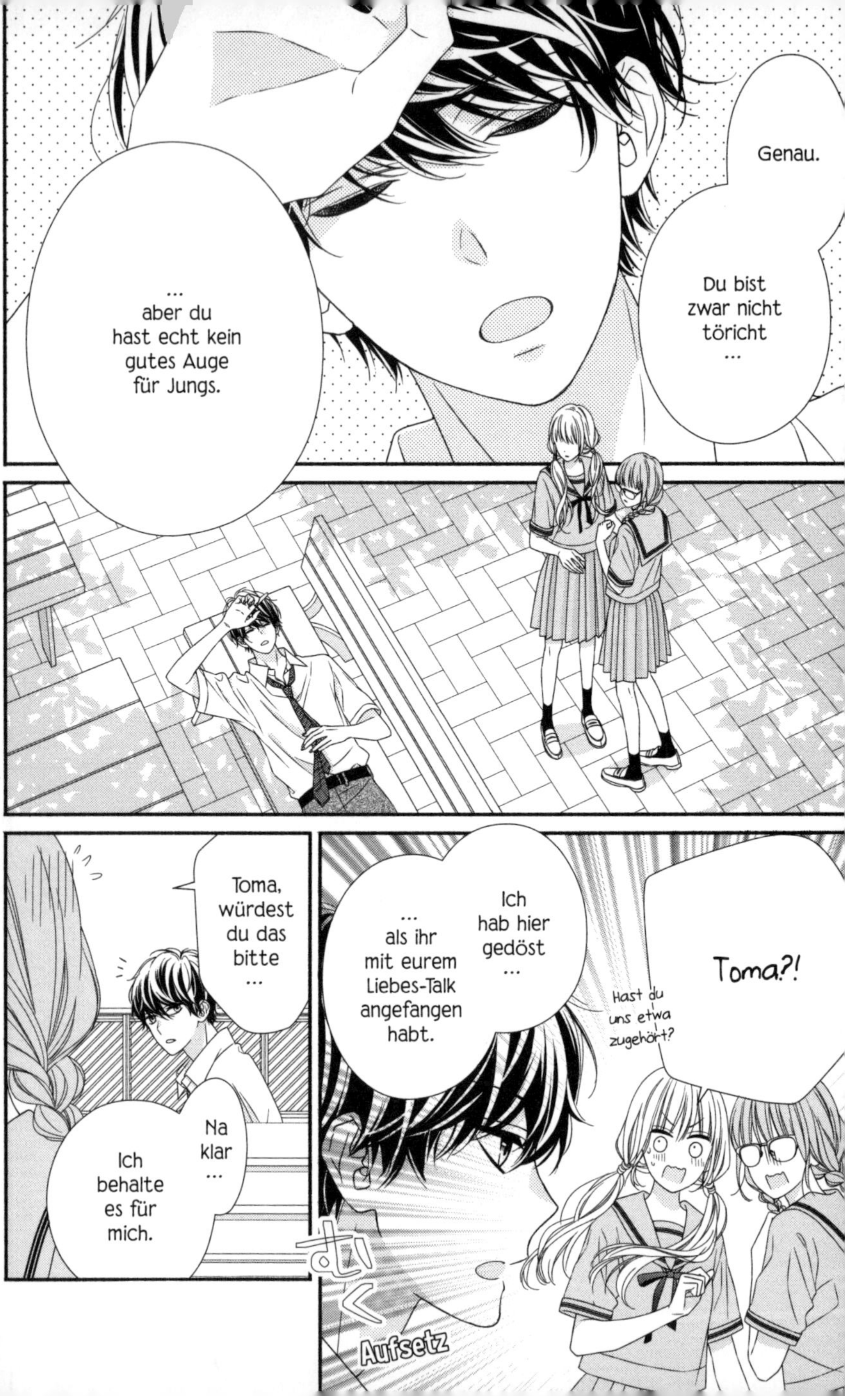
Genau.
Du bist zwar nicht töricht ...
... aber du hast echt kein gutes Auge für Jungs.
Toma?!
Hast du uns etwa zugehört?
Ich hab hier gedöst ...
... als ihr mit eurem Liebes-Talk angefangen habt.
Aufsetz
Toma, würdest du das bitte ...
Na klar ...
Ich behalte es für mich.

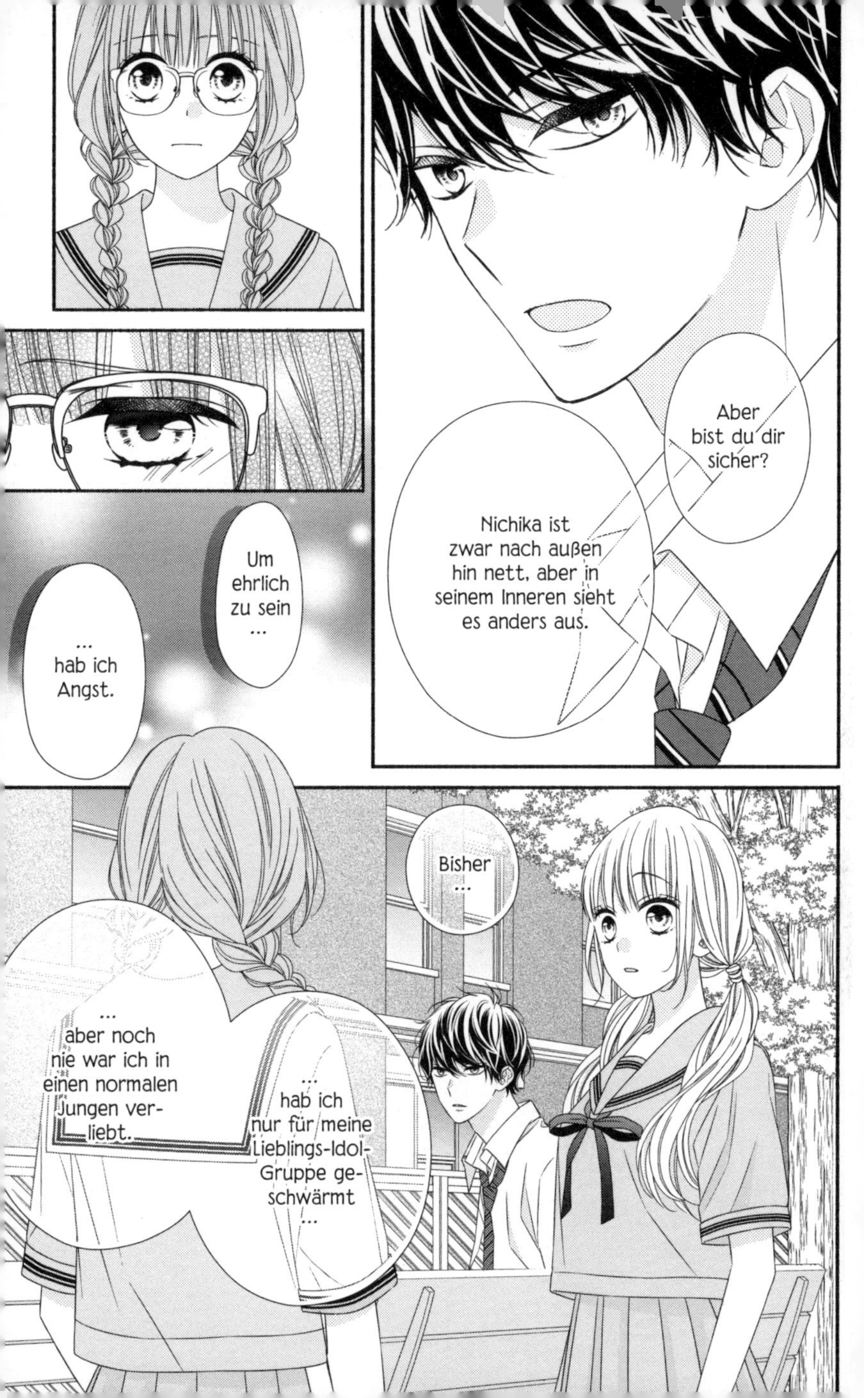
Aber bist du dir sicher?
Nichika ist zwar nach außen hin nett, aber in seinem Inneren sieht es anders aus.
Um ehrlich zu sein ...
... hab ich Angst.
Bisher ...
... hab ich nur für meine Lieblings-Idol-Gruppe geschwärmt ...
... aber noch nie war ich in einen normalen Jungen verliebt.

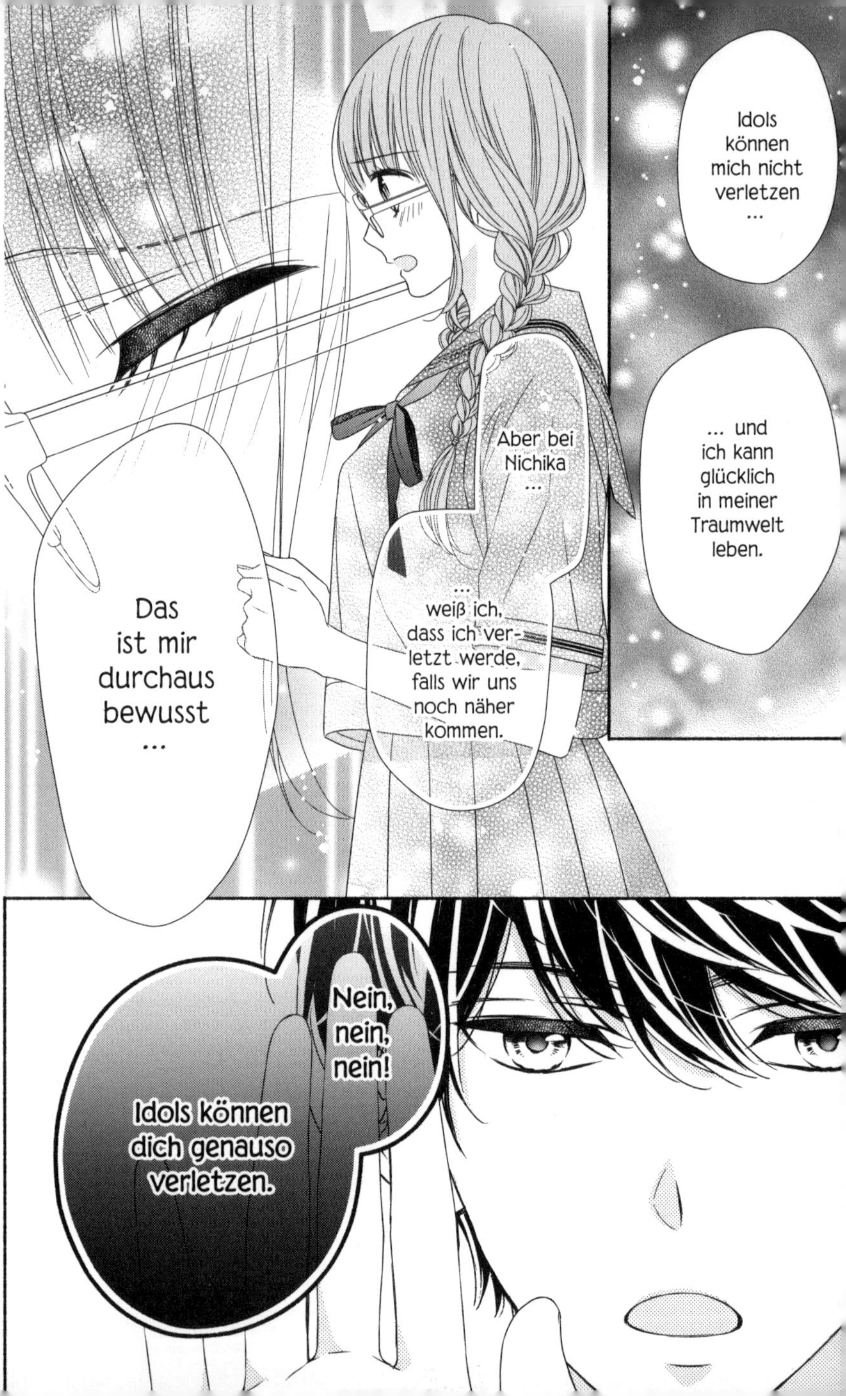
Idols können mich nicht verletzen ...
... und ich kann glücklich in meiner Traumwelt leben.
Aber bei Nichika ...
... weiß ich, dass ich verletzt werde, falls wir uns noch näher kommen.
Das ist mir durchaus bewusst ...
Nein, nein, nein!
Idols können dich genauso verletzen.

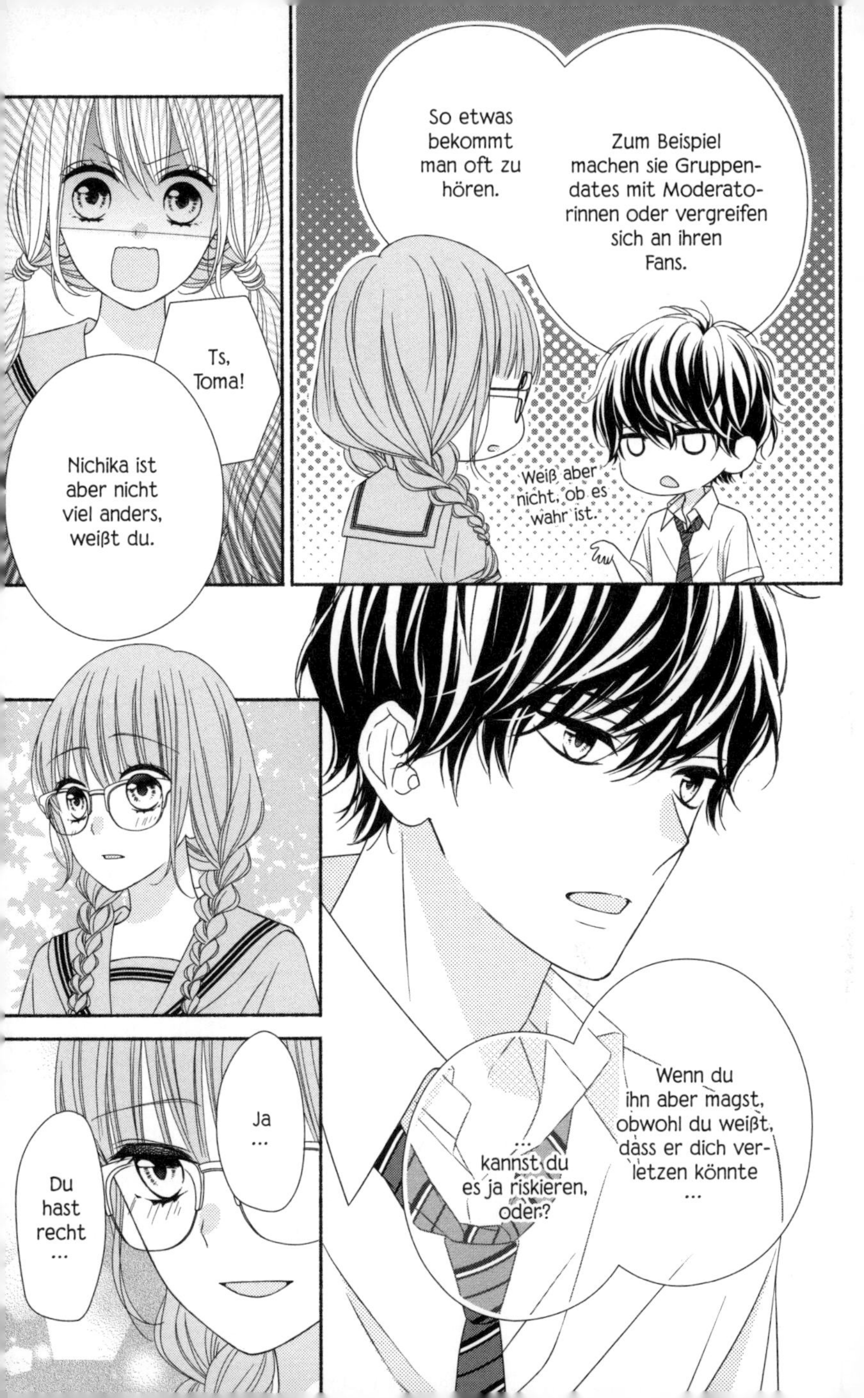

Zum Beispiel machen sie Gruppen-dates mit Moderato-rinnen oder vergreifen sich an ihren Fans.
So etwas bekommt man oft zu hören.
Weiß aber nicht, ob es wahr ist.
Ts, Toma!
Nichika ist aber nicht viel anders, weißt du.
Wenn du ihn aber magst, obwohl du weißt, dass er dich ver-letzen könnte ...
... kannst du es ja riskieren, oder?
Ja ...
Du hast recht ...

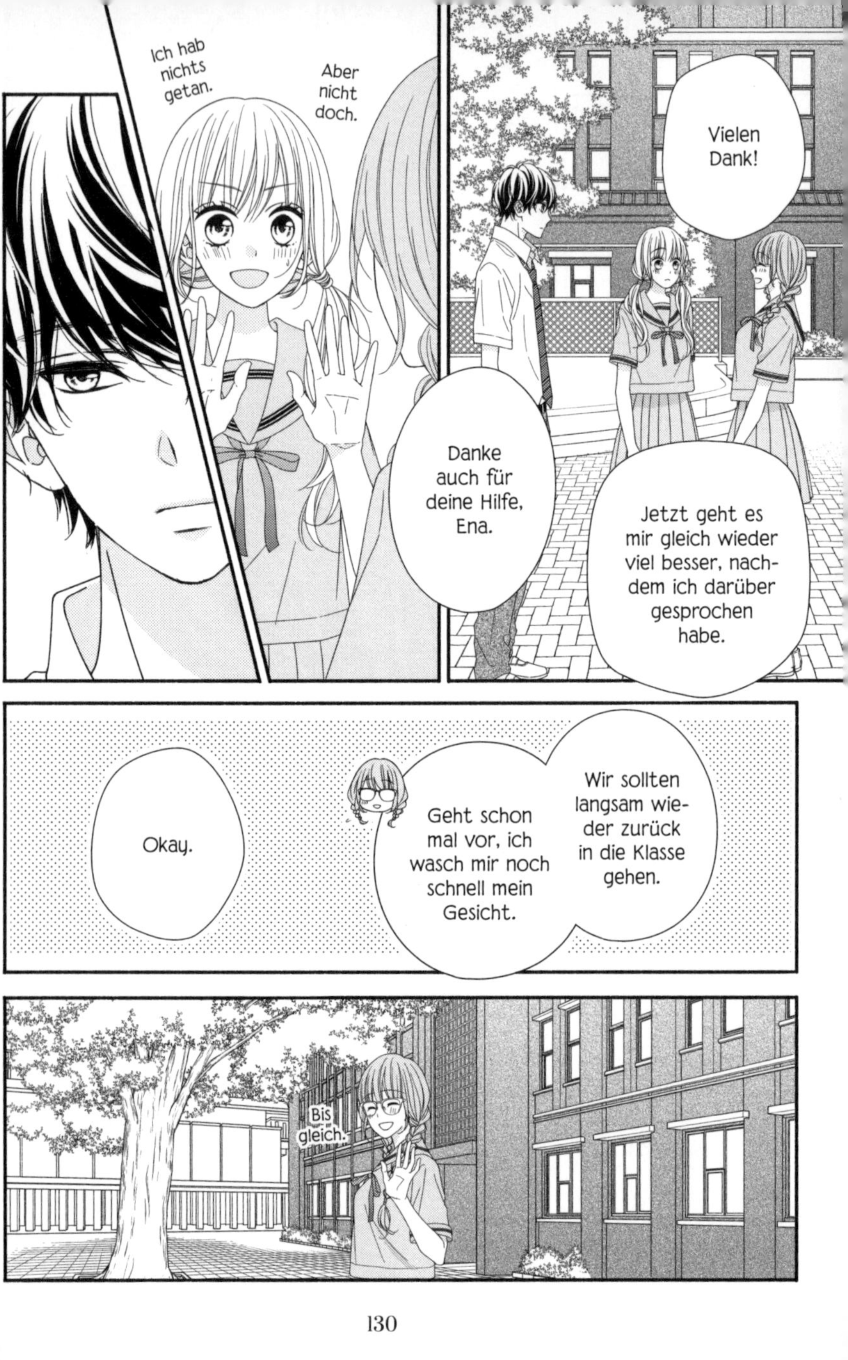

Vielen Dank!
Jetzt geht es mir gleich wieder viel besser, nachdem ich darüber gesprochen habe.
Danke auch für deine Hilfe, Ena.
Aber nicht doch.
Ich hab nichts getan.
Wir sollten langsam wieder zurück in die Klasse gehen.
Geht schon mal vor, ich wasch mir noch schnell mein Gesicht.
Okay.
Bis gleich.

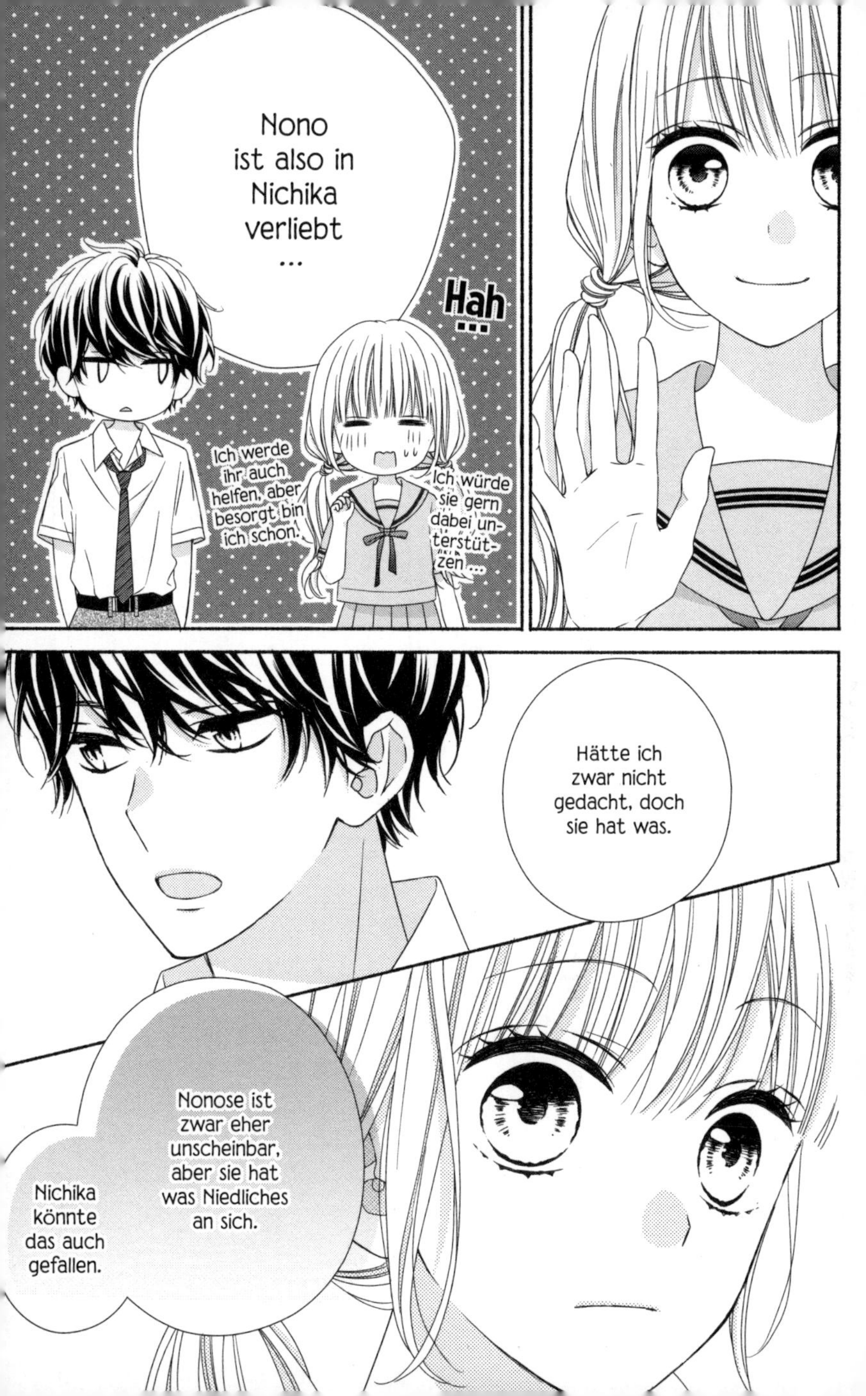
Nono ist also in Nichika verliebt …
Hah …
Ich würde sie gern dabei unterstützen …
Ich werde ihr auch helfen, aber besorgt bin ich schon.
Hätte ich zwar nicht gedacht, doch sie hat was.
Nonose ist zwar eher unscheinbar, aber sie hat was Niedliches an sich.
Nichika könnte das auch gefallen.

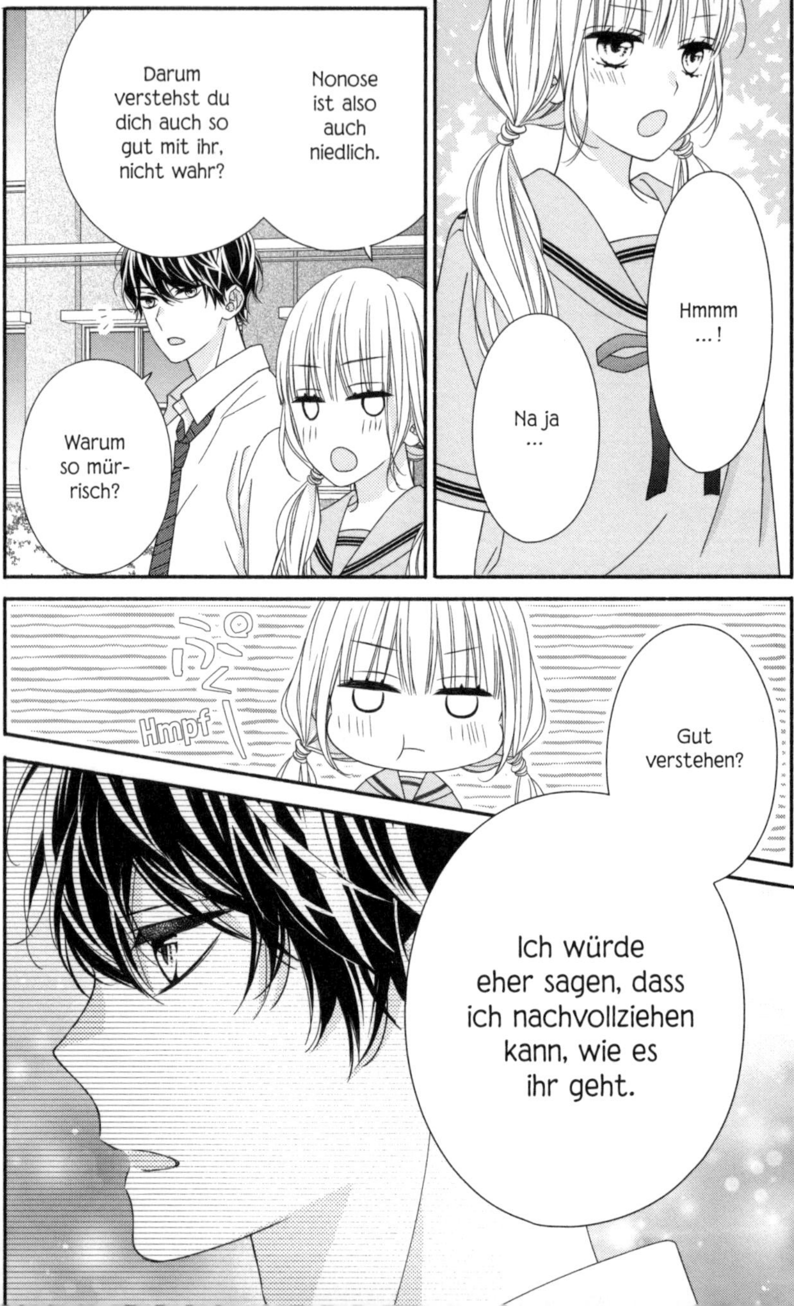
Nonose ist also auch niedlich.
Darum verstehst du dich auch so gut mit ihr, nicht wahr?
Warum so mürrisch?
Hmmm …!
Na ja …
Hmpf
Gut verstehen?
Ich würde eher sagen, dass ich nachvollziehen kann, wie es ihr geht.

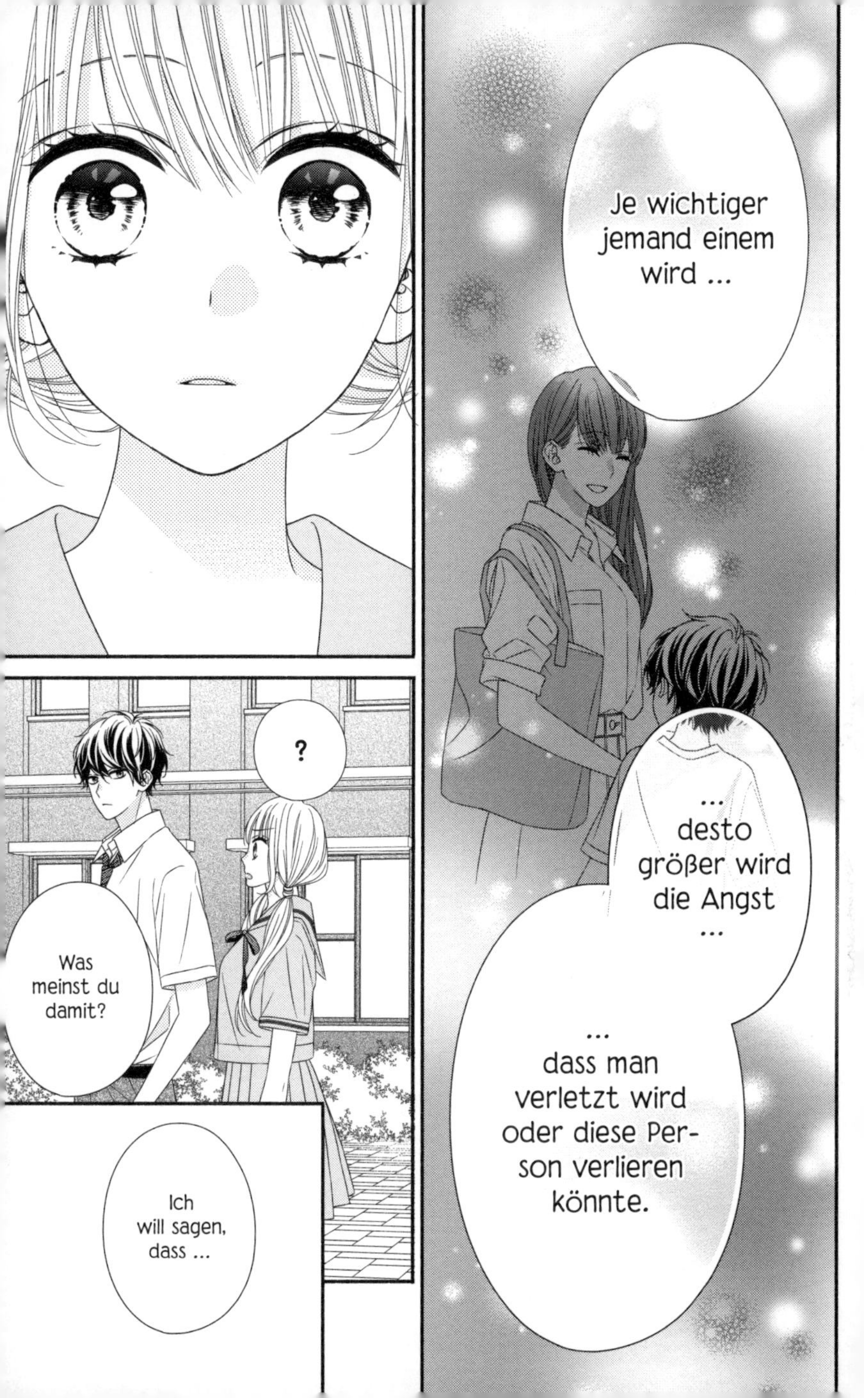

Je wichtiger jemand einem wird ...
... desto größer wird die Angst ...
... dass man verletzt wird oder diese Person verlieren könnte.
?
Was meinst du damit?
Ich will sagen, dass ...

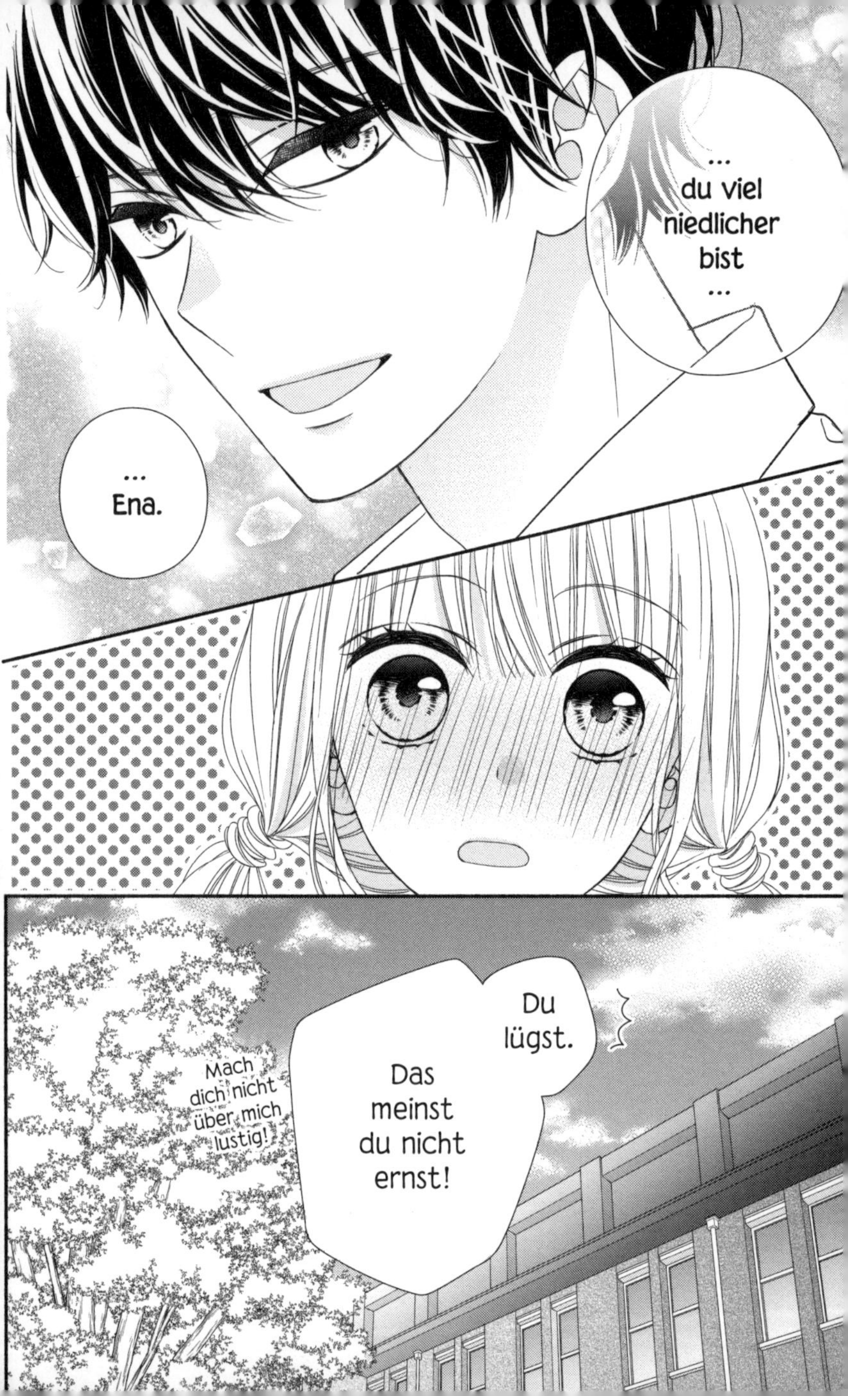
... du viel niedlicher bist ...
... Ena.
Du lügst.
Das meinst du nicht ernst!
Mach dich nicht über mich lustig!

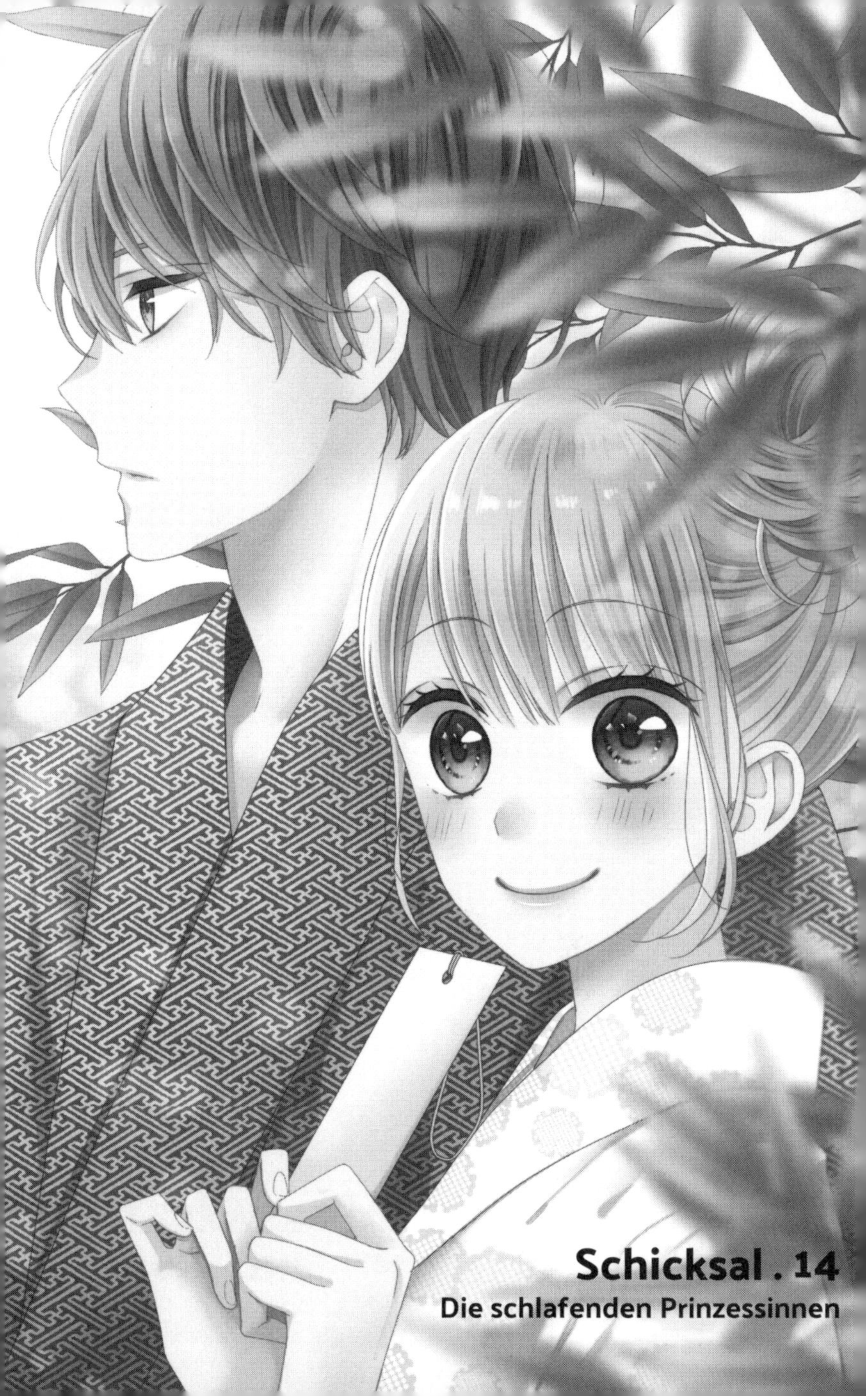
Schicksal . 14
Die schlafenden Prinzessinnen

AUFGEWECKT MIT EINEM KUSS

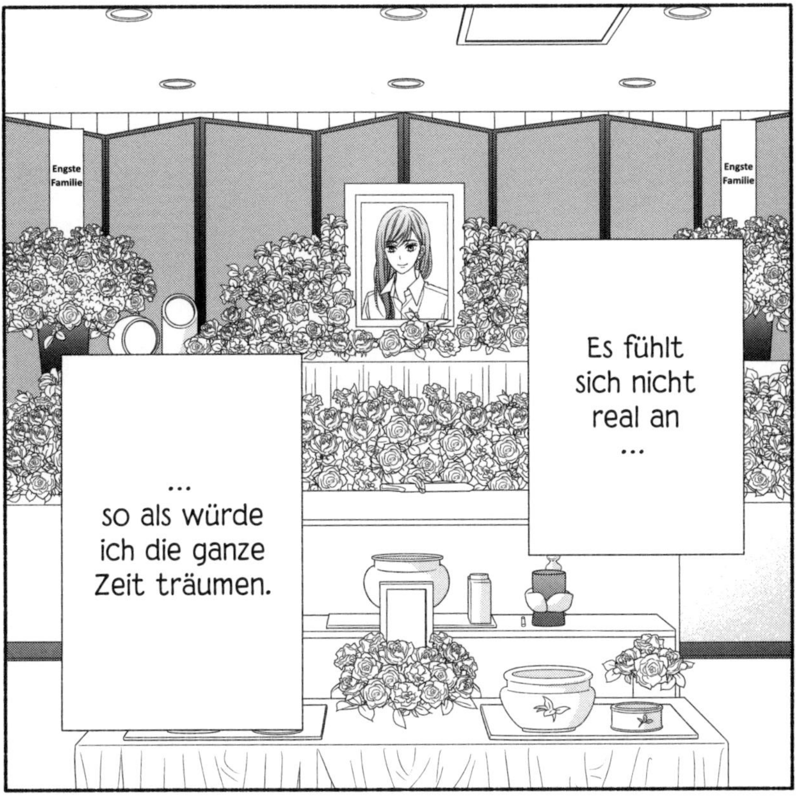

AUFGEWECKT MIT EINEM KUSS

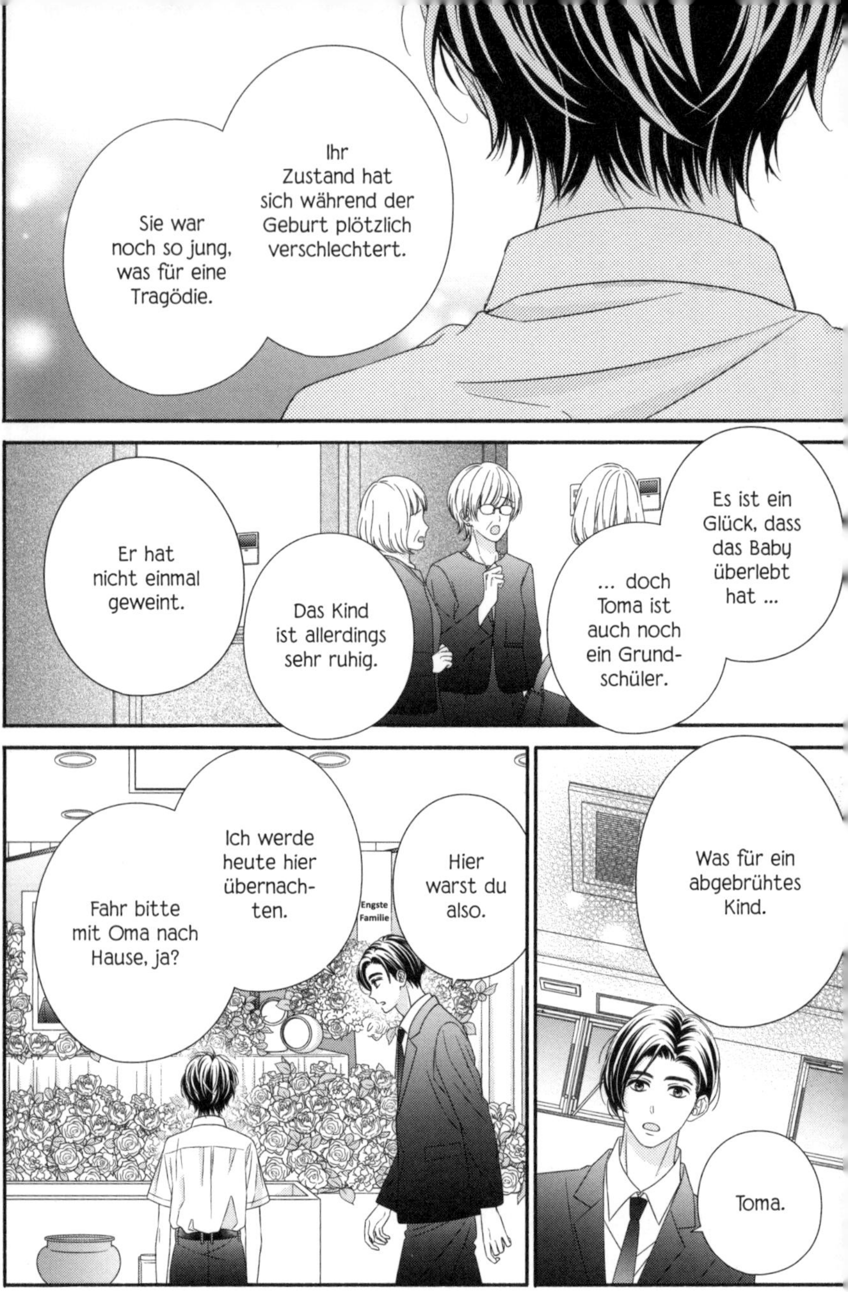
Ihr Zustand hat sich während der Geburt plötzlich verschlechtert.
Sie war noch so jung, was für eine Tragödie.
Es ist ein Glück, dass das Baby überlebt hat ...
... doch Toma ist auch noch ein Grundschüler.
Das Kind ist allerdings sehr ruhig.
Er hat nicht einmal geweint.
Was für ein abgebrühtes Kind.
Toma.
Hier warst du also.
Engste Familie
Ich werde heute hier übernachten.
Fahr bitte mit Oma nach Hause, ja?

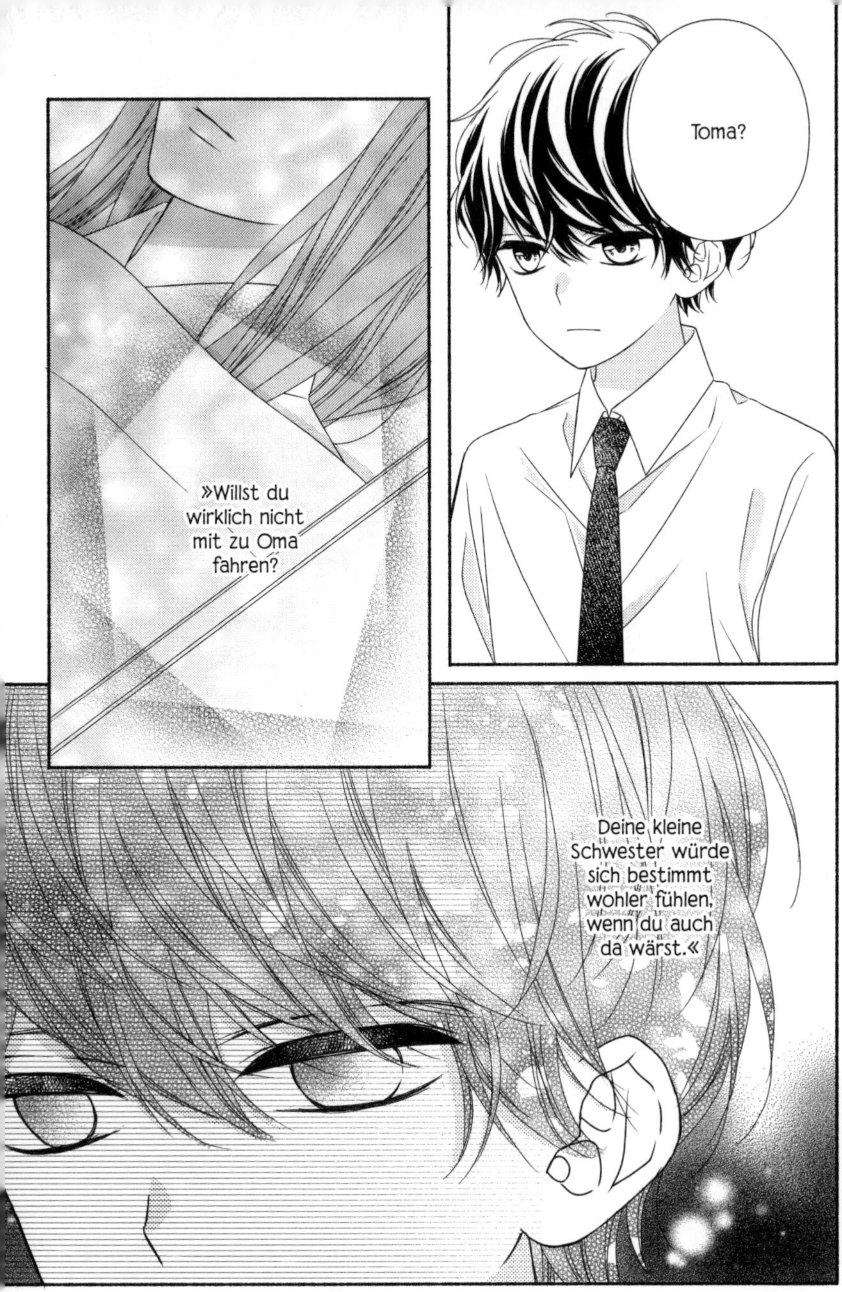
Toma?
»Willst du wirklich nicht mit zu Oma fahren?
Deine kleine Schwester würde sich bestimmt wohler fühlen, wenn du auch da wärst.«

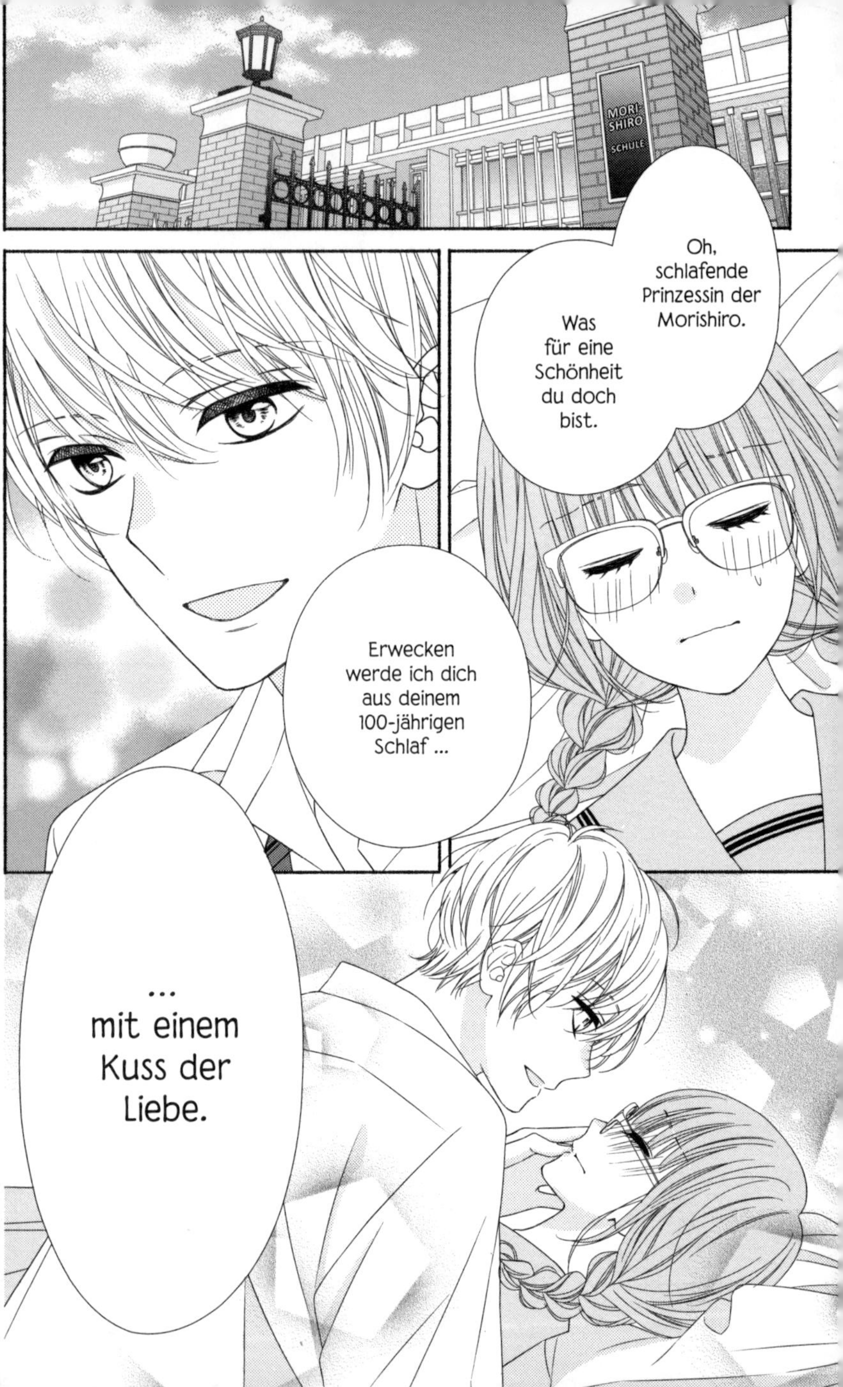
MORI-SHIRO SCHULE
Oh, schlafende Prinzessin der Morishiro.
Was für eine Schönheit du doch bist.
Erwecken werde ich dich aus deinem 100-jährigen Schlaf ...
... mit einem Kuss der Liebe.

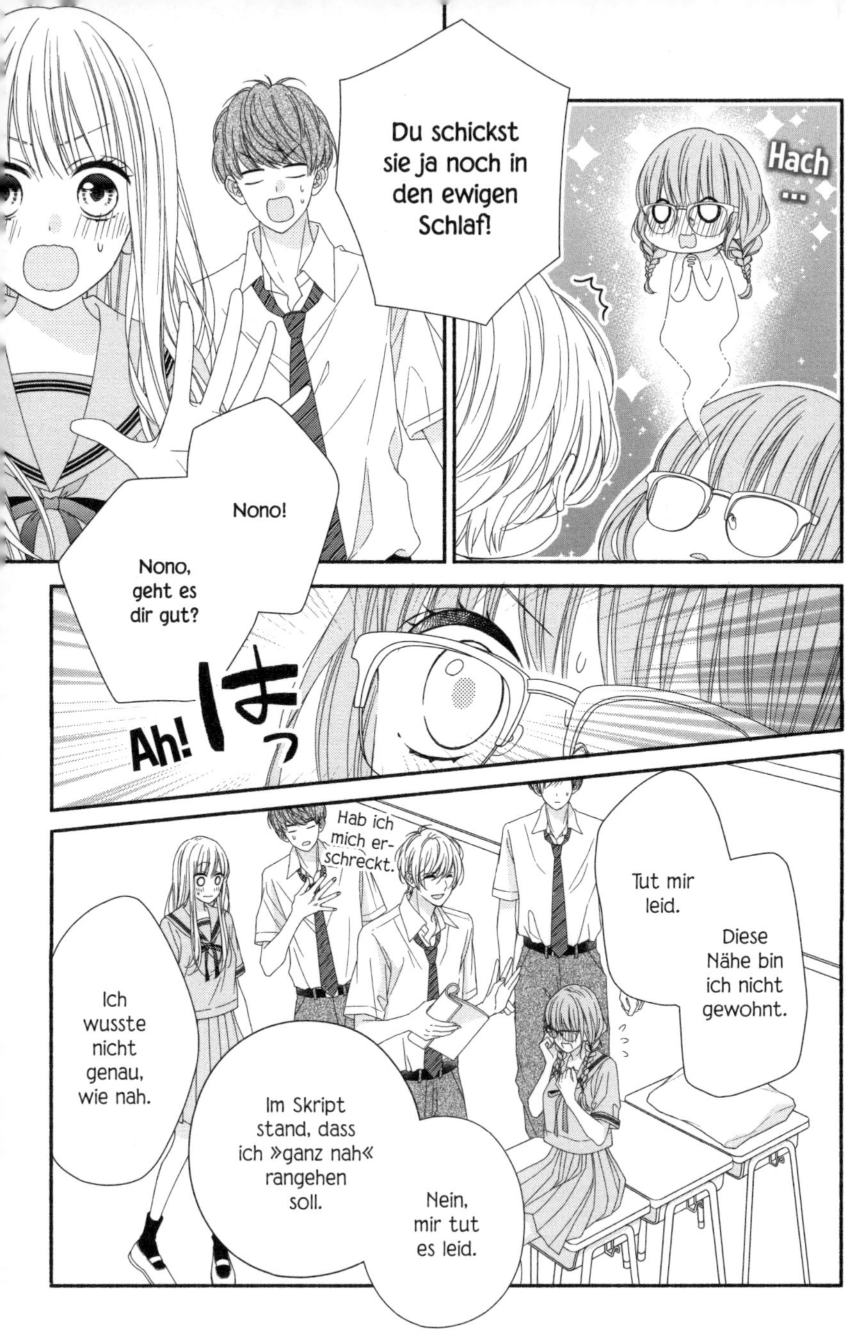
Hach ...
Du schickst sie ja noch in den ewigen Schlaf!
Nono!
Nono, geht es dir gut?
Ah!
はっ
Tut mir leid.
Diese Nähe bin ich nicht gewohnt.
Hab ich mich erschreckt.
Nein, mir tut es leid.
Im Skript stand, dass ich »ganz nah« rangehen soll.
Ich wusste nicht genau, wie nah.

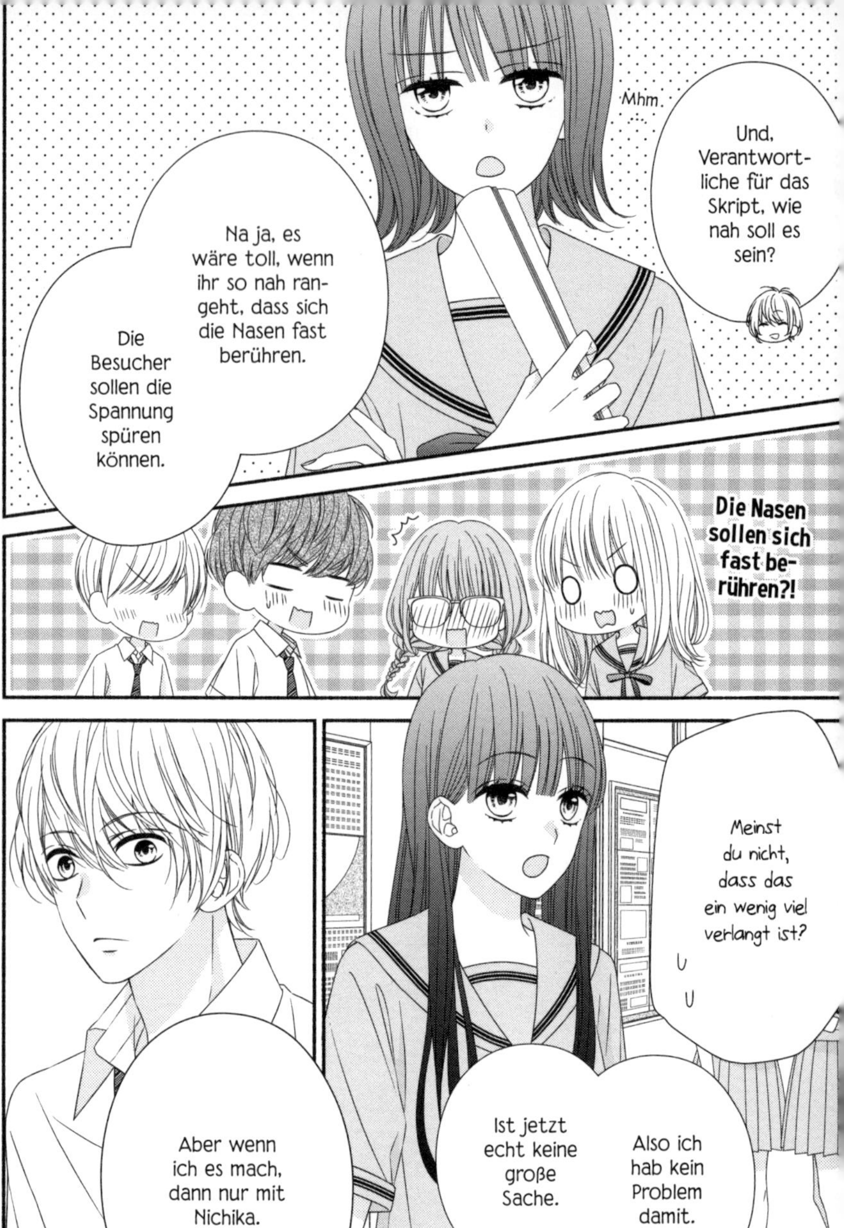
Und, Verantwortliche für das Skript, wie nah soll es sein?
Mhm
Na ja, es wäre toll, wenn ihr so nah rangeht, dass sich die Nasen fast berühren.
Die Besucher sollen die Spannung spüren können.
Die Nasen sollen sich fast berühren?!
Meinst du nicht, dass das ein wenig viel verlangt ist?
Also ich hab kein Problem damit.
Ist jetzt echt keine große Sache.
Aber wenn ich es mach, dann nur mit Nichika.

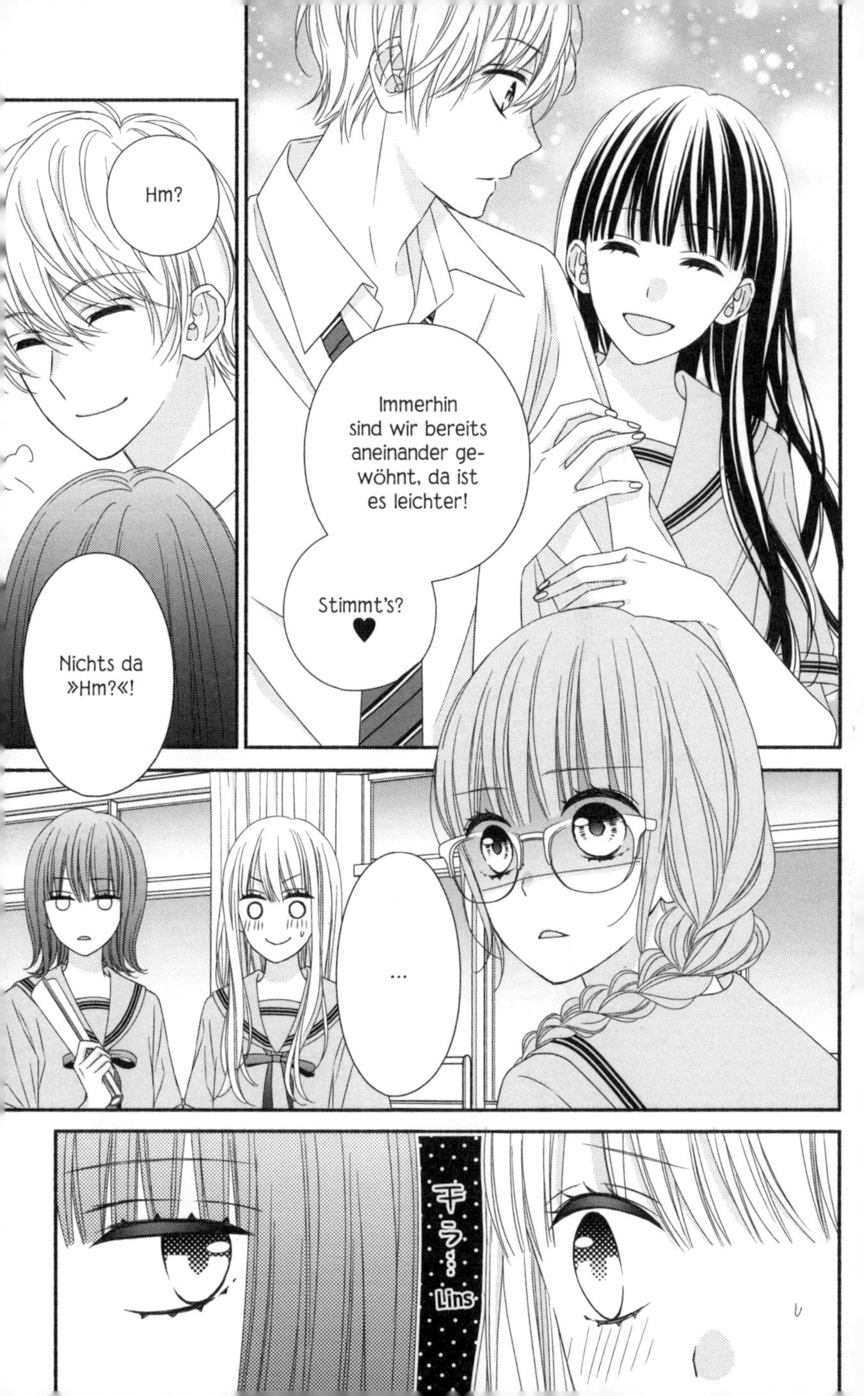
Immerhin sind wir bereits aneinander ge-wöhnt, da ist es leichter!
Stimmt's? ♥
Hm?
Nichts da »Hm?«!
...
Lins

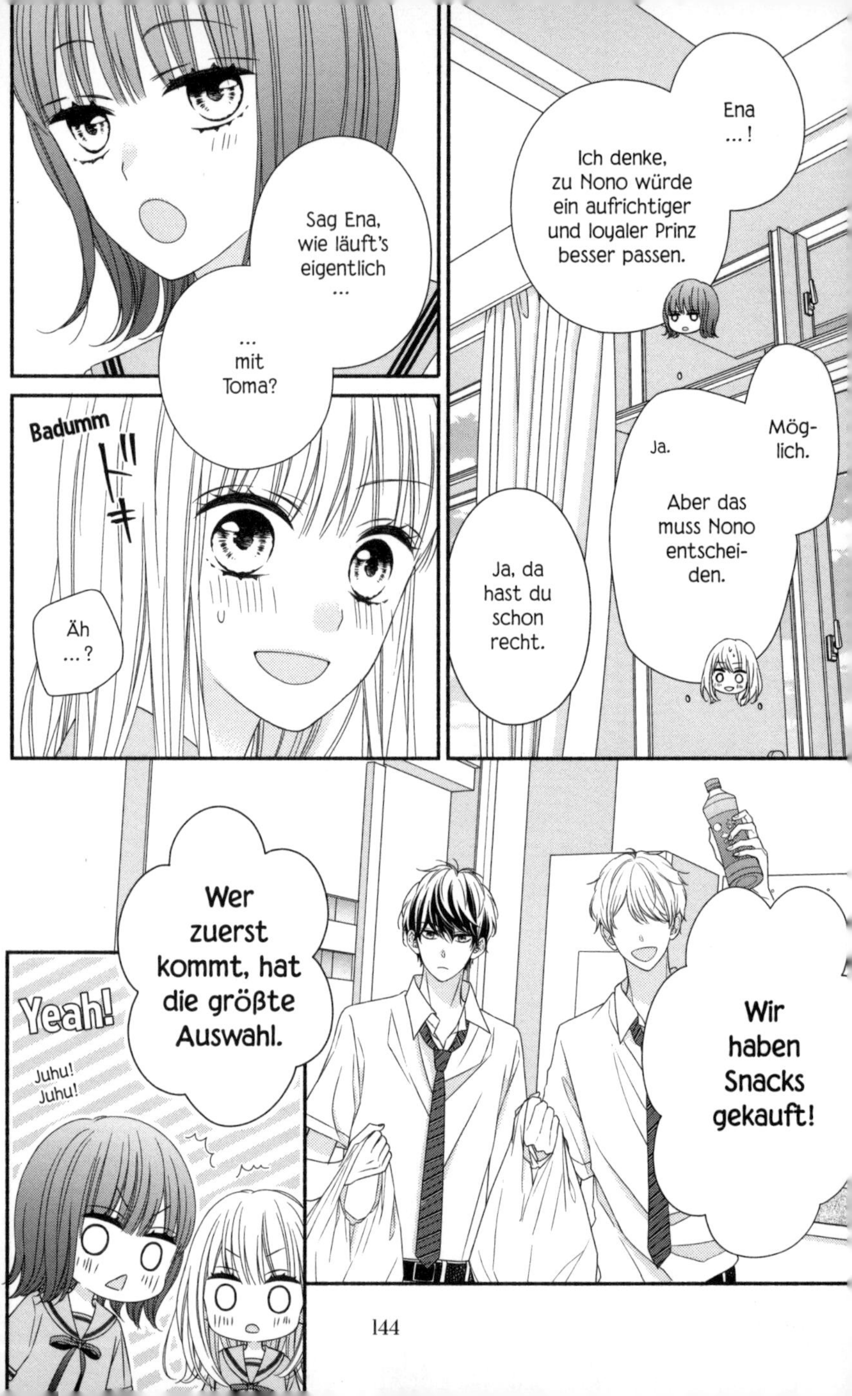
Ena ...!
Ich denke, zu Nono würde ein aufrichtiger und loyaler Prinz besser passen.
Sag Ena, wie läuft's eigentlich ...
... mit Toma?
Ja. Mög-lich.
Aber das muss Nono entschei-den.
Ja, da hast du schon recht.
Badumm
Äh ...?
Wir haben Snacks gekauft!
Wer zuerst kommt, hat die größte Auswahl.
Yeah!
Juhu! Juhu!

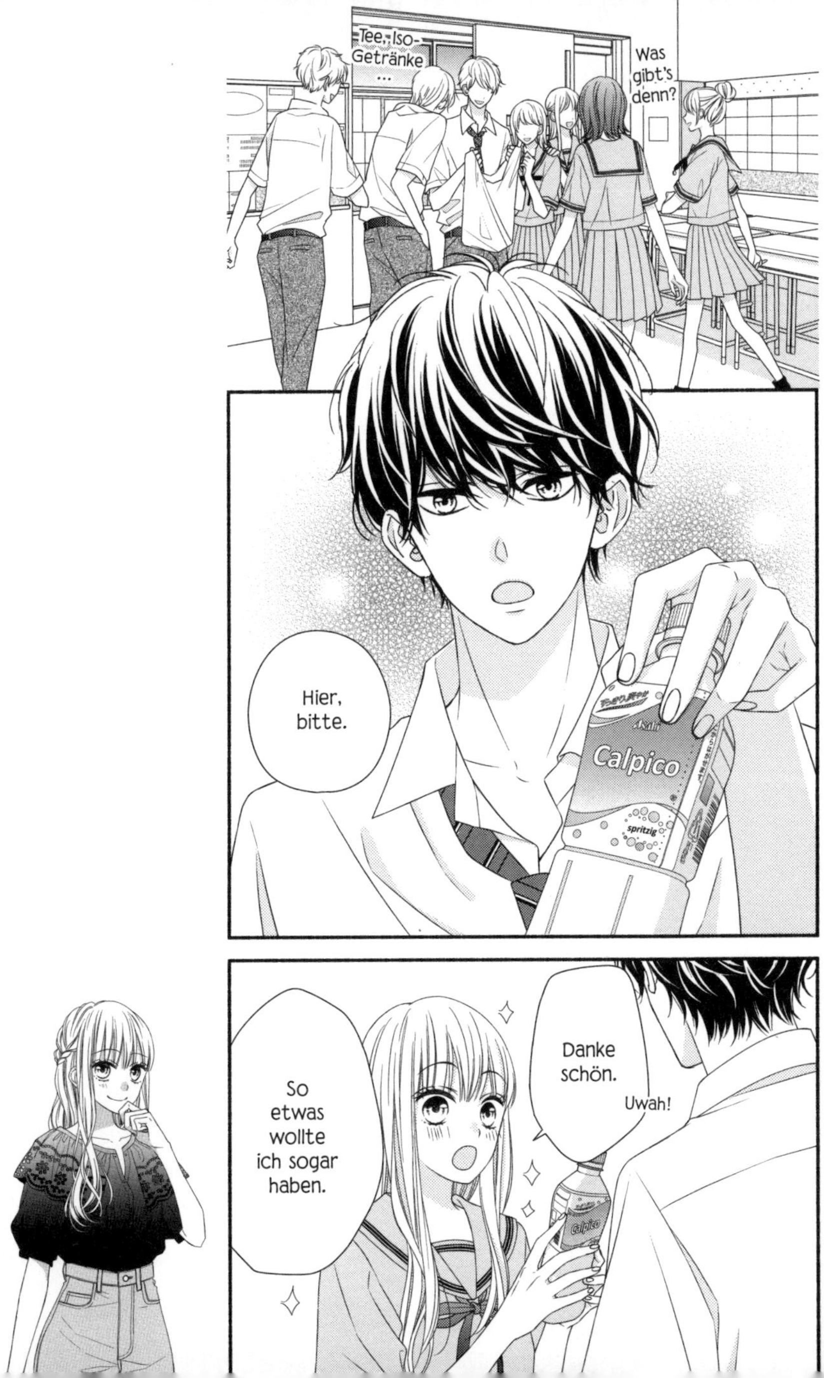
Was gibt's denn?
Tee, Iso-Getränke ...
Hier, bitte.
Calpico
spritzig
Danke schön.
Uwah!
So etwas wollte ich sogar haben.

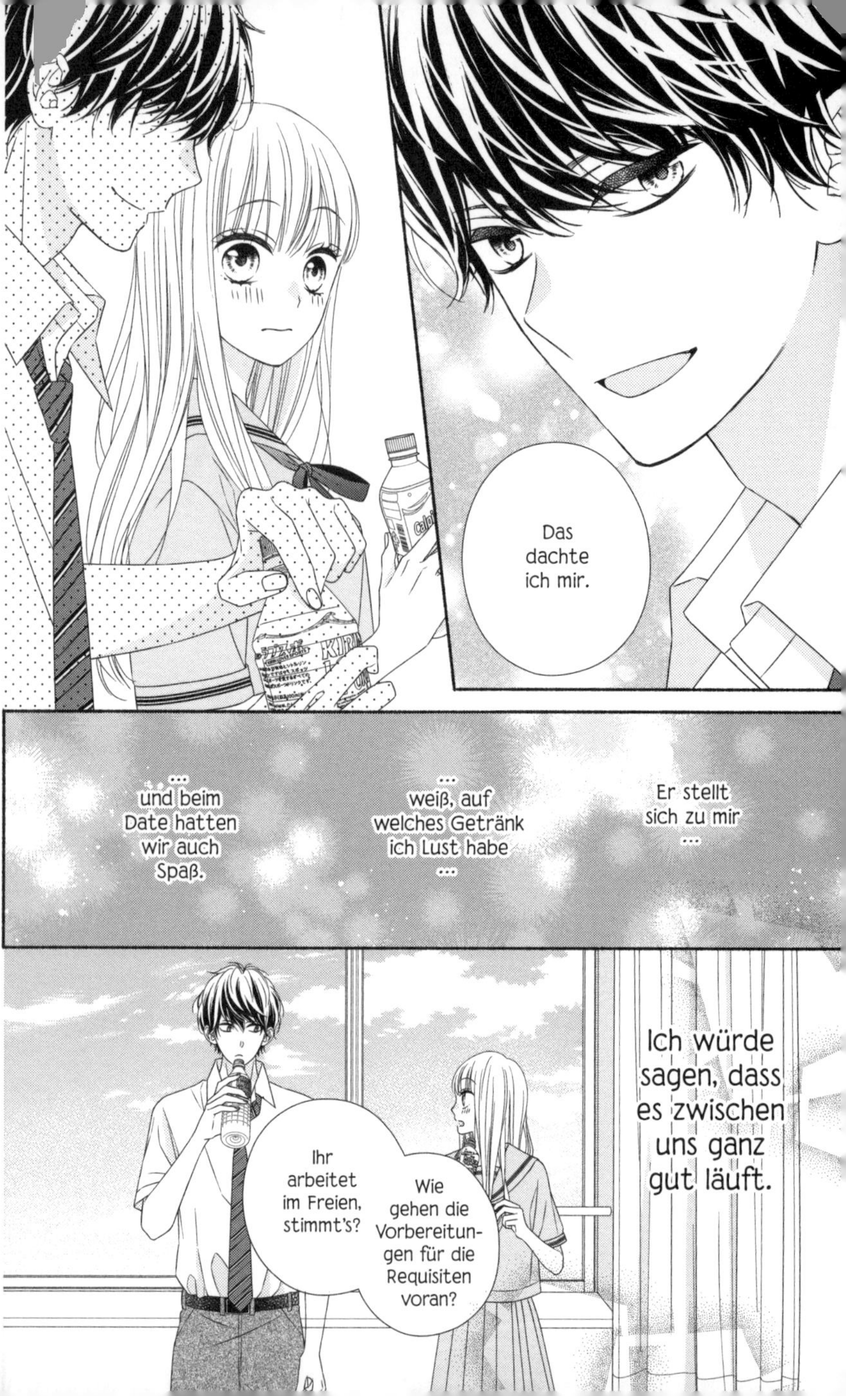
Das dachte ich mir.
Er stellt sich zu mir …
… weiß, auf welches Getränk ich Lust habe …
… und beim Date hatten wir auch Spaß.
Ich würde sagen, dass es zwischen uns ganz gut läuft.
Wie gehen die Vorbereitungen für die Requisiten voran?
Ihr arbeitet im Freien, stimmt's?

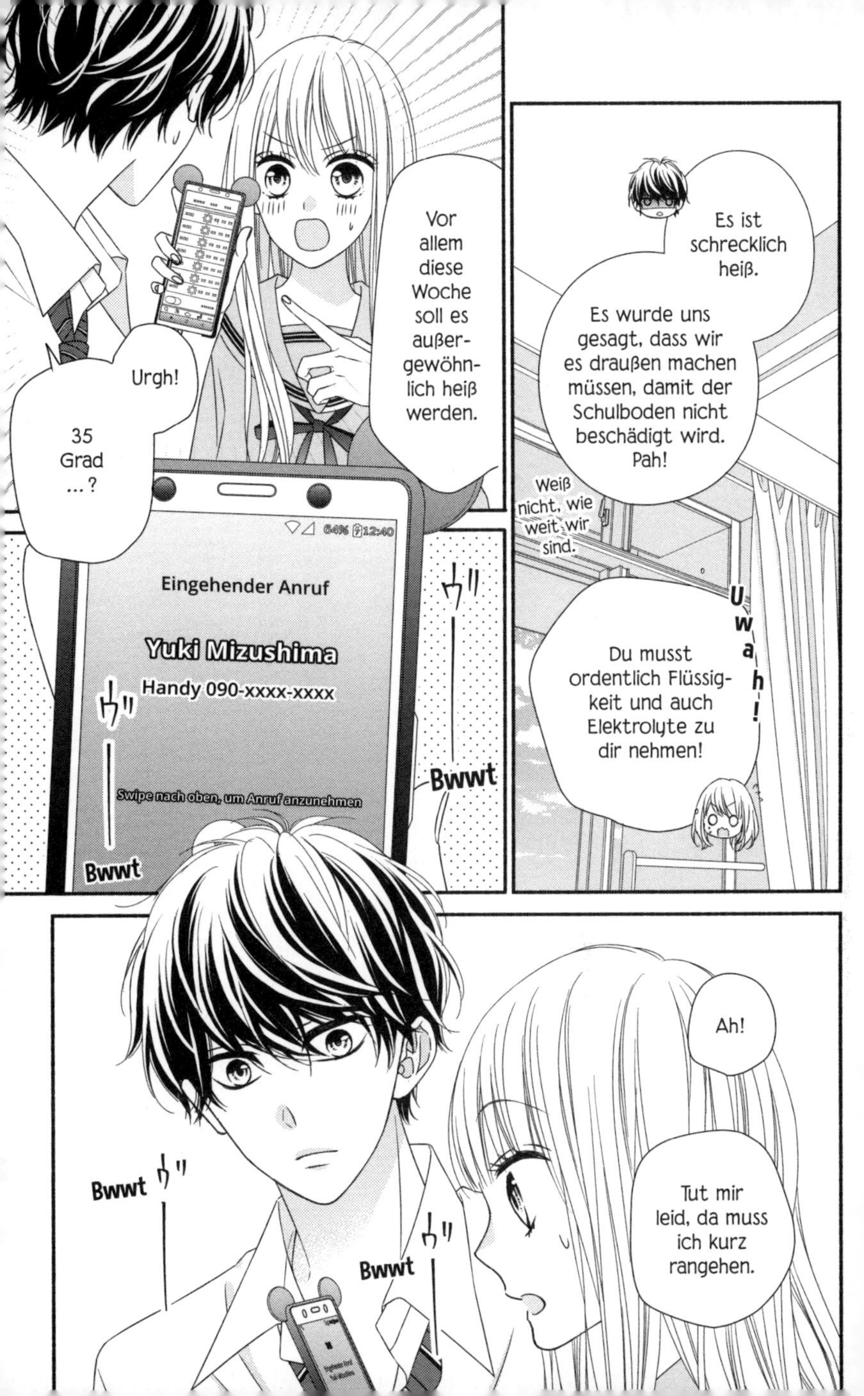
Es ist schrecklich heiß.
Es wurde uns gesagt, dass wir es draußen machen müssen, damit der Schulboden nicht beschädigt wird. Pah!
Weiß nicht, wie weit wir sind.
Uwah!
Du musst ordentlich Flüssigkeit und auch Elektrolyte zu dir nehmen!
Vor allem diese Woche soll es außergewöhnlich heiß werden.
Urgh!
35 Grad ...?
Bwwt
64% 12:40
Eingehender Anruf
Yuki Mizushima
Handy 090-xxxx-xxxx
Swipe nach oben, um Anruf anzunehmen
Bwwt
Ah!
Tut mir leid, da muss ich kurz rangehen.
Bwwt
Bwwt

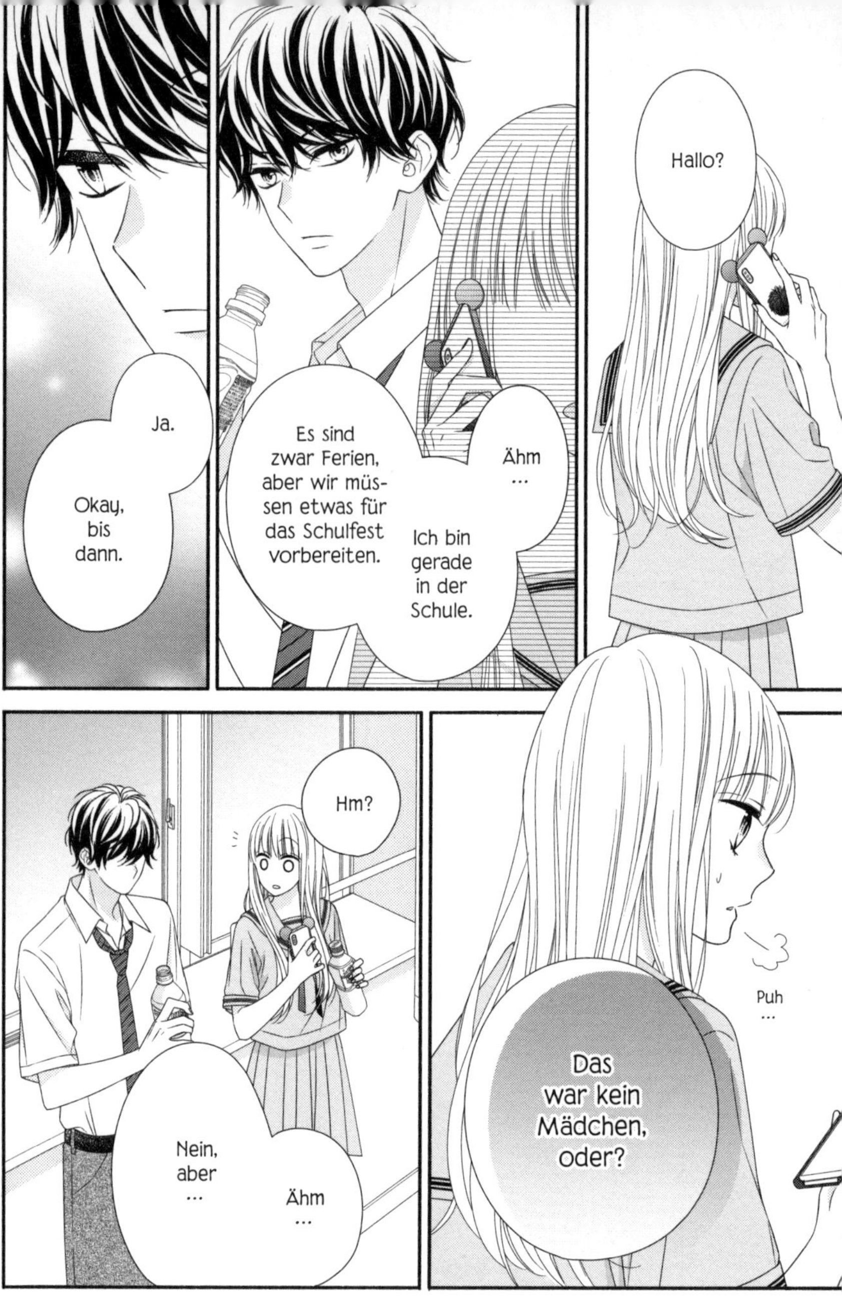
Hallo?
Ähm …
Ich bin gerade in der Schule.
Es sind zwar Ferien, aber wir müssen etwas für das Schulfest vorbereiten.
Ja.
Okay, bis dann.
Puh …
Das war kein Mädchen, oder?
Hm?
Ähm …
Nein, aber …

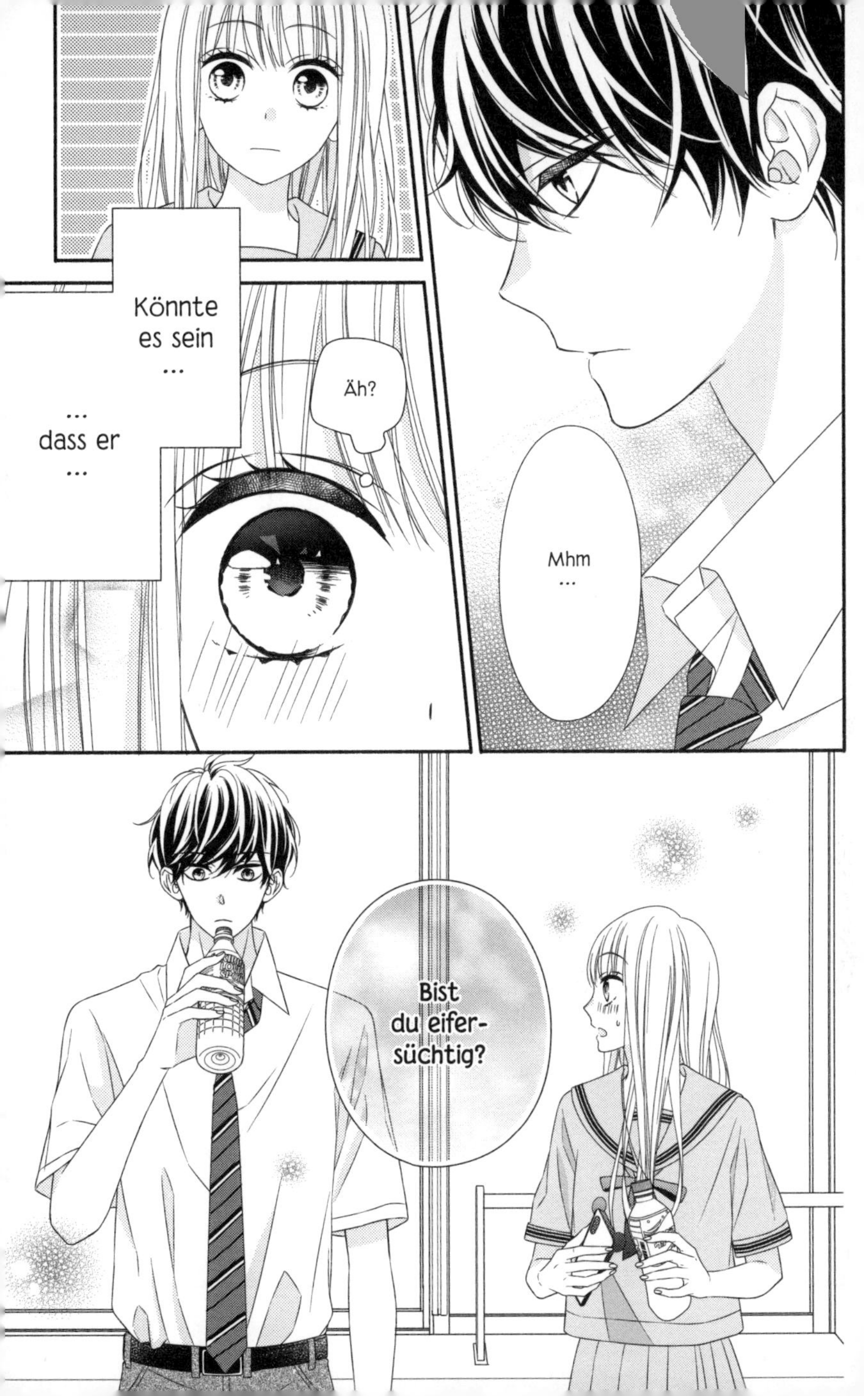
Könnte es sein …
… dass er …
Mhm …
Äh?
Bist du eifer-süchtig?

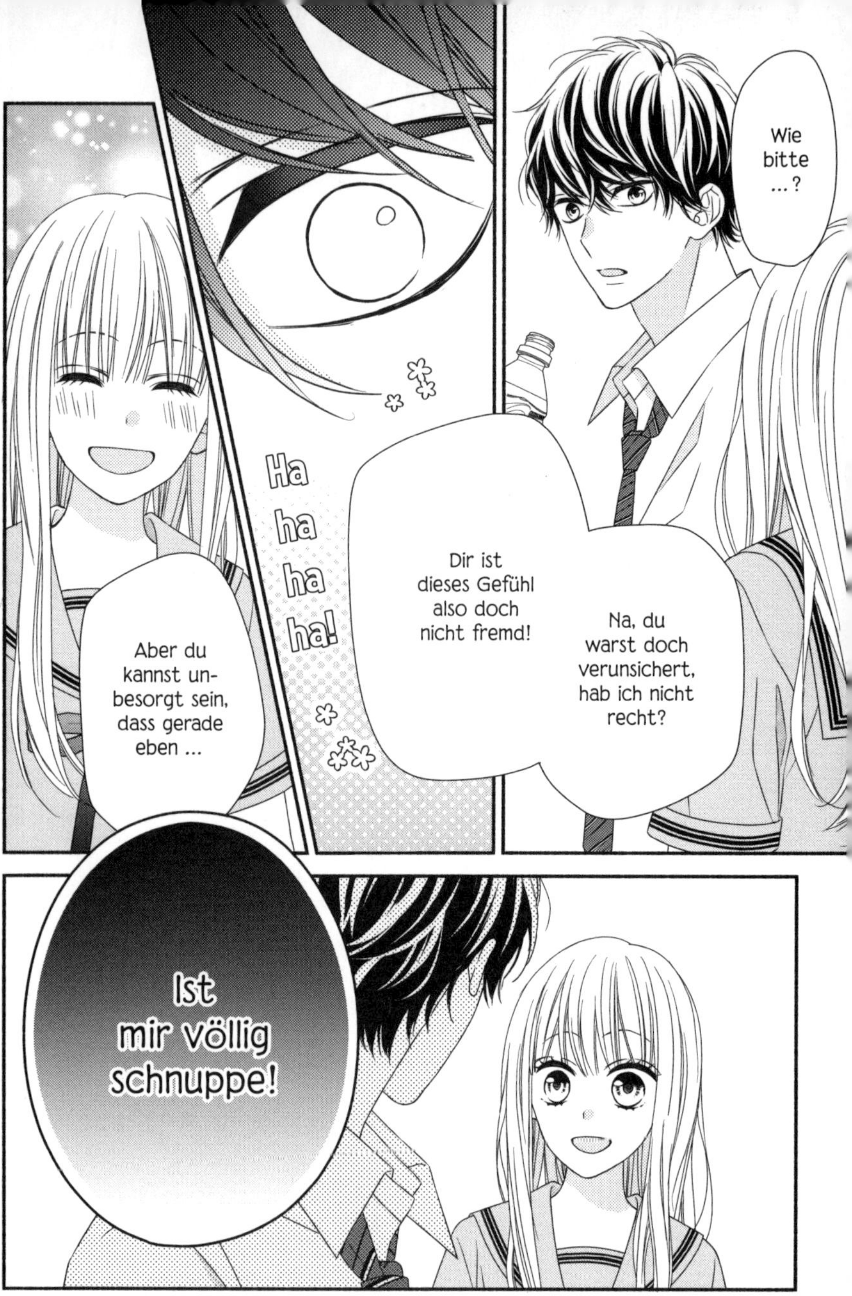
Wie bitte ...?
Na, du warst doch verunsichert, hab ich nicht recht?
Dir ist dieses Gefühl also doch nicht fremd!
Ha ha ha ha!
Aber du kannst unbesorgt sein, dass gerade eben ...
Ist mir völlig schnuppe!

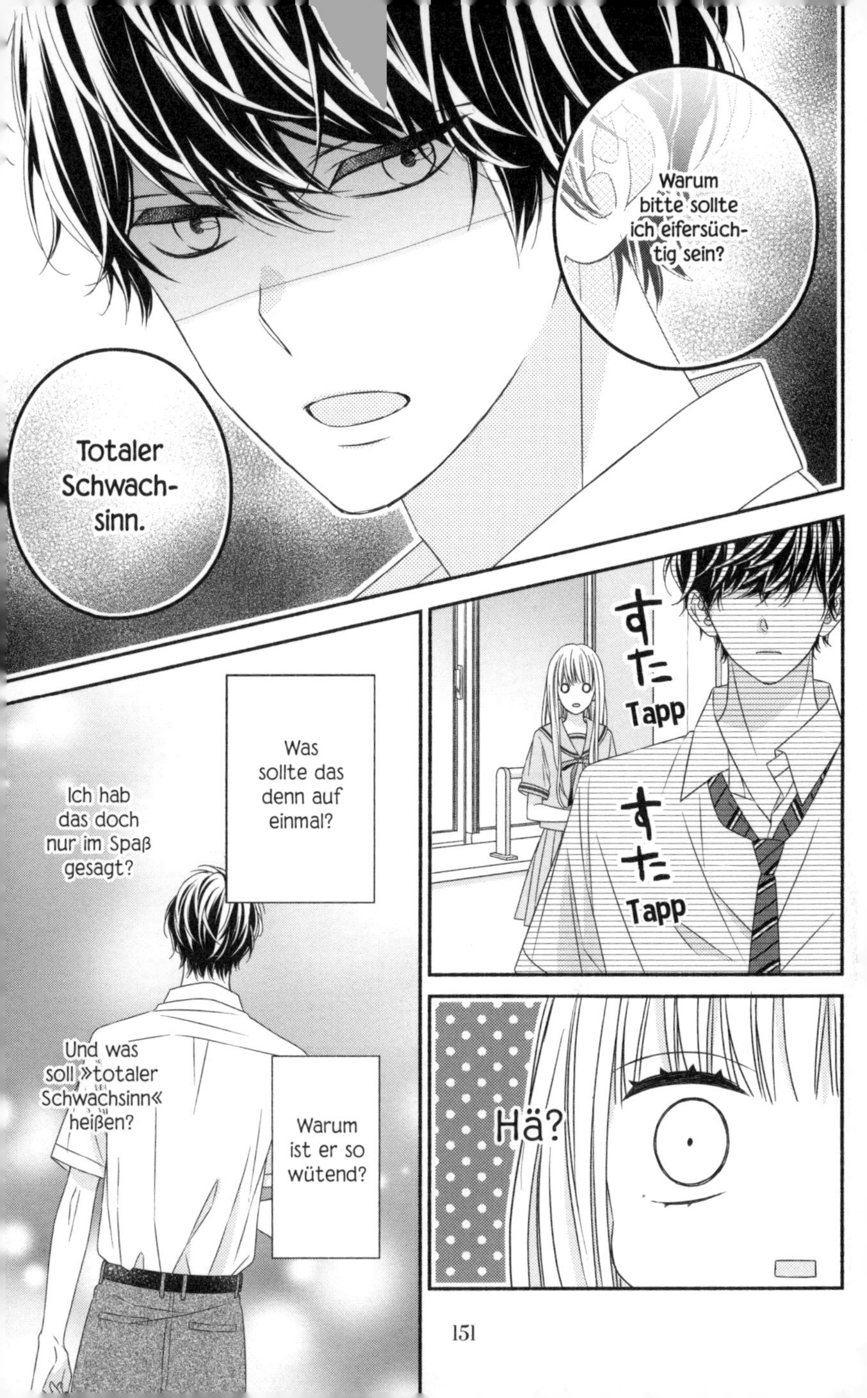
Warum bitte sollte ich eifersüchtig sein?
Totaler Schwachsinn.
すた
Tapp
すた
Tapp
Hä?
Was sollte das denn auf einmal?
Ich hab das doch nur im Spaß gesagt?
Warum ist er so wütend?
Und was soll »totaler Schwachsinn« heißen?

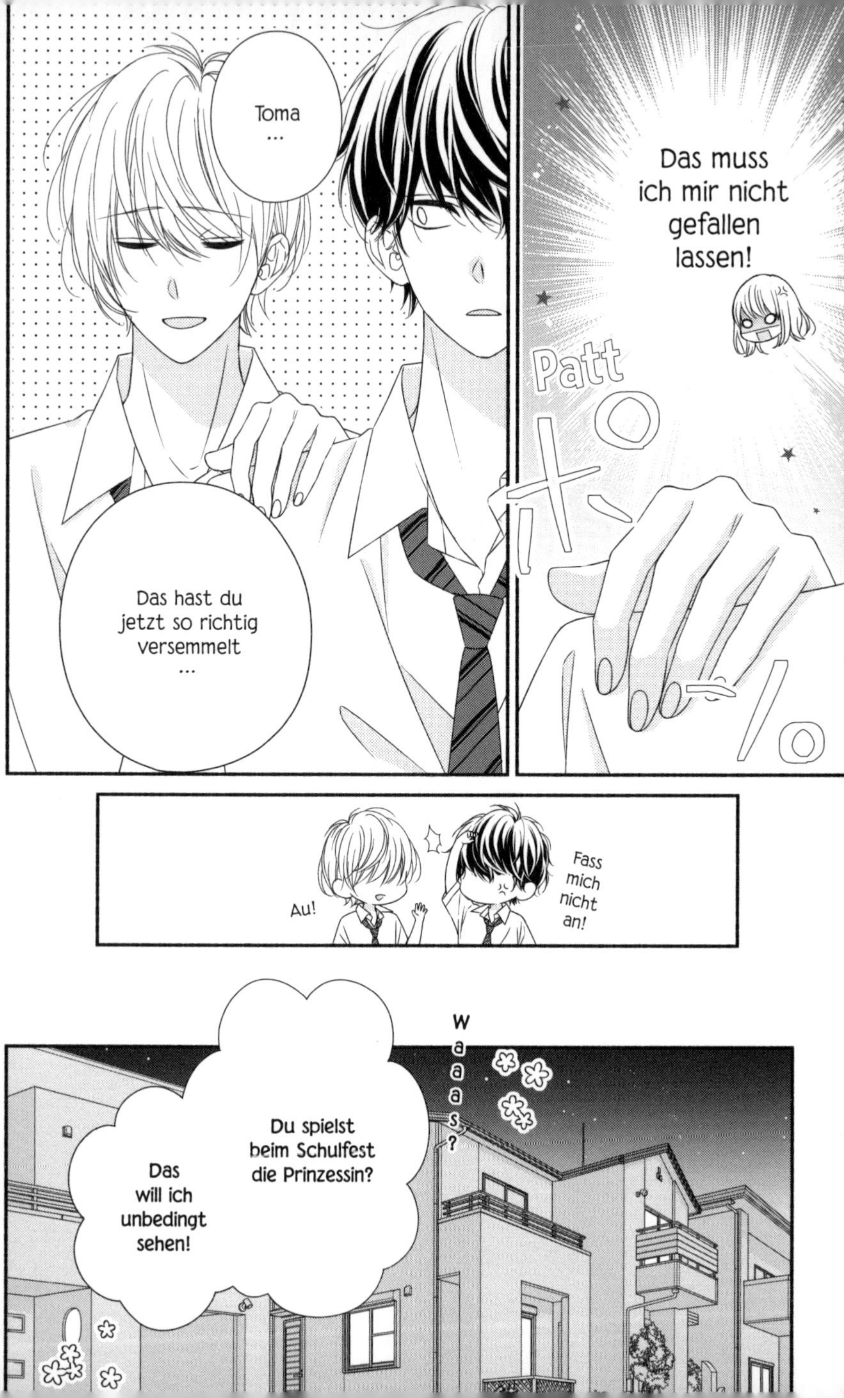
Das muss ich mir nicht gefallen lassen!
Patt
Toma ...
Das hast du jetzt so richtig versemmelt ...
Fass mich nicht an!
Au!
Waaaas?
Du spielst beim Schulfest die Prinzessin?
Das will ich unbedingt sehen!

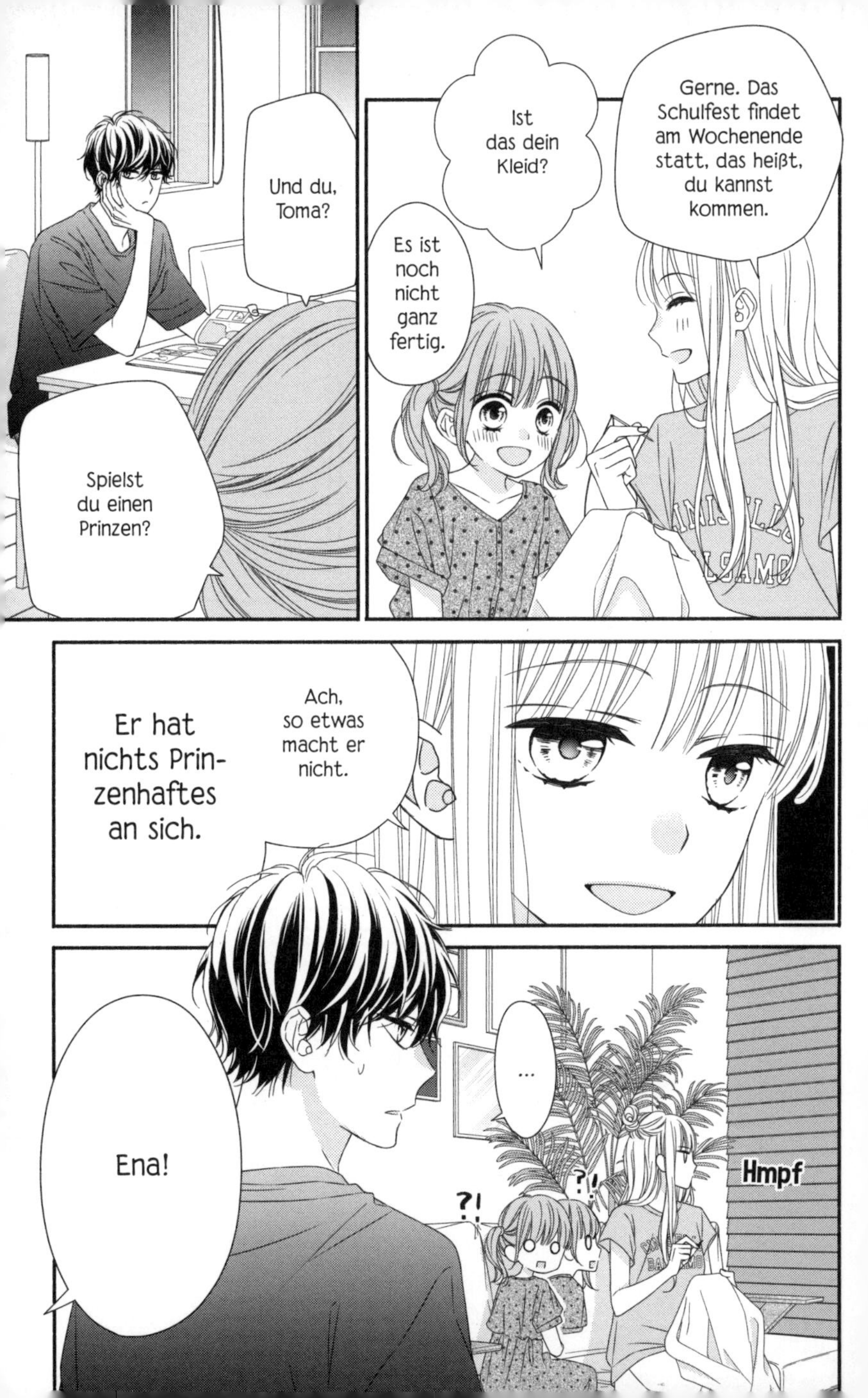

Gerne. Das Schulfest findet am Wochenende statt, das heißt, du kannst kommen.
Ist das dein Kleid?
Es ist noch nicht ganz fertig.
Und du, Toma?
Spielst du einen Prinzen?
Ach, so etwas macht er nicht.
Er hat nichts Prinzenhaftes an sich.
Hmpf
?!
?!
...
Ena!

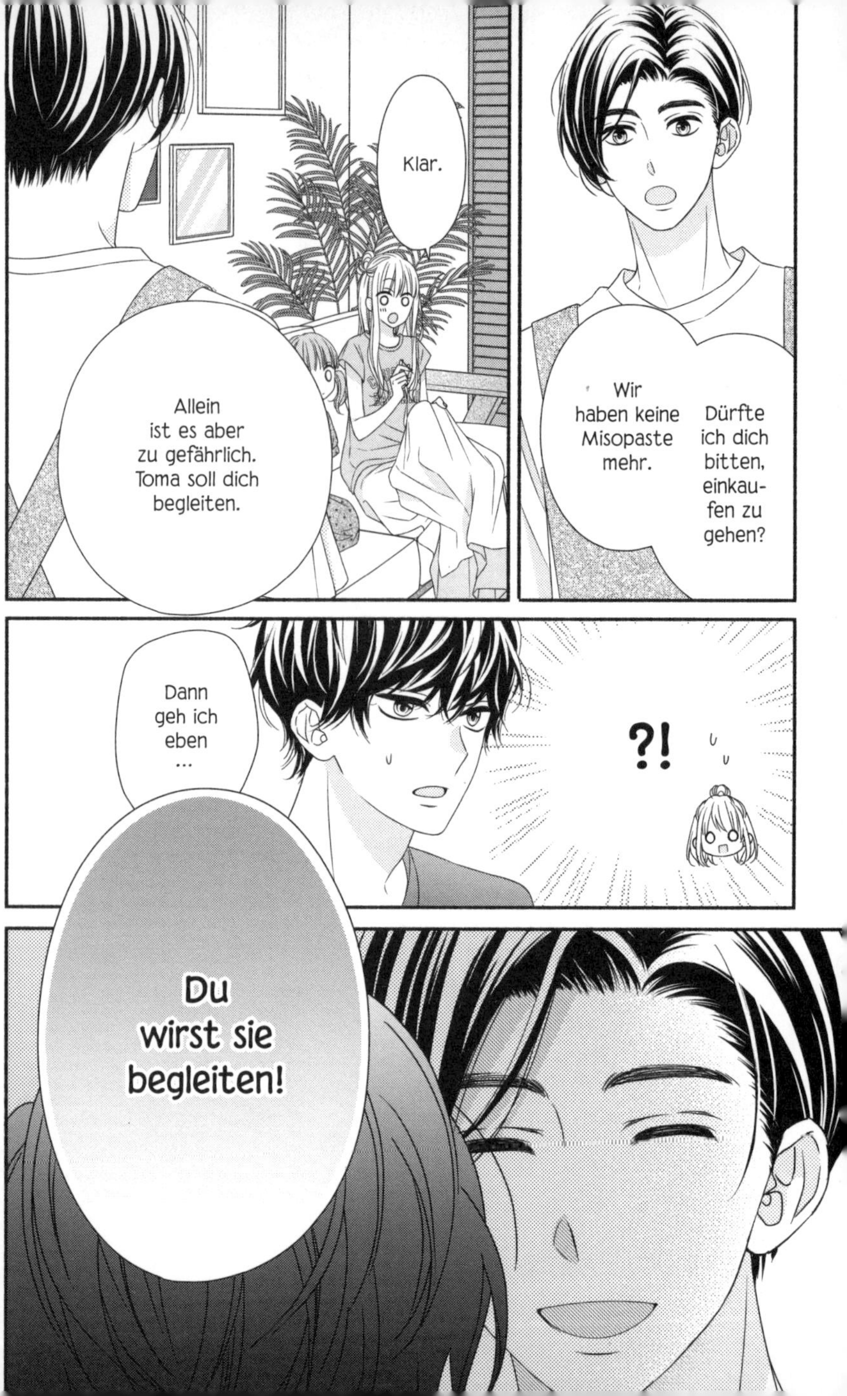
Wir haben keine Misopaste mehr.
Dürfte ich dich bitten, einkaufen zu gehen?
Klar.
Allein ist es aber zu gefährlich. Toma soll dich begleiten.
?!
Dann geh ich eben ...
Du wirst sie begleiten!

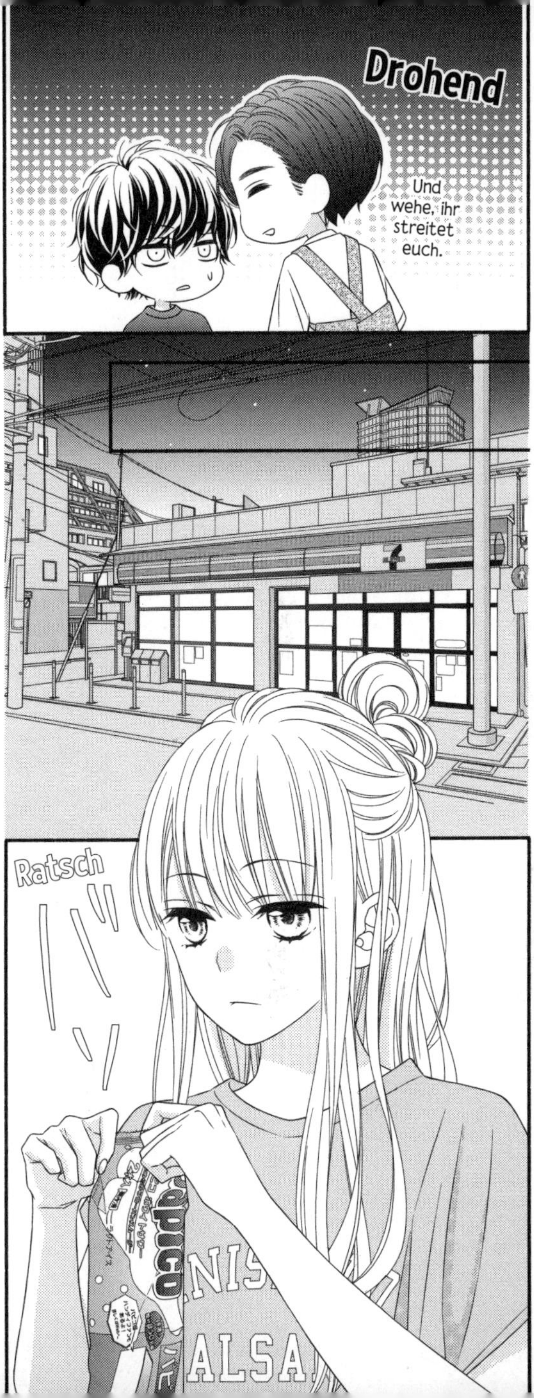
Drohend
Und wehe, ihr streitet euch.
Ratsch

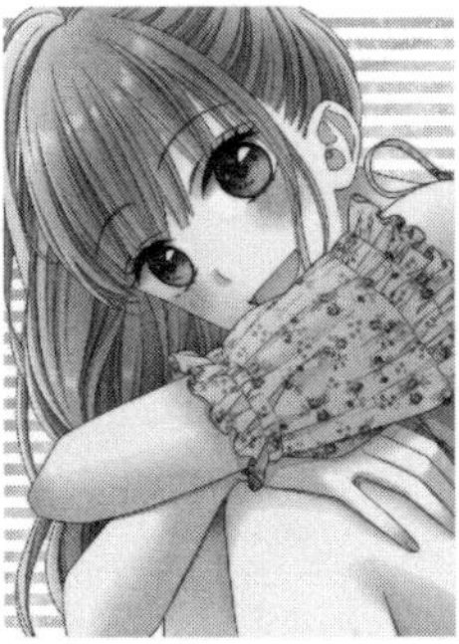

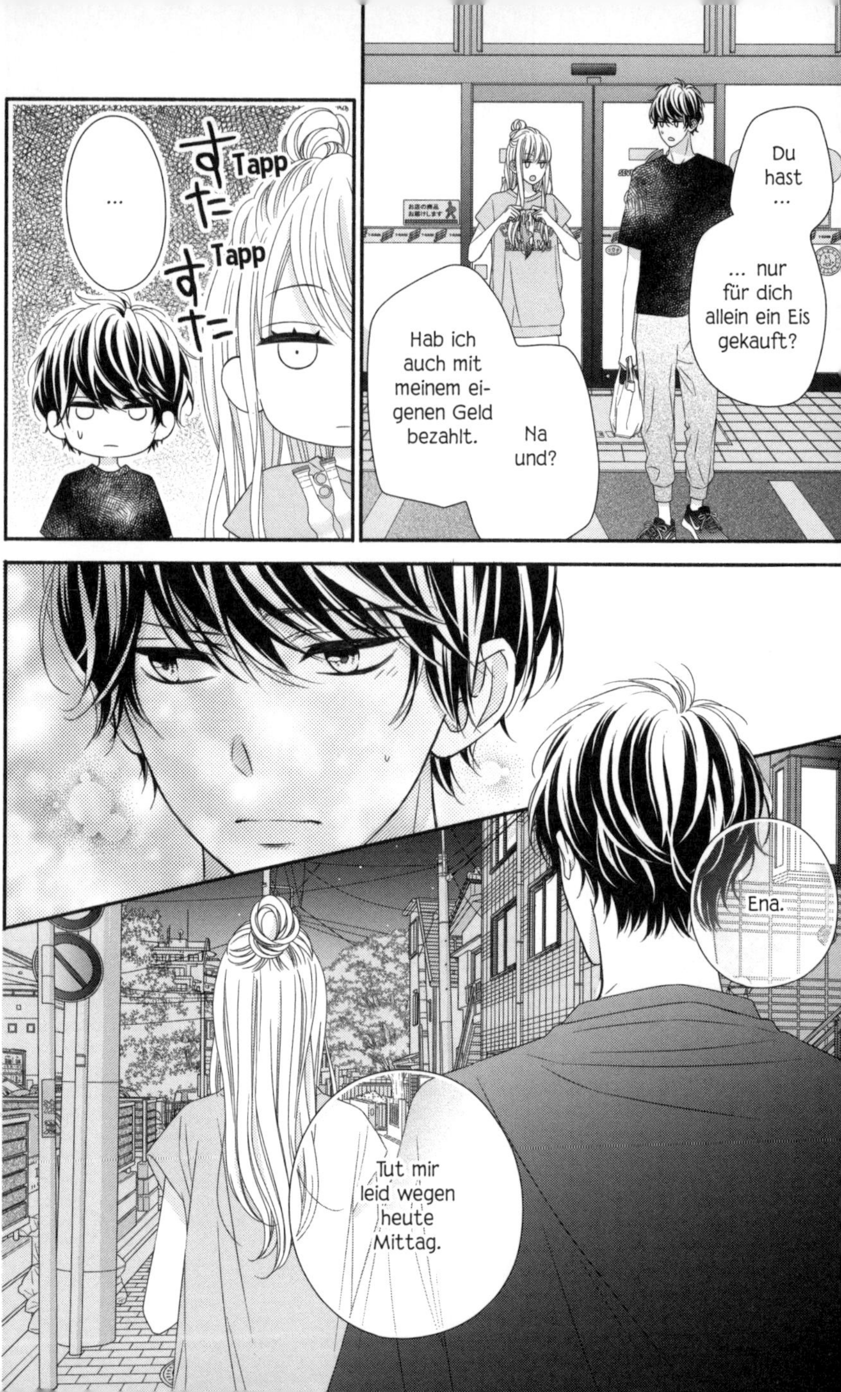
Du hast …
… nur für dich allein ein Eis gekauft?
Na und?
Hab ich auch mit meinem ei-genen Geld bezahlt.
…
すた Tapp
すた Tapp
Ena.
Tut mir leid wegen heute Mittag.

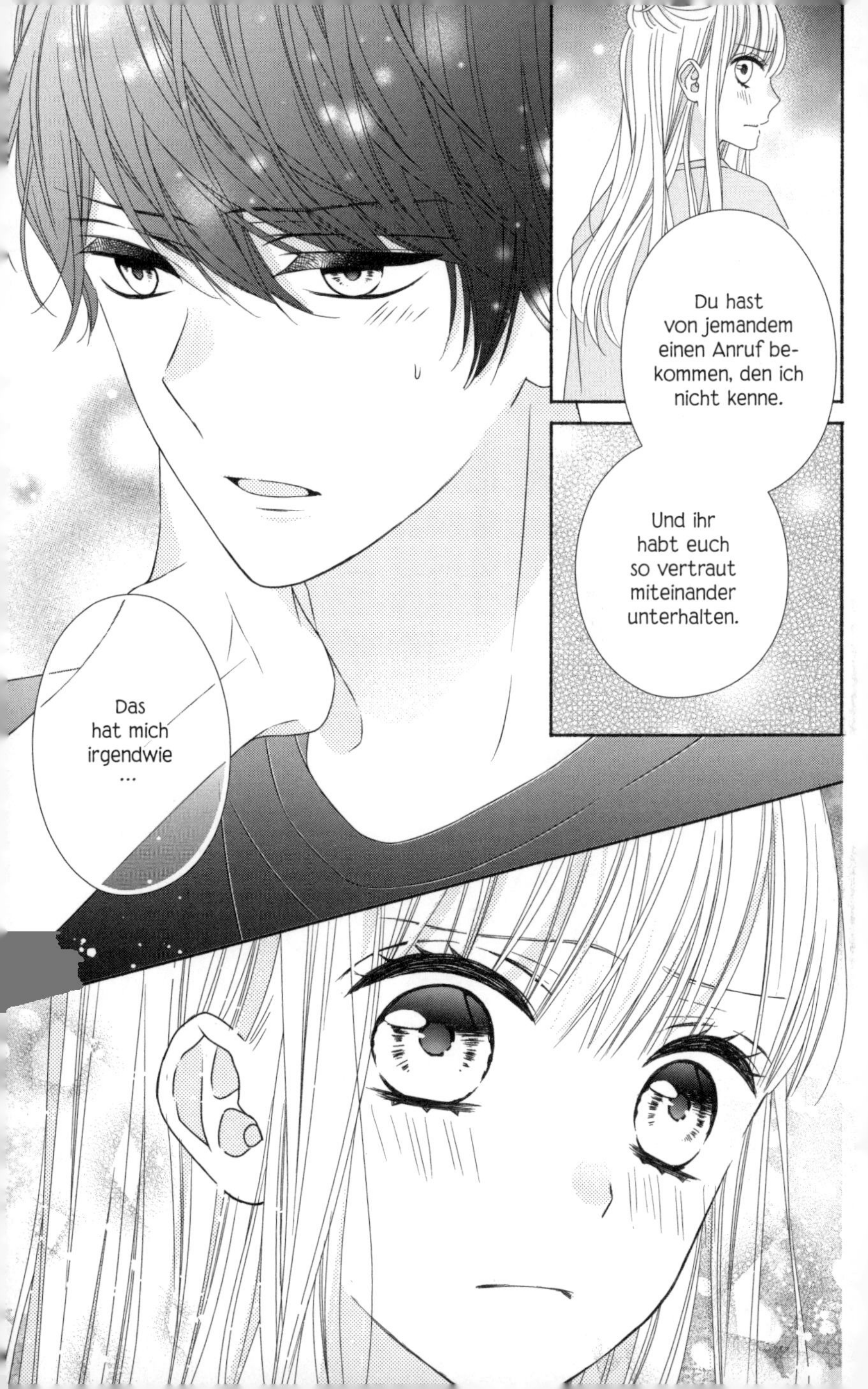
Du hast von jemandem einen Anruf bekommen, den ich nicht kenne.
Und ihr habt euch so vertraut miteinander unterhalten.
Das hat mich irgendwie ...

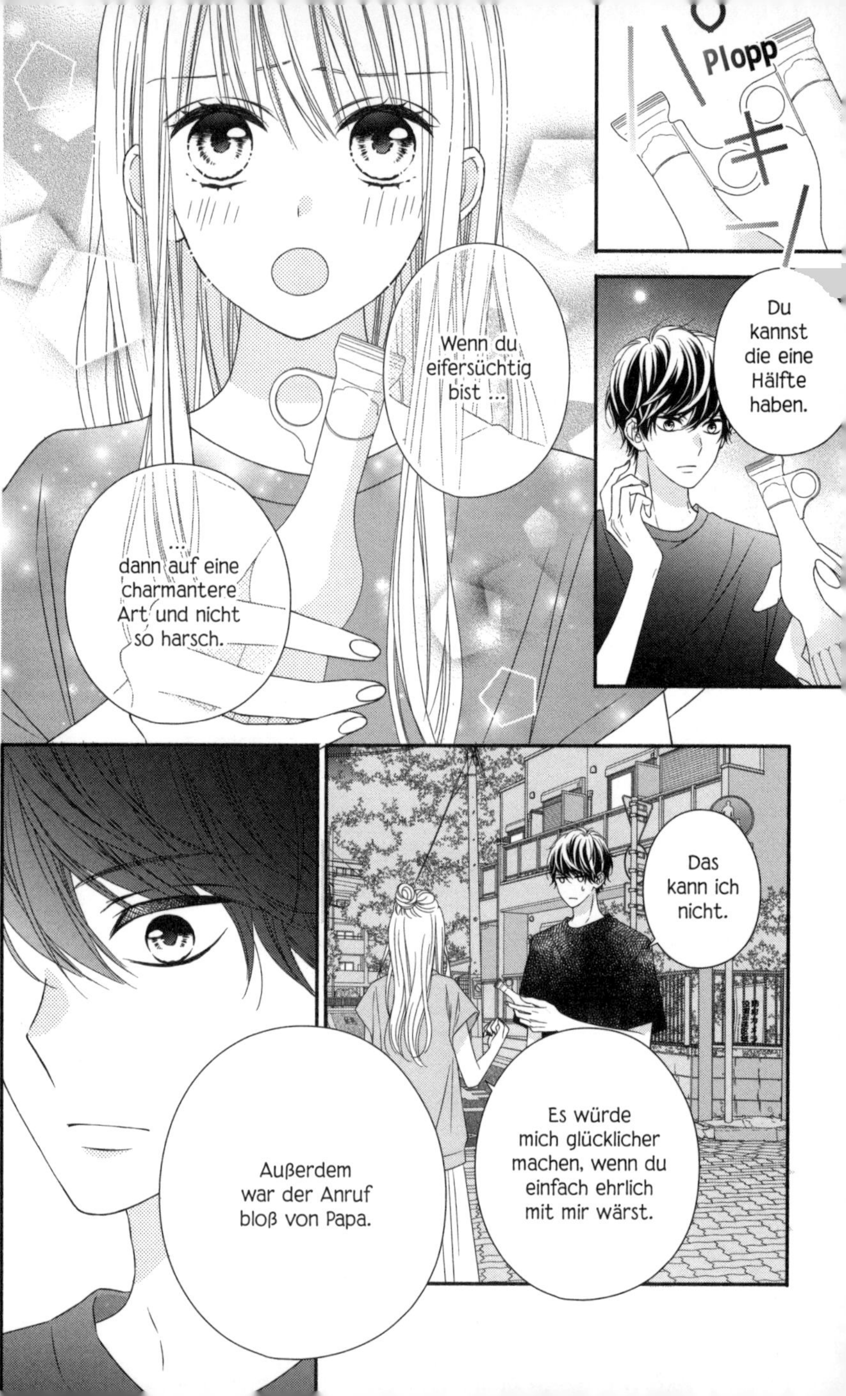
Plopp
Du kannst die eine Hälfte haben.
Wenn du eifersüchtig bist ...
... dann auf eine charmantere Art und nicht so harsch.
Das kann ich nicht.
Es würde mich glücklicher machen, wenn du einfach ehrlich mit mir wärst.
Außerdem war der Anruf bloß von Papa.

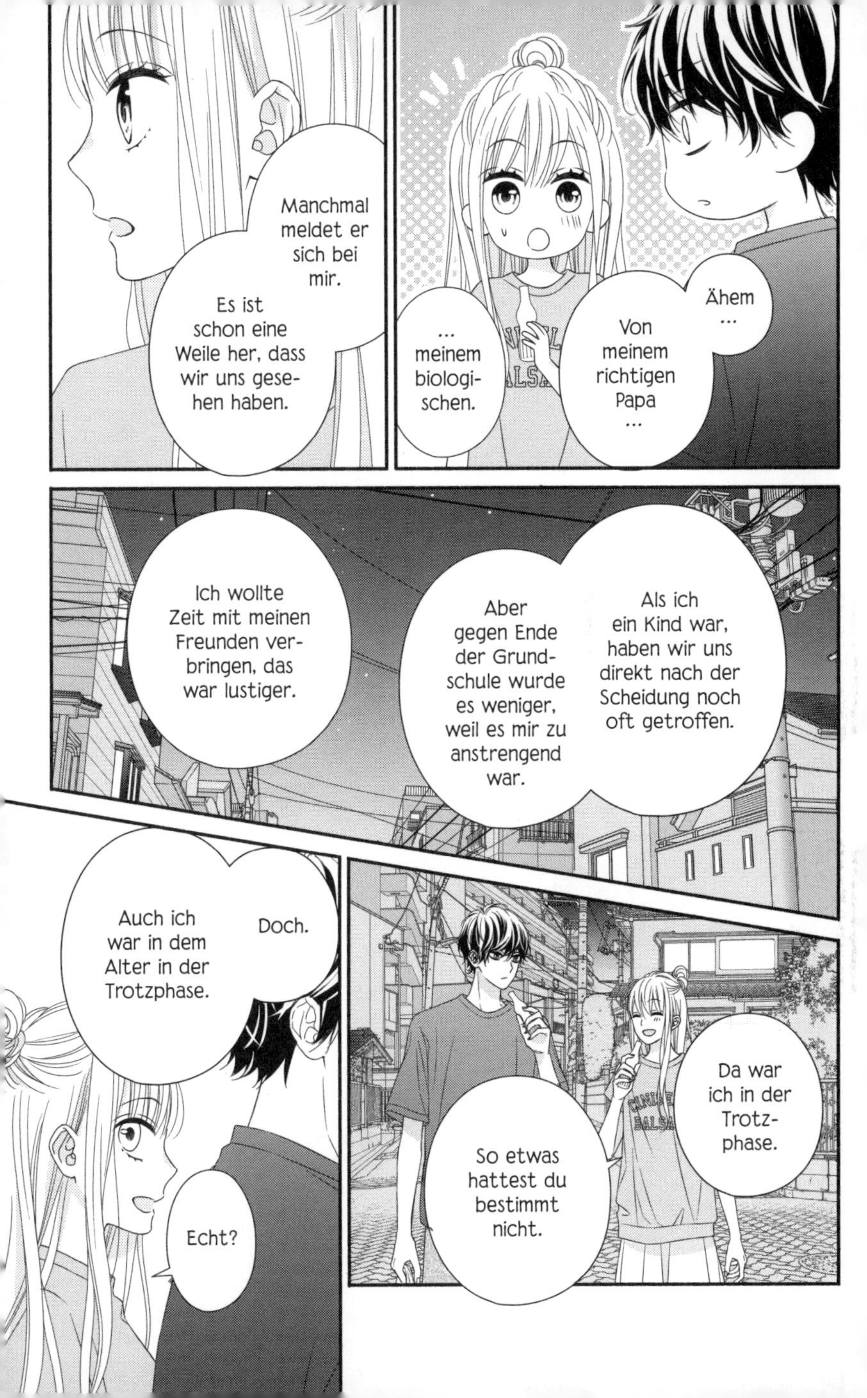

Ähem ...
Von meinem richtigen Papa ...
... meinem biologischen.
Manchmal meldet er sich bei mir.
Es ist schon eine Weile her, dass wir uns gesehen haben.
Als ich ein Kind war, haben wir uns direkt nach der Scheidung noch oft getroffen.
Aber gegen Ende der Grundschule wurde es weniger, weil es mir zu anstrengend war.
Ich wollte Zeit mit meinen Freunden verbringen, das war lustiger.
Da war ich in der Trotzphase.
So etwas hattest du bestimmt nicht.
Doch.
Auch ich war in dem Alter in der Trotzphase.
Echt?

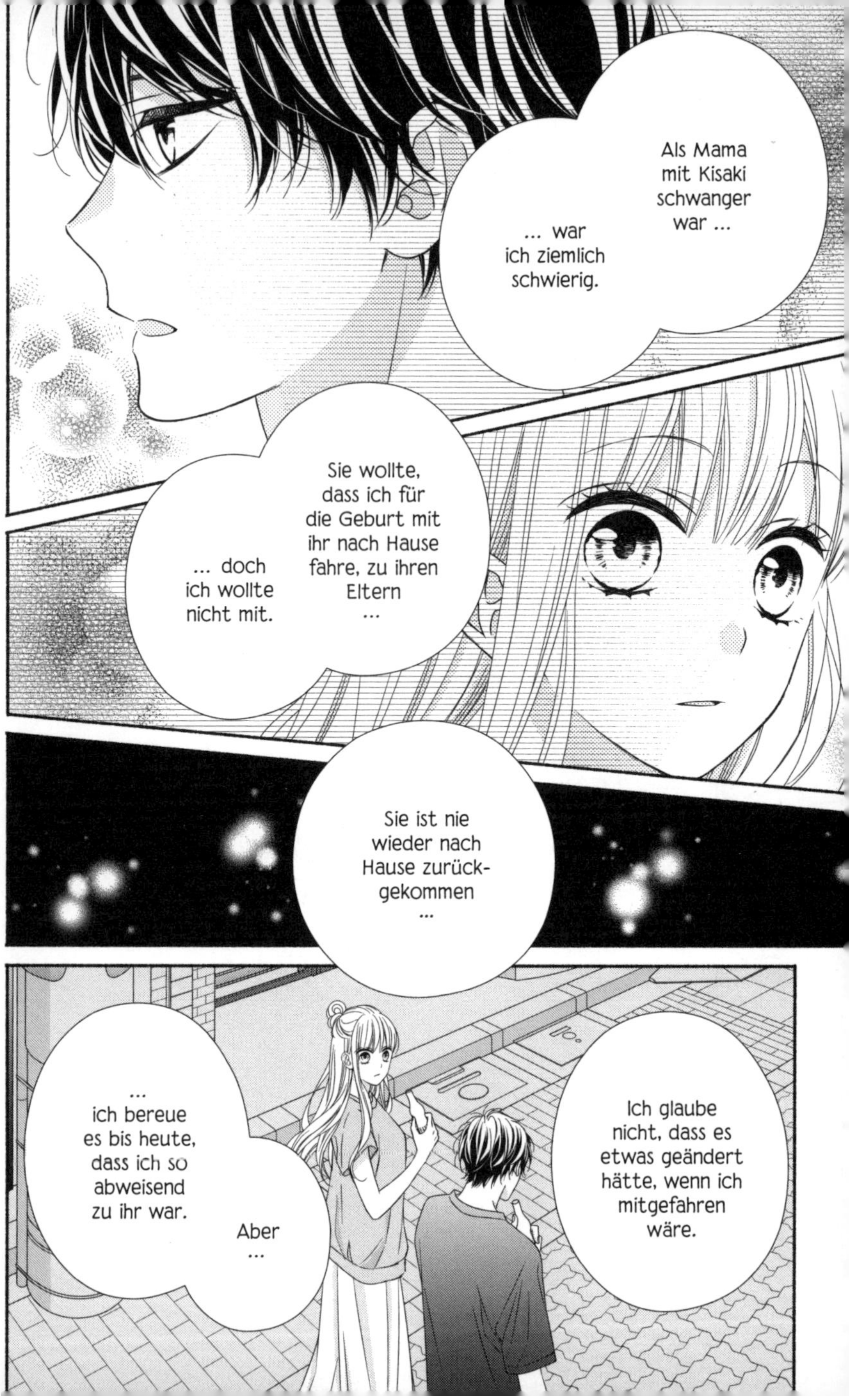
Als Mama mit Kisaki schwanger war ...
... war ich ziemlich schwierig.
Sie wollte, dass ich für die Geburt mit ihr nach Hause fahre, zu ihren Eltern ...
... doch ich wollte nicht mit.
Sie ist nie wieder nach Hause zurückgekommen ...
Ich glaube nicht, dass es etwas geändert hätte, wenn ich mitgefahren wäre.
Aber ...
... ich bereue es bis heute, dass ich so abweisend zu ihr war.

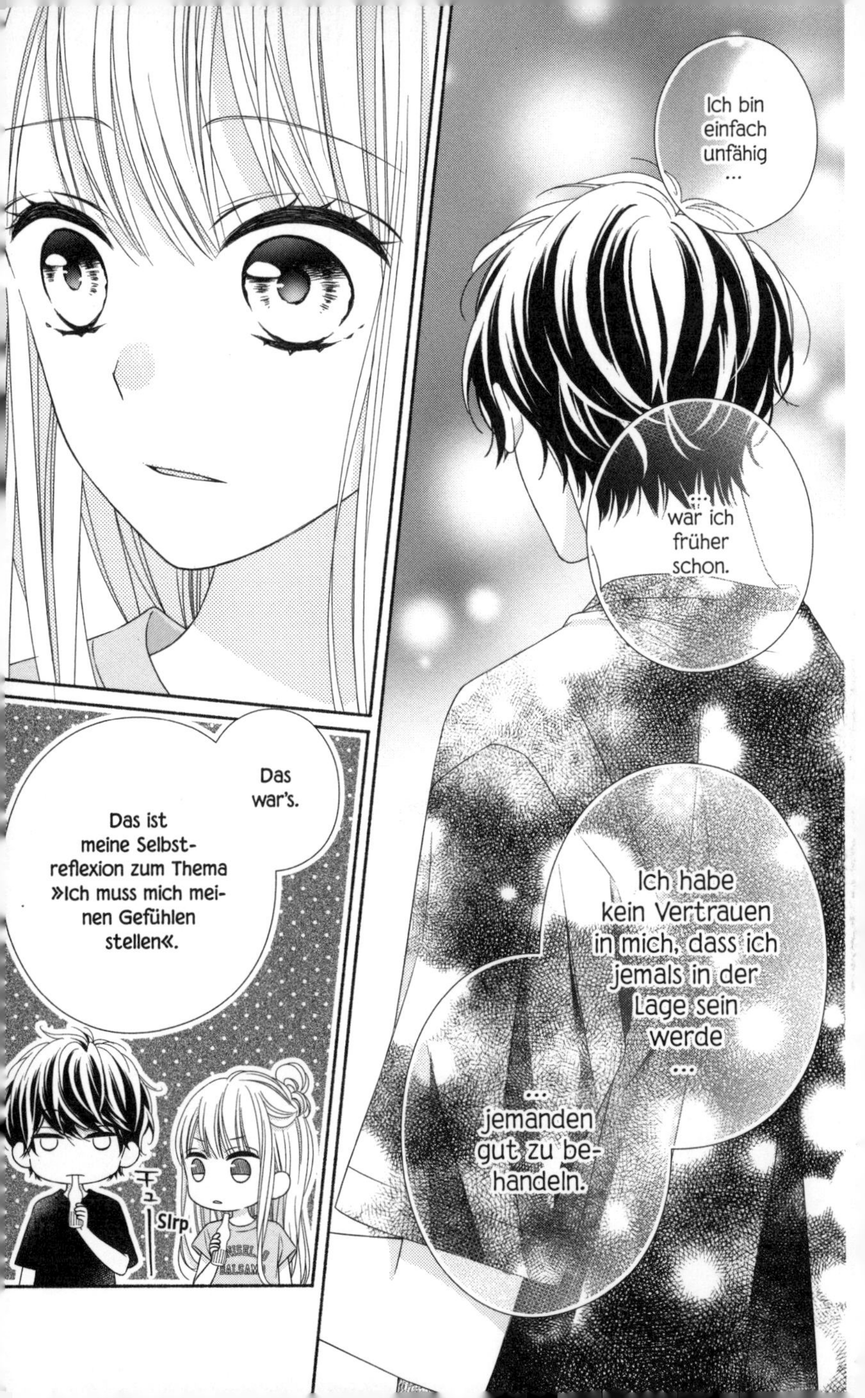
Ich bin einfach unfähig …
… war ich früher schon.
Ich habe kein Vertrauen in mich, dass ich jemals in der Lage sein werde …
… jemanden gut zu behandeln.
Das war's.
Das ist meine Selbstreflexion zum Thema »Ich muss mich meinen Gefühlen stellen«.
チュー
Slrp

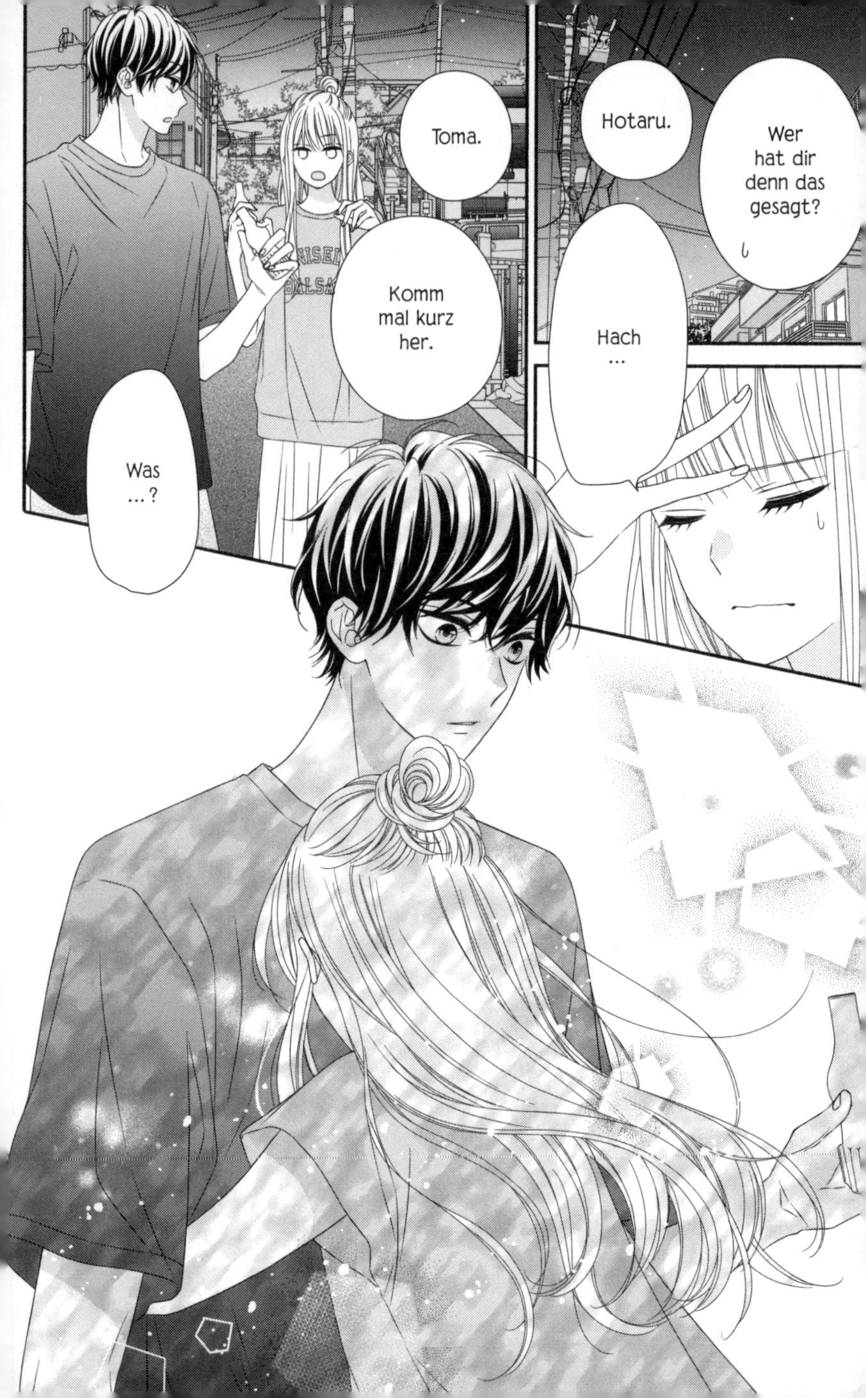
Wer hat dir denn das gesagt?
Hotaru.
Hach ...
Toma.
Komm mal kurz her.
Was ...?

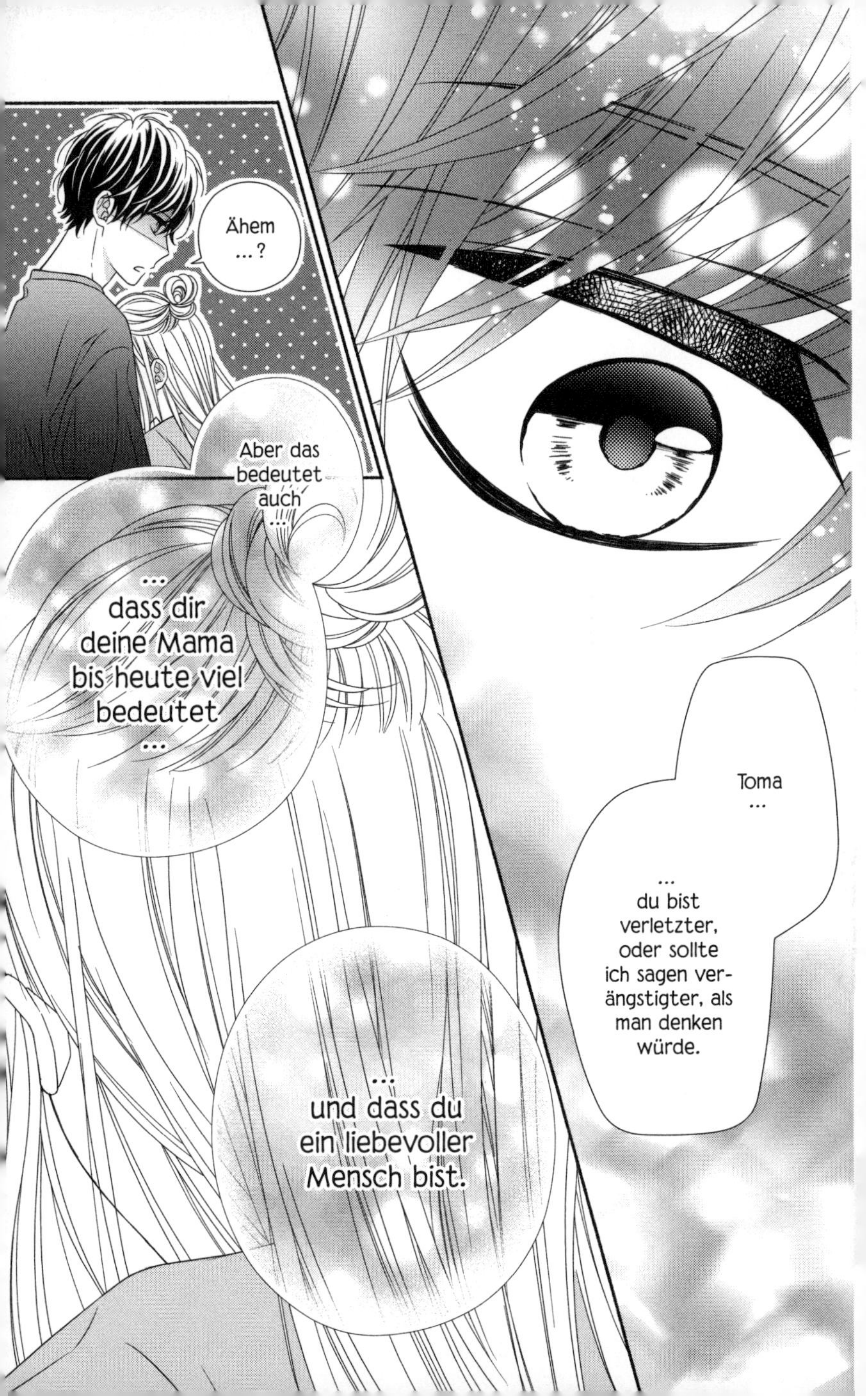
Toma ...
... du bist verletzter, oder sollte ich sagen verängstigter, als man denken würde.
Ähem ...?
Aber das bedeutet auch ...
... dass dir deine Mama bis heute viel bedeutet ...
... und dass du ein liebevoller Mensch bist.

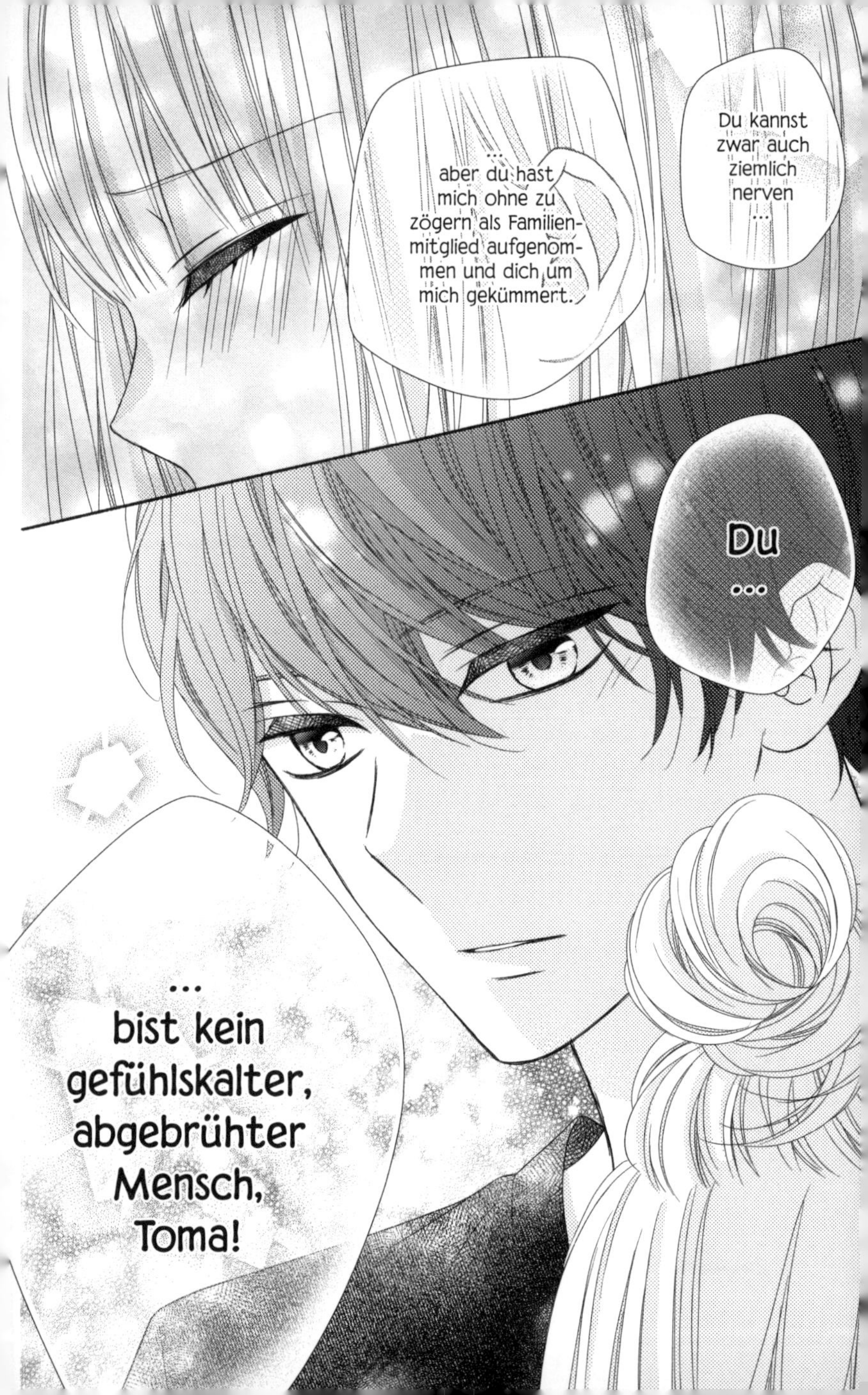
Du kannst zwar auch ziemlich nerven …
… aber du hast mich ohne zu zögern als Familienmitglied aufgenommen und dich um mich gekümmert.
Du …
… bist kein gefühlskalter, abgebrühter Mensch, Toma!

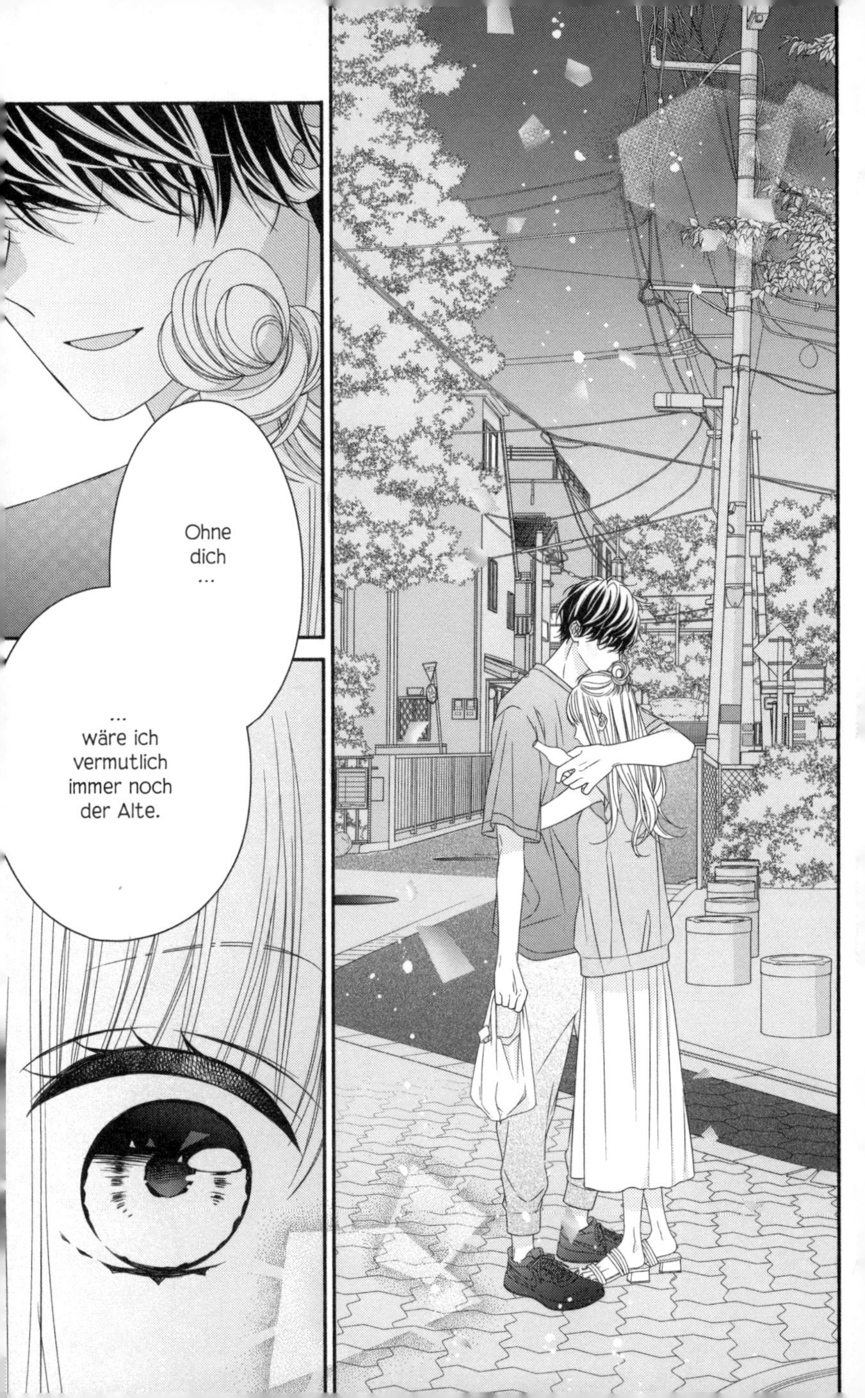
Ohne dich ...
... wäre ich vermutlich immer noch der Alte.

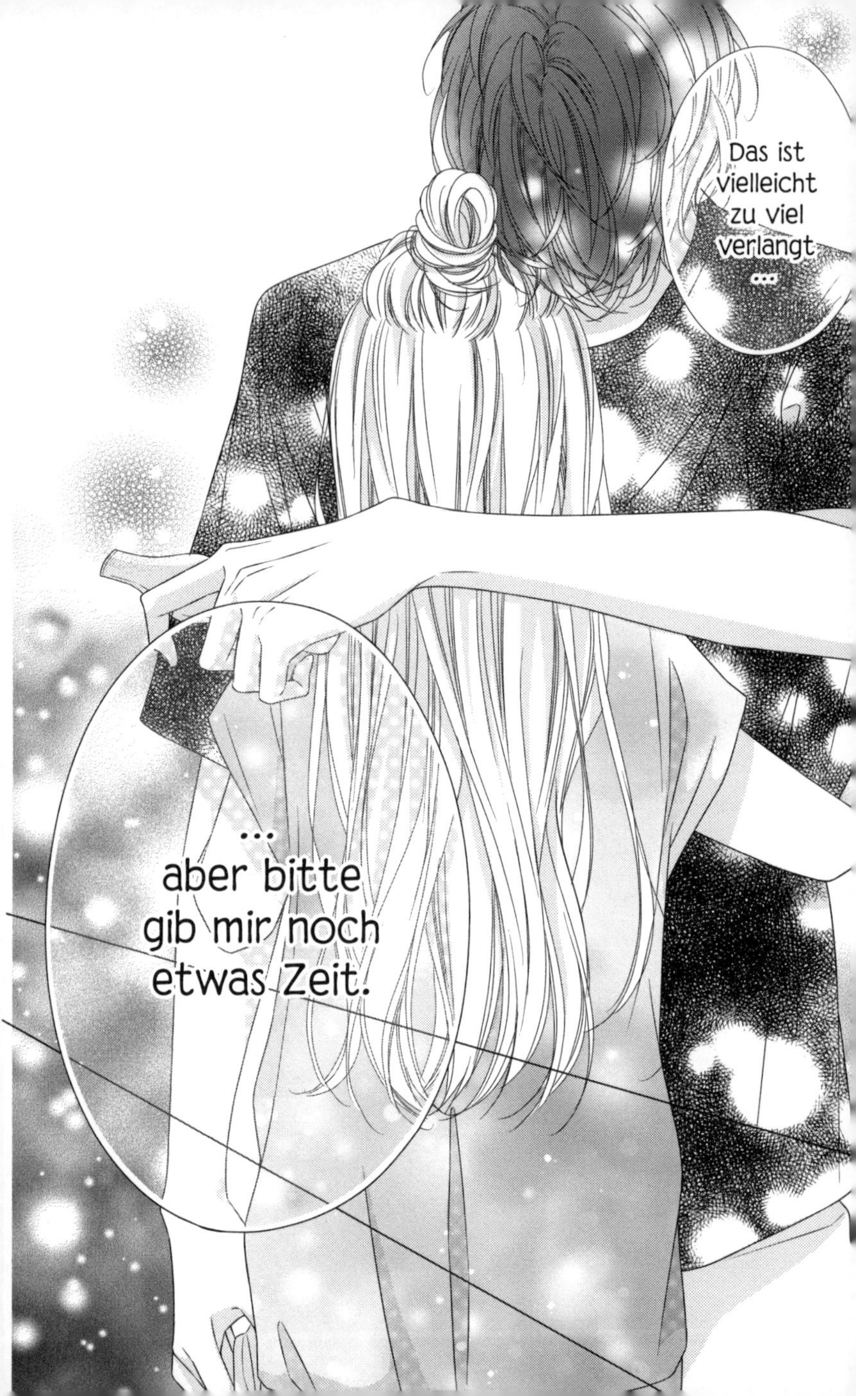
Das ist vielleicht zu viel verlangt ...
... aber bitte gib mir noch etwas Zeit.

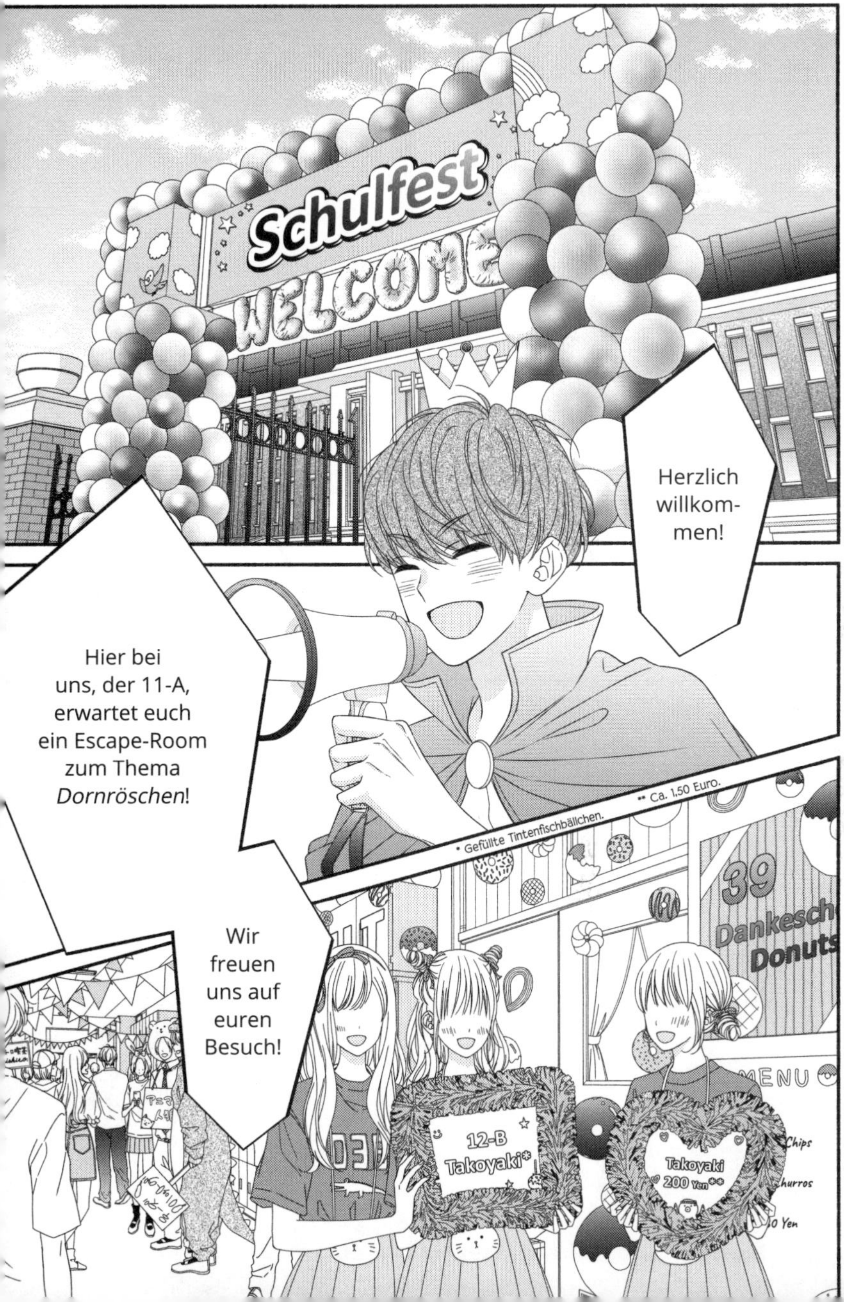
Schulfest
WELCOME
Herzlich willkommen!
Hier bei uns, der 11-A, erwartet euch ein Escape-Room zum Thema *Dornröschen*!
Wir freuen uns auf euren Besuch!
12-B Takoyaki*
Takoyaki 200 Yen**
MENU
Chips
Churros
* Gefüllte Tintenfischbällchen.
** Ca. 1,50 Euro.

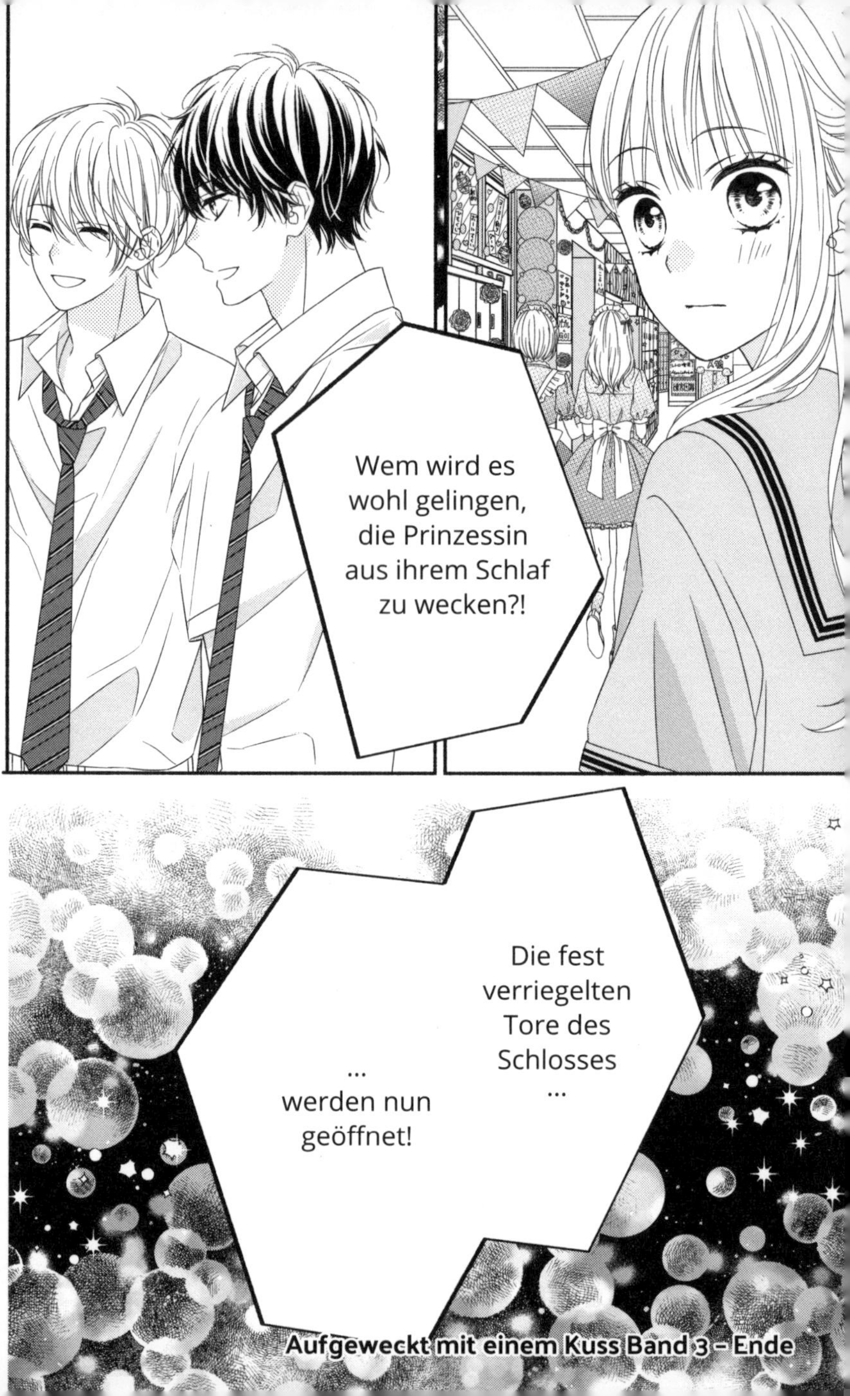
Wem wird es wohl gelingen, die Prinzessin aus ihrem Schlaf zu wecken?!
Die fest verriegelten Tore des Schlosses …
… werden nun geöffnet!
Aufgeweckt mit einem Kuss Band 3 – Ende

AUFGEWECKT
MIT EINEM KUSS

Grußworte

Hallo, alle zusammen! Ich bin Nana Haruta.
Wie hat euch Band 3 von *Aufgeweckt mit einem Kuss* gefallen?
Seit dem ersten Band zeichne ich an Covern mit Toma und Ena, aber bereits bei diesem Band habe ich das Gefühl, dass mir die Ideen ausgehen. 😊
Falls ihr Tipps für gute Posen haben solltet, lasst es mich bitte gerne wissen. (lol)

Über Feedback zum Manga freue ich mich ebenfalls! ⇩

Briefe bitte an:
Altraverse GmbH
»Nana Haruta«
Phoenixhalle 1
Ruhrstraße 11a
22761 Hamburg

Twitter
@harunana_zzz

Instagram
harunana_banana

Ich freue mich darauf, euch in Band 4 wiederzusehen!

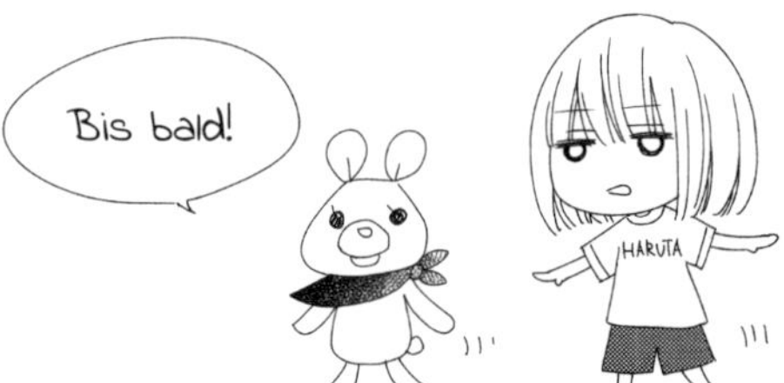

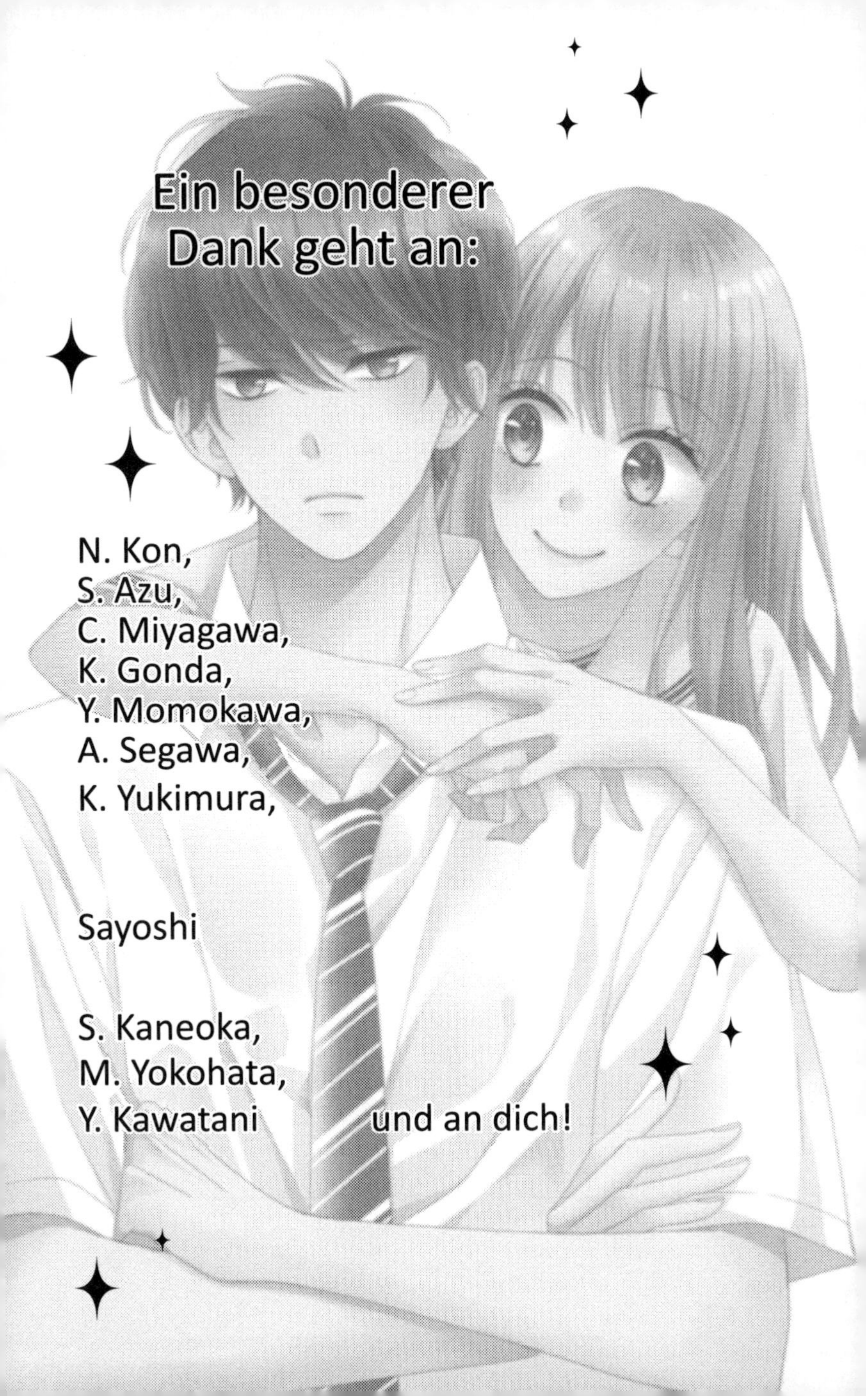

Ein besonderer Dank geht an:

N. Kon,
S. Azu,
C. Miyagawa,
K. Gonda,
Y. Momokawa,
A. Segawa,
K. Yukimura,

Sayoshi

S. Kaneoka,
M. Yokohata,
Y. Kawatani

und an dich!

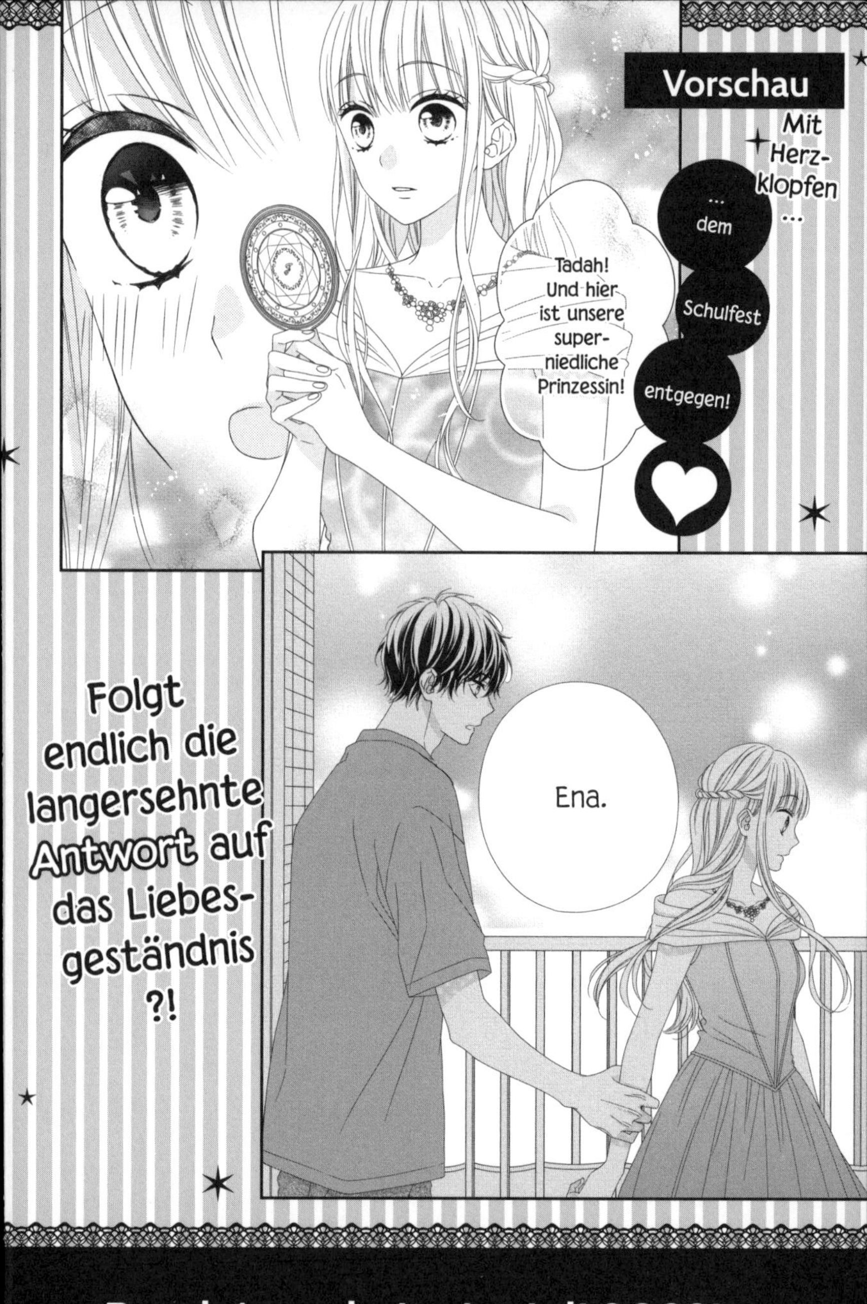

Band 4 erscheint im Juli 2022!

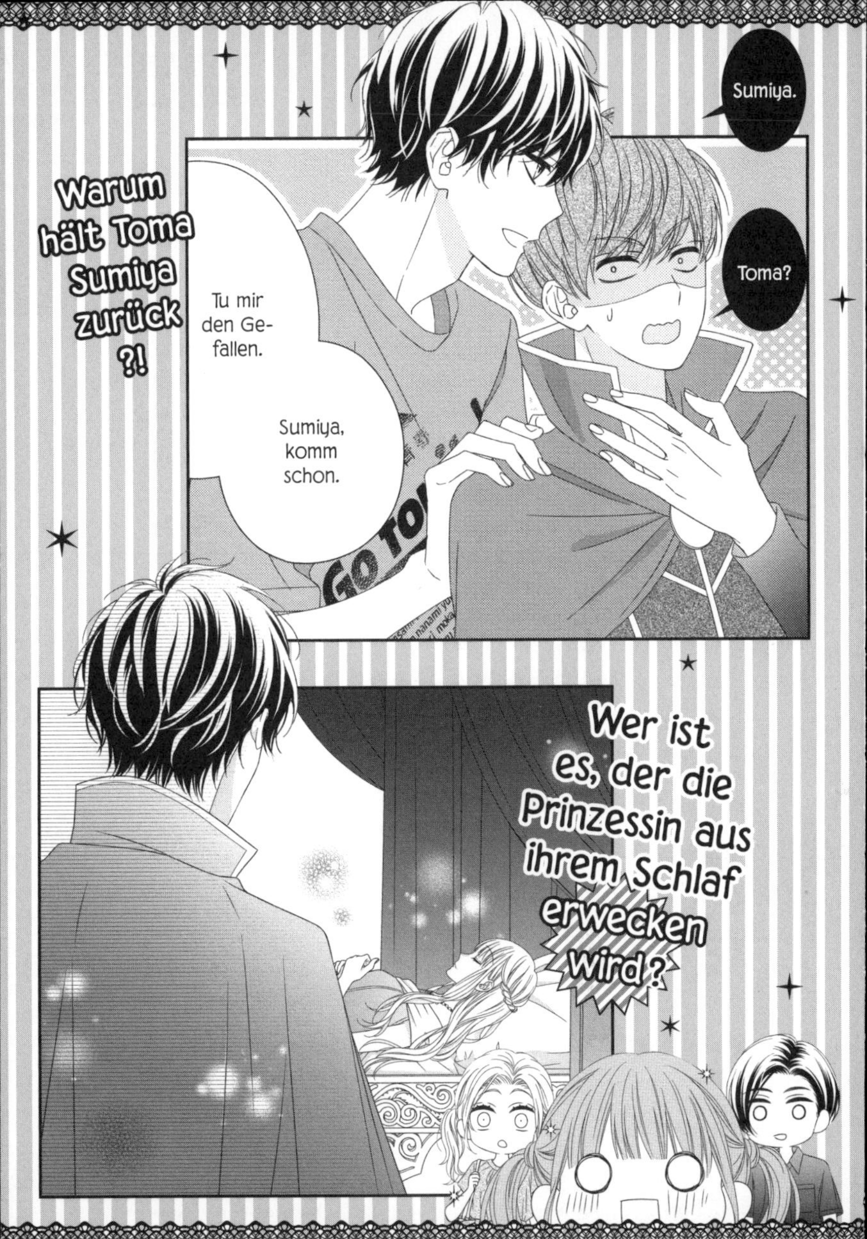

AUFGEWECKT MIT EINEM KUSS

Romance 13+

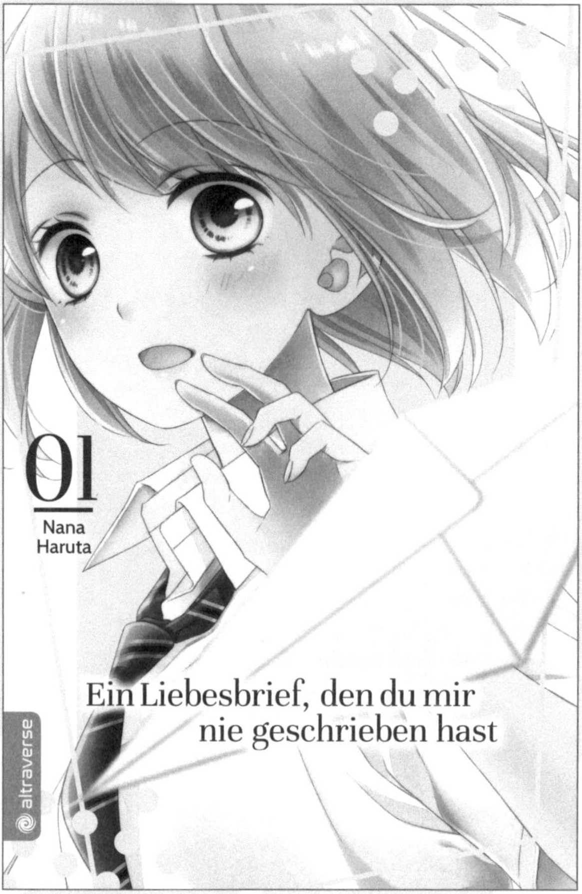

Ein Liebesbrief, den du mir nie geschrieben hast

Nana Haruta

Der Tod ihrer besten Freundin hat die zurückhaltende Momoko schwer getroffen und sie droht in ihrer eigenen Schusseligkeit zu versinken. Da beginnt sie plötzlich eine Stimme zu hören, die es sich zum Ziel gemacht hat, sie mit ihrem netten, aber ebenfalls verpeilten Klassenkameraden Ritsu zu verkuppeln.

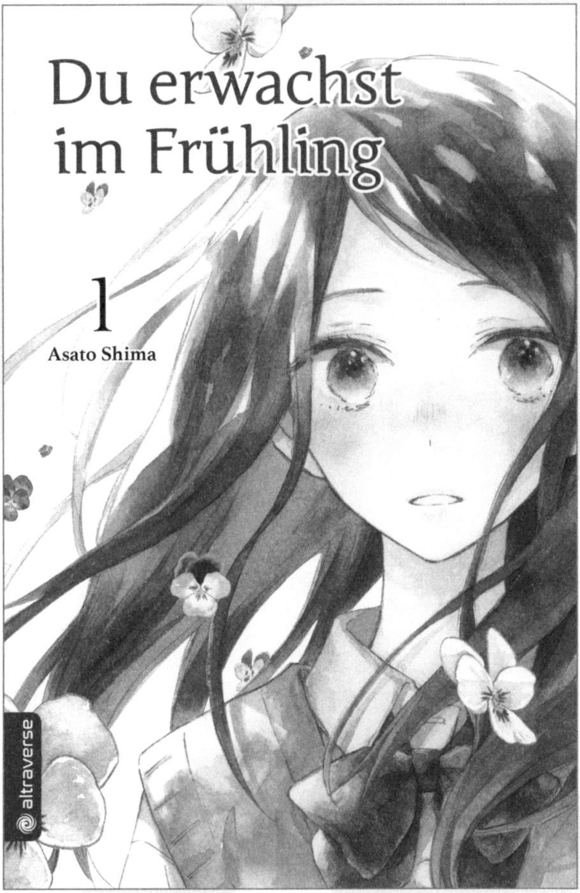

Du erwachst im Frühling

Asato Shima

In der Grundschule wurde Ito immer von dem sieben Jahre älteren Nachbarsjungen Chiharu beschützt. Der leidet allerdings an einer schweren Krankheit und wird in einen Kälteschlaf versetzt, bis es eine Chance auf Heilung gibt. Als er nach sieben Jahren erwacht, ist aus dem »großen Bruder« ein Gleichaltriger geworden und Ito entdeckt ganz neue Gefühle für ihn ...

altraverse

Deutsche Ausgabe / German Edition
Altraverse GmbH – Hamburg 2022
Aus dem Japanischen von Victoria Zach

KISS DE OKOSHITE.

First published in Japan in 2020 by SHUEISHA Inc., Tokyo.
German translation rights in Germany, Austria and German-speaking Switzerland arranged by SHUEISHA Inc. through VME PLB SAS, France.

Redaktion: Ulrike Gatzke
Herstellung: Cathrin Hamester
Lettering: Vibrant Publishing Studio

Druck: CPI books GmbH, Leck
Printed in Germany

FSC MIX Papier FSC® C083411

ISBN 978-3-7539-0491-7
1. Auflage 2022

www.altraverse.de